Tecnica e conoscenza per pizzaiuoli

Pizza Napoletana S.T.G.

Akinari Pasquale Makishima

Akinari Pasquale Makishima
"Ambasciatore della Pizza Napoletana S.T.G. in Giappone"
Il Presidente A.P.N.
NAPOLI PIZZA VILLAGE, 5-9 Settembre 2012
Sergio Miccù

ナポリピッツァ職人協会APNが中心になり制定された「ピッツァ ナポレターナSTG」は、今後世界に広まる"ナポリピッツァ"のスタンダードとなる。世界各国には、STGの規約をそれぞれの国に応じて解釈する"大使Ambasciatore"が協会から任命される。

Io, Sergio Miccù, presidente dell'Associazione Pizzaiuoli Napoletani(A.P.N.), ringrazia Pasquale(Akinari), ambasciatore della pizza napoletana e della A.P.N. in Giappone, per il lavoro di divulgazione svolto in tutti questi anni, e per gli anni a venire tramite questo suo manoscritto, al fine di preservare l'arte della pizza napoletana e quella dell'A.P.N., che tutela l'arte dei pizzaiuoli nella preparazione della pizza e la sua tradizione, nonché tutte le pizzerie. Pasquale(Akinari), con questo suo manoscritto, ha voluto trasmettere ai suoi colleghi giapponesi la storia della città di Napoli e del suo cibo più conosciuto al mondo.
Il sottoscritto è orgolioso di averlo sia come amico, sia come socio dell'A.P.N..

Sergio Miccù
Presidente dell'Associazione Pizzaiuoli Napoletani

　ナポリピッツァ職人協会A.P.N.の会長として、日本におけるA.P.N.の大使を務めてくれているパシュクアーレ（アキナリ）に感謝します。彼はピッツァに関わる仕事をしながらA.P.N.の活動を広め、今後はこの本によって、世界に知られるナポリという街の歴史と食の伝統を伝えてくれるからです。
　パシュクアーレ（アキナリ）がA.P.N.のメンバーであること、自分の友であることを誇りに思います。

ナポリピッツァ職人協会 会長
セルジォ・ミック

$\mathcal{P}$rologo

　ピッツァはナポリの"大衆食"です。日本でもピッツァを大衆食として根づかせたい——これが僕の強い思いです。

　ピッツァイオーロとしての人生をふり返ると、僕には四人の師匠であり親父がいます。

　一人めは、父親。僕の父は名古屋の下町で喫茶店を営んでいます。親父がオムライスやハンバーグ定食をつくっている姿をみて、時に店を手伝い、幼少の頃から身をもって、大衆食がいかに日々の生活に欠かせないものかを学びました。若い時には反発してひとたびフランス料理の世界に入りましたが、結局、僕が魅力を感じて選んだのはピッツァという大衆食。業種は違っても、生まれ育った地元で大衆食を提供するという点で、僕は親父と同じ道を歩んでいます。親父がいるからこそ、いま名古屋の大須でピッツァイオーロとして生きている僕があるのです。

　ピッツァの世界に入ってからは、三人の師匠が僕を導いてくれました。

　一人めの師匠は、イスキア島の「ダ・ガエターノ Da Gaetano」のガエターノ・ファツィオ Gaetano Fazio氏。ピッツァのありよう、ピッツァを心で焼くこと、オーナー・ピッツァイオーロたる者の心構えを愛情いっぱいに教えてくれました。ナポリピッツァ業界で"聖人"と呼ばれるガエターノの教えが、技術的にも精神的にも僕のベースです。

　二人めの師匠は、ガエターノの義兄にあたり、若い頃「トリウンフォ Triunfo」というピッツェリアでガエターノと一緒に働いていたパシュクアーレ・パルツィアーレ Pasquale Parziale氏。ナポリピッツァ界の絶対チャンピオンとして腕をふるい、圧倒的人気を誇っていた人で、ピッツァイオーロでありながら人の心を惹きつけるエンターテイナー。僕がミドルネームのように"パシュクアーレ"と名乗っているのは、ナポリでの修行時にこの人を目標にしていたからです。2007年に本人からパシュクアーレの名前と氏のトレードマークであるパナマ帽をいただいたのは、人生の最高の思い出のひとつです。

　そして、三人めの師匠は、「ラ・スパゲッタータ La Spaghettata」（現在はソロ ピッツァ ナポレターナの姉妹店）のアドルフォ・マルレッタ Adolfo Marletta氏。この人のピッツァイオーロの生

左上／右からGaetano Fazio氏、Adolfo Marletta氏、Pasquale Parziale氏。
右ページ上／2013年9月10日、ナポリ市庁にて、ルイジ・マジストリス Luigi Magistrisナポリ市長より「ナポリのピッツァと文化の親善大使」に任命される。
右ページ下／ピッツァ ナポレターナSTGに深く携わる欧州議会議員アンドレア・コッツォリーノ Andrea Cozzolino氏に、協議会にてSTGの日本語訳を提出。

き字引ともいえる広範な知識は、僕に日々いろいろなことを教えてくれます。アドルフォ自身が父親から店を継ぐ時に「ピッツァの値段は高くしてはならない。ピッツェリアはナポリの人の命を預かっているのだから」と伝えられたと聞き、ナポリのピッツァイオーロの仕事以上のプライドを感じさせられました。

いま僕はナポリピッツァ職人協会から、日本に正しいピッツァ ナポレターナSTGを伝承するための"大使"の任を受けています。ナポリのピッツァイオーロたちが受け継いできた技術と知識、そしてナポリの人たちが誇りに思うピッツァの本当の姿を伝えるのが僕の使命です。

そもそもナポリピッツァはナポリがオリジナル。オリジナルがあるからこそ、僕たちピッツァイオーロが世界で活躍できます。オリジナルには材料や配合からつくり方に至るまですべて意味があり、それらはピッツァイオーロがいたずらに手を加えて変えたりしてはなりません。仮に生地の塩分が強いと思っても、その理由を考えずに勝手に塩の配合を減らしたりしたら、それはナポリピッツァではなくなるのです。ナポリの偉大な食文化に対する尊敬と感謝の気持ち——僕はこの思いを大事にしてナポリピッツァを忠実につくり続けます。ピッツァイオーロをめざす若い人たちにもきちんと理解してほしいと思います。

本書は世界初の「ピッツァ ナポレターナSTG」を詳解する専門書です。第1章ではそもそものナポリピッツァの世界観を学び、第2章ではピッツァ ナポレターナSTGの技術を解説します。ピッツァ ナポレターナSTGは生地づくりから薪窯での焼成まで全工程をDVDにも収録しています。そして第3章はナポリのピッツェリアの料理を紹介し、第4章は石窯や器具、食材に関する知識などをまとめています。

僕はナポリの伝統を受け継いできたピッツァイオーロを心から尊敬しています。僕をピッツァイオーロとして導いてくれた師匠や先輩たちに恩返しをするためにも、本書がこれからピッツァイオーロをめざす人、修業中の人、ピッツェリアを開業したい人たちにとって、価値ある書として役立てば幸いです。

ナポリピッツァに出会えたことに感謝します。

2013年夏
牧島昭成
Akinari Pasquale Makishima

sommario

プロローグ　4

capitolo 1
ナポリピッツァの世界観　8
Universo della Pizza Napoletana

「ナポリピッツァ」を知るためのキーワード　9
ナポリのピッツァ職人とS.T.G.制定への道のり　14
ナポリピッツァ職人協会　20

capitolo 2
ピッツァ ナポレターナ S.T.G.　23
Pizza Napoletana S.T.G.

ピッツァ ナポレターナS.T.G.の意義　24
ピッツァ マリナーラ *Pizza Marinara*　26
ピッツァ マルゲリータ エクストラ　28
Pizza Margherita Extra
　トマトソース／チェリートマト
ピッツァ マルゲリータ *Pizza Margherita*　30

◉生地をつくる *Preparazione dell'impasto*　32
　生地の配合／生地の材料／生地づくりのメカニズム
◉発酵（1次発酵〜2次発酵）*Lievitazione*　36
　モッツァトゥーラとスタッリオ／発酵の状態を見極める
◉生地を手で練る *Preparazione dell'impasto a mano*　40
　天然酵母種の準備
◉トッピングの具を準備する *Preparazione degli ingredienti*　44
　モッツァレッラ／フィローネ
　トマトソース／チェリートマト
　バジル／エクストラバージンオリーブオイル
　ニンニク／オレガノ／塩
◉薪窯の準備をする *Preparazione del forno a legna*　49
　薪窯を扱う知識と技術／薪窯のあと始末
◉成形する *Formatura*　52
　コルニチョーネ
◉トッピングする *Farcitura*　54
　ピッツァ マリナーラ／ピッツァ マルゲリータ
　ピッツァ マルゲリータ エクストラ（トマトソース、チェリートマト）
　縁にはトッピングしない／スパイラルの動き／トマトソースのムラ
◉窯焼き *Cottura*　58
　木製パーラの使い方／回転用パーラの使い方
　焼きあがり／ピッツァを焼く知識と技術
　同時に複数枚を焼く／焼きあがりのNGとその要因
　表面で焼くか、裏面で焼くか

capitolo 3
ピッツェリアの料理　67
Ricettario della pizzeria

ピッツァ クラシカ *Pizza classica*　68
　サルシッチャ エ フリアリエッリ *Pizza con salsiccia e friarielli*　70
　シチリアーナ *Pizza alla siciliana*　72
　カプリチョーザ *Pizza capricciosa*　73
　4フォルマッジ *Pizza ai quattro formaggi*　74
　プロシュット エ ルーコラ *Pizza con prosciutto crudo e rucola*　75
　ピッツァ フリッタ *Pizza fritta*　76
　リピエノ アル フォルノ *Ripieno al forno*　78
　モンタナーラ *Montanara*　80
　ピッツェッタ *Pizzetta*　81

ピッツェリアの揚げ物 *Fritture della pizzeria*　82
　クロッケ ディ パターテ *Crocchè di patate*　84
　パッラ ディ リゾ *Palla di riso*　86
　フリッタティーナ *Frittatina*　88
　フィオリッリ リピエーニ *Fiorilli ripieni*　90・92
　ミリアッチエッリ フリッティ *Migliaccielli fritti*　90・92
　モッツァレリッネ フリッテ *Mozzarelline fritte*　91・93
　チチニエッリ パステッラティ フリッティ　91・93
　Cicinielli pastellati fritti
　ツェッポリーネ ディ アルゲ *Zeppoline di alghe*　94
　モンタナリーネ *Montanarine*　96
　カルゾンチーニ フリッティ *Calzoncini fritti*　97

ピッツァ生地の活用 *Con la pasta della pizza*　98
　パーネ *Pane*　100
　ロトリーノ *Rotolino*　101
　トルタノ *Tortano*　102
　ロゼッテ *Rosette*　104
　ボッコンチーニ ディ ダーマ *Bocconcini di dama*　105
　パニーノ *Panino*　106
　サルティンボッカ *Saltimbocca*　108・110
　フォカッチャ *Focaccia*　108・111
　マサニエッリ *Masanielli*　109・111

ナポリの定番アンティパスト *Antipasti napoletani*　112
　ペペロンチーニ ヴェルディ イン パデッラ　114・116
　Peperoncini verdi in padella
　ズッキーネ アッラ スカペーチェ　114・116
　Zucchine alla scapece
　スカローラ アッフォガータ *Scarola affogata*　114・116
　チャンフォッタ *Cianfotta*　114・116
　ププァロール *Puparuol*　115・117
　インサラータ ディ カボルフィオーレ　115・117
　Insalata di cavolfiore

フリット ミスト ディ ヴェルドゥーレ　115・117
Fritto misto di verdure

カルチョフィ イン パデッラ　115・117
Carciofi in padella

インボルティーニ ディ メランザーネ　118
Involtini di melanzane

メランザーネ ア スカルポーネ　118
Melanzane a scarpone

カルチョフィ リピエニ *Carciofi ripieni*　118

ズッキーネ リピエネ *Zucchine ripiene*　118

ペッシェ マリナート *Pesce marinato*　120・122
　　サルモーネ *Salmone*／ペッシェ スパーダ *Pesce spada*
　　トンノ *Tonno*／アリーチ *Alici*

ポリペッティ アッフォガーティ　121・122
Polipetti affogati

インサラータ ディ マーレ　121・123
Insalata di mare

ポリポ アル インサラータ　121・123
Polipo all'insalata

フリットゥーラ ディ ペッシェ　121・123
Frittura di pesce

フリッタータ ディ マッカルン　124・126
Frittata di maccarun

トリッパ サーレ リモーネ　124・126
Trippa sale-limone

トルタ ルスティカ　125・127
Torta rustica

薪窯で焼く料理 *Piatti da forno a legna*　128

パルミジャーナ ディ メランザーネ　130
Parmigiana di melanzane

アクア パッツァ *Acqua pazza*　132・134

チチニエッリ アル フォルノ *Cicinielli al forno*　132・134

コッツェ エ カペサンテ グラティナーテ　132・134
Cozze e capesante gratinate

スペッツァティーノ コン パターテ　133・134
Spezzatino con patate

サルシッチャ *Salsiccia*　133・135

ロンツァ ディ マイアーレ *Lonza di maiale*　133・135

アッロスト ディ マンゾ *Arrosto di manzo*　133・135

ドルチェ *Dolci*　136

ババ ナポレターノ *Babà napoletano*　138

ツェッポレ *Zeppole*　140

ズッパ イングレーゼ ナポレターナ　142・144
Zuppa inglese napoletana

ドルチェ ミモザ *Dolce mimosa*　142・145

デリツィオーザ *Deliziosa*　143・146

パスティエーラ *Pastiera*　143・146
　スポンジ生地 *Pan di spagna*／クレーマ・パスティッチェーラ *Crema pasticciera*

パスタ・フロッラ *Pasta frolla*　147

capitolo 4
ピッツァイオーロの知識　149
Conoscenza per pizzaiuoli

素材の知識
　小麦粉 *Farina*　150
　酵母、イースト *Lievito*　152
　エクストラバージンオリーブオイル　153
　　Olio extra vergine d'oliva
　モッツァレッラ *Mozzarella*　154
　トマト *Pomodoro*　156

ピッツェリアの設備
　薪窯の知識 *Forno a legna*　158
　　薪窯の構造／窯を選択する視点
　　薪窯のタイプ／新しい窯の火入れ
　　煙突／煙突掃除／煤対策
　ピッツェリアの設備と道具の知識　163
　ピッツァイオーロの道具の知識　165

ナポリのピッツェリア　166
　カンパニア州のワイン

ピッツァイオーロとフォルナイオ　168

ピッツァ ナポレターナSTG規約　170

日本ナポリピッツァ職人協会　176

エピローグ　178

- 🌶 がついているページは＜付録＞のDVDに収録されています。
- 本書で適用している「ピッツァ ナポレターナSTG」規約は2010年2月4日に定められた時点のものです。
- ピッツァイオーロはイタリア語でPizzaioloと表記しますが、とくにナポリのピッツァイオーロは「Pizzaiuolo」と記します。本書では後者の表記としています。
- 「モッツァレッラ」と表記しているものは、丸い形状のモッツァレッラ・ディ・ブファラ（水牛乳）、もしくはフィオル・ディ・ラッテ（牛乳）です。
- とくに表記がない場合、「パルミジャーノ」はすりおろして使います。

プロデュース	荒幡耕治	Koji Arahata
編集	横山せつ子	Setsuko Yokoyama
撮影	伊藤高明	Takaaki Ito
	壇 亮（キャミックス）	Makoto Dan
デザイン・装丁	筒井英子	Hideko Tsutsui
イラスト	古谷充子	Michiko Furutani
	（P38、47、52、158）	
DVD製作	ロンドベル	Lond Bell

ナポリピッツァの世界観

*U*niverso della *P*izza *N*apoletana

「ナポリピッツァ」を知るためのキーワード
Pizza Napoletana

ナポリで生まれ、この地で愛されてきた食べ物「ナポリピッツァ」とは、そもそもどういう食べ物なのか。いつどのようにして生まれ、ピッツァイオーロたちによってどのようにつくられてきたのか。まずはナポリにおけるピッツァ像を理解するために、ナポリピッツァ職人協会（APN）の資料から、一部を抜粋して紹介する。いま世界中で食べられているナポリピッツァの源流を知ろう。

Storia

La pizza è senza dubbio nata a Napoli. Da sempre tanti illustri personaggi hanno discusso sulle origini della pizza e ciò è stato di sicuro un vantaggio per questa eccezionale singolarità culinaria che ha conquistato il mondo con pieno merito, mantenendo ovunque la sua denominazione originaria senza traduzione di sorta. La pizza ha avuto come antenata la 'Schiacciata', ma resta beninteso che si trattava solo di un primo rudimentale sistema di panificazione. Fin da subito fu evidente il bisogno di ritoccarne il sapore. Col tempo, grazie alla genialità e all'estrosità tutta napoletana, si aggiunse al semplice impasto la presenza dei condimenti come l'olio e lo strutto animale modificandone il semplice gusto dato dall'acqua e farina creando la cosiddetta 'Focaccia' non lievitata. In seguito si aggiunse il lievito, facendo sì che l'impasto, dopo alcune ore di crescita e pronto per la cottura, fosse più morbido e facile da digerire. Verso la fine del 1500 fu importato in Italia, attraverso la Spagna, il pomodoro. Proveniente dal Perù, il pomodoro era coltivato inizialmente solo come pianta ornamentale. Dovette passare qualche secolo prima che il frutto di questa pianta fosse utilizzato per condire la pizza, poiché il pomodoro, a causa dell'alto contenuto di solanina a quel tempo ritenuta velenosa, era guardato con diffidenza. Fu solo quando nacquero le prime coltivazioni di pomodoro tra Napoli e Salerno che i pizzaioli napoletani decisero di utilizzare il pomodoro schiacciandolo, ricavandone la polpa ed il sugo. Originariamente, prima che fosse commercializzata in apposite rivendite, poi chiamate pizzerie, la pizza era preparata in casa dalle massaie napoletane con della semplice farina impastata e lievitata col 'criscito' (lievito naturale ottenuto dalla fermentazione di un impasto precedente). Un vero e proprio ritrovato, un ingegnoso espediente per sfamare, con una piccola spesa, la numerosa famiglia. Una delle prime pizze fu la 'Marinara', preparata con pomodoro, olio, aglio e origano. L'aggettivo 'marinara' non ha alcuna connessione con gli ingredienti e potrebbe, a prima vista, apparire un richiamo quanto meno strano. Sull' argomento si sono espressi alcuni

foto: Haruko Amagata

歴史

ピッツァはナポリ生まれ。昔から著名人たちがピッツァの起源について論じてきたが、ピッツァがナポリで生まれたのは間違いない事実で、世界中どこの国でも"ピッツァ"と呼ばれ、人々を魅了している。

ピッツァの発祥は'スキャッチャータ Schiacciata'で、それは小麦粉と水だけでつくる原始的なパンのようなものだった。味が足りないのは明らかで、次第にナポリ人の創造力を発揮してラードやオリーブオイルを加え、発酵させないフォカッチャができあがった。そして、その後さらにイーストを加えるようになると、数日後には生地が大きく発酵して柔らかくなり、消化しやすい生地となった。

16世紀の終わりには、スペインからイタリアにトマトが入ってきた。トマトはペルーからスペインに渡り、はじめは観賞用に栽培された。トマトがピッツァの味つけに使われるようになったのは、何世紀もあとのことで、なぜならトマトに含まれるソラニンという物質が毒だと思われていたためである。ナポリとサレルノの間でトマトが栽培されるようになると、果肉をつぶしてソースをつくったりし、ようやくピッツァに使われるようになった。

ピッツァは最初はピッツェリアではなく、家庭で主婦たちの間でつくられた。小麦粉と古生地を合わせてつくり、経済的で栄養満点の食べ物として工夫が凝らされていた。

はじめて生まれたピッツァは、トマト、ニンニク、オレガノでつくる「マリナーラ」。不思議なことに、マリナーラという名前は材料とは無関係で、これについては多くのピッツァ職人の間で話し合われたが、漁師のためのピッツァだったことが由来

pizzaioli la cui dimestichezza con la pizza risale a più generazioni. L'opinione è che la 'marinara' era, all'origine, la pizza dei pescatori, che all'alba prima di tornare a casa, entravano nei forni e chiedevano la pizza. I fornai impegnati a preparare il pane per la giornata, cercavano di fare in fretta e condivano quel disco di pasta nel modo più semplice e rapido possibile: pomodoro, olio, aglio e origano. Una particolare attenzione va riservata alla pizza 'Margherita' sia perché prendeva il nome di una Regina sia perché era ed è la pizza più 'esportata' e conosciuta in tutto il mondo. Fu infatti nel 1889 che il pizzaiuolo Raffaele Esposito preparò per la Regina Margherita di Savoia una pizza dai colori patriottici: il rosso del pomodoro, il bianco del fior di latte ed il verde del basilico. La notizia del gradimento della pizza da parte della Regina si diffuse subito in città e con essa l'uso da parte del popolo di richiedere la 'pizza della Regina Margherita'. Cosa dire di più……la pizza viene preparata in pochi minuti, sotto gli occhi del cliente, che resta affascinato dalla sveltezza e dalla capacità del pizzaiolo. Il fatto che nessuna altra pietanza possa essere preparata più velocemente, la genuinità dei suoi ingredienti e, soprattutto, la modicità del suo costo, ne fanno uno dei piatti preferiti in tutto il mondo.

*R*icetta

Gli ingredienti
Acqua naturale
Farina di grano tenero di media forza
Sale marino
Lievito di birra fresco o naturale

Metodiche di produzione per un litro d'acqua : si sciolgono dai 40 ai 55g di sale e 1-1.5g di levito nell'acqua, si aggiunge la farina lentamente, circa 1.8-2.0 Kg. Raggiunta la consistenza desiderata, l'impasto dovrà essere lavorato dall'impastatrice per 20 minuti circa. Una volta pronto l'impasto dovrà riposare per 30-50 minuti circa, nell'impastatrice stessa oppure sul piano di lavoro, rigorosamente ricoperta da un panno umido. Successivamente ha inizio la fase di staglio che va eseguita esclusivamente a mano. Dall'impasto madre avviene la sagomatura a mano del panetto che dovrà essere del peso 220-250g e assumere una forma sferica aiutandosi con il palmo della mano e le punta delle dita della stessa facendolo roteare sul piano e dovrà poi essere riposto nelle apposite tavole dove i panetti dovranno lievitare per 8-12 ore circa ad una temperatura di 25 ℃. Passato il tempo della lievitazione dell'impasto, lo stesso sarà pronto per essere lavorato sempre a mano nel rispetto della tradizione napoletana

*S*tesura

La tradizione napoletana vuole che il panetto prima di essere steso venga leggermente "intinto" nella farina per evitare che si attacchi al banco di lavoro con l'accorgimento che la farina in eccesso venga spostata in modo da non rendere il sapore dell'impasto amarostico. Il panetto viene poggiato sul piano e si comincia ad esercitare una pressione con 8 delle10 dita (escludendo quindi i pollici) dal centro verso l'esterno. Successivamente sarà allargato facendo volteggiare l'impasto tra le mani del pizzaiolo e il banco di lavoro

といわれている。漁師たちが日の出の時刻、漁を終えて帰路に着く前にパン屋に寄ってピッツァを頼むと、忙しいパン職人は手近にあったトマト、ニンニク、オレガノをトッピングしたと伝えられている。

　また「ピッツァ マルゲリータ」は、姫の名前を冠し、世界で一番知られているという点でとくに注目されるピッツァである。1889年、イタリア王国の国王ウンベルトⅠ世とマルゲリータ妃が当時話題になっていたピッツァを所望し、ピッツァ職人のラファエレ・エスポズィートがその名誉に預かった。その時に献上されたピッツァは3種類。マストゥニコーラ（ラードとチーズをのせたピッツァの元祖）、マリナーラ、そしてトマトの赤、モッツァレッラの白、バジルの緑でつくったスペシャルであった。マルゲリータ妃がこの国旗の三色のピッツァをお気に召したことはすぐに街中に広がり、このピッツァはマルゲリータと呼ばれるようになった。

　ピッツァは手早くつくられ、ピッツァ職人の素早い動きと能力は、目の前でそれをみるお客に感動を与える。これほど早くつくれる料理は他にはなく、良質な材料でつくられ、何よりも手頃に食べられる。だからピッツァは世界中で愛されているのだ。

レシピ

材料：水
　　　中力粉
　　　海塩
　　　イースト（ビール酵母か天然酵母）

水1リットルに対するつくり方：塩40〜55g、イースト1〜1.5gを水に溶かし、ゆっくりと小麦粉を加える。小麦粉は1.8〜2kg。ちょうどいい硬さになったら、その後20分間練る。生地が練りあがったら、少しやすませる。ぬれたフキンをかけ、絶対に乾燥させてはいけない。

fino al raggiungimento delle dimensioni di 30 cm circa, tenendo conto che la tradizione napoletana vuole che lo spessore della pizza debba essere di 3-5 mm circa. Bisogna inoltre ricordare che le dita non devono esercitare sul bordo della pizza in modo che ci sia una diversa consistenza delle parti permettendo quindi al cornicione (una volta cotta in forno) di gonfiarsi di almeno 2-3 cm ed essere morbido e fragrante.

Forno e fornaio

Oggi molti credono che la capacità di manipolare l'impasto e l'ottima qualità degli ingredienti diano risultato ad una buona pizza nascondendosi dietro l'espressione "Il segreto è nell'impasto" ma sbagliano perché bisogna tener conto anche di un elemento importantissimo: la cottura. Per una buona cottura della classica pizza napoletana e da prendere in considerazione il forno, quello tradizionale a legna, ed il fornaio. IL FORNO, rispettando le normative igienico-sanitarie e di impatto ambientale, viene realizzato artigianalmente con una camera di mattoni refrattari dalla forma a cupola poggiata su di un piano in biscotto di Sorrento rispettando sempre proporzioni, dimensioni e disegni molto rigorosi in modo che abbia una resa calorica ottimale per garantire una cottura adeguata ed una cospicua riduzione dei consumi di legna. IL FORNAIO va messo sullo stesso piano del pizzaiuolo perché saper usare la pala e cuocere una pizza nel forno tradizionale a legna ha la stessa importanza di saper preparare l'impasto dandogli la giusta lievitazione e poi stenderlo. Quella del fornaio è un'arte: conoscere dapprima il legno che non scoppi o che non sprigioni fumi maleodoranti saper poi usare con maestria il palino per gli spostamenti della pizza nei punti più o meno caldi del forno, per l'avvicinamento o l'allontanamento dalla fiamma per evitare le bruciature del cornicione (il baffo), il tutto in movimenti rapidissimi. La pizza inserita nella camera di cottura, per effetto dell'aumento della temperatura o meglio per effetto di fenomeni fisici raggiunge i suoi valori ottimali, il tutto dosato in tre modi: per contatto, per corrente d'aria calda, per riverbero. Il primo perché il disco di pasta a contatto col suolo assorbe calore per conduzione (il fornaio dosa la conduzione di calore in base anche alla quantità di cenere che ha nel forno) ; il secondo perché a contatto con l'aria calda assorbe calore per

休んだあとの分割は、かならず手でしなければならない。分割は手のひらで形を整えながら220〜250gのボール状に手でちぎる。分割したら番重に並べて25℃の温度で8〜12時間発酵させる。生地ができたら、あとは焼くだけ。伝統的なナポリピッツァができあがる。

延ばし

バンコに生地がつかないように、延ばす前に生地に小麦粉を打つ。余分な粉は焼く前に払う。生地を親指以外の8本の指を使い、中心から外側に向けて延ばしていく。

バンコの上で直径30cm、厚さ3〜5mmくらいまで延ばすのが、伝統的なナポリピッツァのサイズである。コルニチョーネをつくるために縁を触らないようにすると、焼きあがりが2〜3cm膨らみ、柔らかくいい香りになる。

窯とフォルナイオ

今日多くの人が、ピッツァのおいしさの秘密は生地のつくり方と最高の材料のクオリティに尽きると信じているが、それは違う。なぜなら、焼く工程もとても重要な要素だからだ。伝統的なナポリピッツァをつくるためには、薪窯とフォルナイオを忘れてはならない。

薪窯は、職人の手によってソレント地方の粘土でつくられた炉床(ろしょう)の上に、耐火煉瓦を組んでドーム状の空間がつくられる。大きさと高さの比率を厳格に守ることにより、正しい焼き方と薪の消費を減らすための最高の燃焼効率が得られる。

フォルナイオはピッツァイオーロと同じくらい重要な存在である。なぜならば、伝統的な薪窯を使って焼くことができるのは、生地のつくり方や正しい発酵、延ばし方と同じくらい重要なことだからだ。フォルナ

convenzione ed il terzo per irraggiamento o per riverbero cioè per effetto della fiamma. Questo, in breve, è tutto quanto occorre per determinare una perfetta cottura della pizza, purché la temperatura del suolo sia almeno di 400°C e quella della campana di almeno 450°C per far sì che la pizza si cuocia in poco più di un minuto, il cornicione si gonfi nel modo tradizionale napoletano e che gli ingredienti non vengano stressati oltre il limite. Quindi la pizza dopo la cottura si presenterà così: il pomodoro avrà perso solo l'acqua in eccesso restando denso e consistente, la mozzarella si disidrata appena e si fonde al punto giusto, l'olio non supera i 70 °C oltre i quali comincerebbe a friggere rendendosi dannoso per il fegato e il basilico non si brucia sviluppando il massimo del suo aroma e continuando ad essere riconoscibile nel colore e nella forma. In due parole: UN CAPOLAVORO. Molto spesso il forno è stato argomento di discussione per personaggi più o meno noti nel settore i quali hanno paragonato i forni tradizionali a legna a quelli elettrici o a gas, ma bisogna prendere atto che per i pizzaiuoli napoletani è assolutamente impossibile scindere il forno a legna dalla pizza e i personaggi che hanno polemizzato in questo senso lo hanno fatto solo ed esclusivamente per invidia poiché nessuno dei pizzaiuoli che lavora con altri tipi di forni offre un prodotto che si avvicini, seppur lontanamente, alla vera pizza cioè quella napoletana.

*M*arinara

E' considerata oggi la pizza più classica, infatti porta il nome di Napoli: quindi massimo onore, quando si parla di queste cose (e non soltanto di queste, naturalmente). In pratica, si tratta di una evoluzione della più antica pizza con aglio e olio. Attenti, dunque, all'esecuzione. Su ogni disco di pasta disponete prima di tutto filetti di pomodoro maturi ma non troppo. Il pomodoro anziché a filetti può anche essere a pezzi, l'importante è aprirlo per eliminare sia i semi sia l'acquosità interna che danneggerebbe la cottura; unite una presa di origano o qualche fogliolina di basilico (da pulire con un telo senza bagnare). "O l'uno o l'altro aroma"! Poi ancora spargete aglio affettato (più o meno secondo i gusti e la resistenza), infine, bagnate con olio di oliva saporito, una spruzzata di sale e mandate in forno. Attenzione al condimento: deve restare almeno ad un cm. e più dal bordo del disco di pasta. In questo modo la parte di pasta non coperta, l'orlo, si alzerà durante la cottura formando il cosiddetto "cornicione".

*M*argherita

Tutti sanno, oramai, che questa pizza prende il nome dalla Regina Margherita di Savoia alla quale fu presentata nel lontano 1889 in una serata al palazzo Capodimonte, a Napoli. La Regina fu entusiasta sia per il sapore sia per i colori: bianco, rosso e verde. Occorre però

イオの仕事はアート。薪の木が爆ぜないか、くさい煙をださないかなどを知り尽くし、パリーノを使ってピッツァを窯の中の温度の高いところや高くないところに動かしたり、コルニチョーネが焦げないように火から近づけたり遠ざけたりし、熟練されたとても早い動きができなければならない。

　薪窯に入ったピッツァは、3つの要素が融合しておいしく焼きあがる。1つめは炉床の温度、2つめは熱の対流、3つめは輻射熱だ。

　生地は炉床に直接置いて焼かれるが、炉床の温度は灰の量によって調節する。1分強で理想的なコルニチョーネや完璧なピッツァの焼き加減を得るには、窯の中の温度が450℃で、炉床は少なくとも400℃は必要だ。

　この温度で焼くと、焼きあがったピッツァは……トマトの余分な水分が蒸発してうまみの詰まった味になり、モッツァレラも余分な水分が飛んでほどよく溶け、つまり傑作となる。ちなみに、オイルは70℃以上になってはならない。70℃を超えると肝臓によくなく、バジルも焦げて香りがなくなり色や形がわからなくなるからだ。

マリナーラ

　このピッツァは別名ナポリという名前がついているように、もっとも伝統的であり、アーリオ・オーリオのピッツァの進化系である。つくり方には注意が必要だ。

　一番最初に熟したトマトのスライスをのせる。トマトはスライスでも刻んでもいい。重要なのはトマトをカットして種と水分を切ることで、種と水分があるとよい焼きあがりにならない。オレガノかフレッシュのバジル（よごれは洗わずにふきとること）は好みで選ぶ。スライスしたニンニクをふり（好みで量の調節を）、そしておいしいオリーブオイルとひとつまみの塩をふりかけて窯に入れる。

　ソースは縁から1cmはぬらないこと。そうするとソースがぬられていないところが膨れあがり、コルニチョーネ（ピッツァの縁）ができる。

マルゲリータ

　もはやみなさんご存じのように、マルゲリータという名前はマルゲリータ妃の名前が由来。

　このピッツァは1889年、ナポリにあるカポディモンテ宮殿の晩餐会でマルゲリータ妃のためにつくられ、味も色（白・赤・緑のイタリア国旗の色）もすごくお気に召された。だが実はこのピッツァ　マルゲリータはこの時にはじめてつくられたわけではなく、それより前にブルボン家のカロリーナ妃が大好きで食べ

precisare, che la pizza tricolore non fu inventata in quell'occasione, bensì tempo addietro, tanto che ne era ghiottissima già la borbonica Regina Carolina. La classica esecuzione prevede il tradizionale disco di pasta coperto da filetti di pomodoro o polpa di pomodoro passato, mozzarella tagliata a fettine sottilissime, foglie di basilico ben pulite (non lavate con l'acqua che ne ridurrebbe l'aroma, ma pulite con un telo finissimo), un pizzico di sale, il tutto bagnato con olio di oliva saporito. Una diversa versione prevede l'origano anziché il basilico. Pare, tra l'altro, che in una versione primitiva - quella cara appunto alla Regina Carolina - si aggiungesse una manciata di pecorino grattugiato, mentre in una ulteriore e recente versione si esclude il pomodoro. In tal caso, però, venendo a mancare l'effetto tricolore, in molti sostengono che non si possa più parlare di pizza Margherita come vuole la tradizione.

*P*izza fritta

Popolarissima a Napoli, eppure poco conosciuta nel resto d'Italia, la pizza fritta somiglia vagamente a un calzone ed è una squisita variante della pizza tradizionale. Viene preparata con la normale pasta per pizza: la si allarga a disco e sopra si poggiano gli ingredienti; poi il tutto viene richiuso da un secondo disco di pasta, messo in olio bollente per pochi minuti e fatto scolare su un ampio recipiente di alluminio detto 'A' vacant'. I maestri consigliano di stendere la pasta su un fazzoletto, in modo da non gettare nell'olio bollente, oltre alla pizza, anche residui di farina. Una volta individuata la ricetta base, è però praticamente impossibile individuare le quantità esatte degli ingredienti che vanno a finire nell'imbottitura della pizza fritta. Nella realtà, infatti, vi è sempre una trattativa serrata tra il cliente e il pizzaiuolo, nel corso della quale il primo chiede all'altro di creare varianti su misura, in cui compare più mozzarella che ricotta, meno olive e più acciughe, più cicoli e meno salame (il che tra l'altro obbliga il pizzaiolo a inventarsi dei simboli da incidere sul bordo della pizza fritta in modo da riconoscerne il contenuto una volta richiusa e cotta). Ma, nonostante tutto, ci sono tipi di pizza fritta più gettonati di altri. Eccone alcuni: la classica: non era imbottita e la si mangiava spargendoci sopra un poco di ragù e di basilico fresco; la classica di oggi: il ripieno è composto in gran parte da ricotta, un poco di mozzarella, cicoli e salame tagliato a dadini, il tutto cosparso da un cucchiaio di passata di pomodoro; la chicchinese: è farcita con insalata e scarola cruda, acciughe, olive nere, mozzarella, cicoli, salame e pomodoro; alla scarola: con insalata, scarola cruda tagliata a pezzettini, olive nere e acciughe.

ていたともいわれている。

　マルゲリータの伝統的なつくり方は、生地にスライス、もしくはつぶしたトマト、ごく薄くスライスしたモッツァレラ、よごれをふきとったバジルの葉（水で洗ってはならない。香りがなくなるから）をのせ、ひとつまみの塩、おいしいオリーブオイルをふりかける。バジルのかわりにオレガノを使うバージョンもある。またカロリーナ妃が好きだったピッツァ マルゲリータには、削ったペコリーノがのせられていたようだ。最近ではトマトがのっていないバージョンもあるが、それではトリコローレではないので伝統的なマルゲリータとは呼べない。

ピッツァ フリッタ

　ナポリではとても人気があるが、イタリアでも他の地方ではあまり知られていない。どことなくカルツォーネに似ていて、伝統的ですばらしくおいしいピッツァである。

　つくり方は、ふつうのピッツァの生地をディスクのように丸く延ばして材料をのせ、同じように延ばした生地を重ねて、熱い油で数分間揚げ、大きなアルミの容器（アバカント）で油を切る。ハンカチの上で生地を延ばすと、打ち粉がいらないので、揚げ油に余分な粉が入らずいたみにくいとマエストロはすすめている。

　詰め物の分量を説明するのはむずかしい。なぜなら、お客とピッツァイオーロが会話をしながら、一人一人の好みに合ったピッツァ フリッタをつくるからだ（ピッツァイオーロはどのお客のピッツァかわかるように印をつけなければならない。すべての詰め物がそれぞれに違うため）。

　だが、その中でも大人気のピッツァ フリッタがある。たとえば昔から人気があるのは、揚げた生地にラグーとフレッシュのバジルをのせたもの。今はほとんどがリコッタの詰め物で、モッツァレッラ、チコリ、小さく刻んだサラミ、トマトソースをスプーン1杯入れるのが一般的である。「ラ キッキネーゼ」の材料はサラダ菜、スカローラ、アンチョビ、黒オリーブ、モッツァレッラ、チコリ、サラミ、トマト。「アッラ スカローラ」の材料はサラダ菜、刻んだスカローラ、黒オリーブ、アンチョビ。

※ナポリピッツァ職人協会APNの資料を一部加筆・修正

ナポリのピッツァ職人とS.T.G.制定への道のり
Specialità Tradizionale Garantita

ナポリのいわばご当地メニューだったピッツァ。ピッツァイオーロたちは職人の地位向上をめざし、1998年にナポリピッツァ職人協会A.P.N.を設立。さらに世界中に広まった"ナポリピッツァ"のスタンダードを確立し、ナポリピッツァの伝統を守るために、EU認定のS.T.G.（伝統的特産品保証）を獲得した —— この時代の流れをイタリアで発行された本から紹介する。誇り高きナポリのピッツァイオーロたちの情熱を知ってほしい。

*

　ナポリのガッレリア・ウンベルトという場所の素晴らしい天窓の下に、少し背の低いカルメニエッロという人のオフィスがあった。彼は街のすべてのピッツェリアとピッツァ職人の名前を憶えていた。オフィスとはいっても部屋の中ではなく、彼はガッレリアの軒下でサンツァーロの仕事をしていたのだ。サンツァーロというのは、日本でいうハローワークのような仕事のこと。彼はピッツァ職人のためにこの仕事をし、1970年代までの長きに渡り、ピッツェリアとピッツァイオーロの仲立ちをし、多くの人 (Vicienzo 'o panariello、Sorbillo 'o cinese、Ciro 'o crapariello、Mario 'o zuzzusu) がカルメニエッロを訪れた。彼は頭がよく、迅速に働き先をみつけることができたので、その仕事で謝礼をもらっていた。ナポリのピッツァイオーロの仕事はさほど偉いとされるものではなかったが、人々からは尊敬され、でも組合をつくることはままならなかったことの象徴的なエピソードである。

　1984年にVera Pizza Napoletana（真のナポリピッツァ協会）が発足したが、これはピッツェリア（店）を助けるための組織で、ピッツァイオーロ（職人）に対しては何らすることはなかった。だが、カルメニエッロはずっとピッツァイオーロのための手助けを続けた。

　1998年にナポリピッツァ職人協会Associazione Pizzaiuoli Napoletani (A.P.N.)が設立された。それまではピッツァイオーロの権利と仕事は守られていなかったのだ。APNの協会の署名には、ア

Era un tizio bassino ma aveva in testa la mappa geografica di tutte le pizzerie di Napoli e l'elenco di tutti i pizzaiuoli della città, si chiamava Carmeniello e aveva l'ufficio, se così possiamo definirlo, sotto la maestosa vetrata della Galleria Umberto I.
La denominazione ufficio, nel suo caso è una forzatura, perché lui stazionava in galleria, dove esercitava la professione di 'o sanzaro.
Era, il suo, in altri termini, l'ufficio di collocamento dei pizzaioli.
Per un lungo periodo di tempo e fino agli anni settanta, è stato il punto di riferimento per chi necessitava trovare un locale dove lavorare e per quei gestori che avevano bisogno di un pizzaiolo.
Ne saranno passati di pizzaiuoli da Carmeniello, tipi come Vicienzo *'o panariello*, Sorbillo *'o cinese*, Ciro *'o crapariello*, Mario *'o zuzzusu*, chissà se con questo soprannome trovava lavoro!
E Carmeniello abile e sbrigativo, smistava e collocava, accontentava e risolveva e a ogni sistemata *abbuscava la sansaria*, ovvero il compenso per la sua preziosa intermediazione.
Questo emblematico episodio la dice tutta di quanto poco *contavano* i pizzaioli a Napoli. Una affermazione questa che non va interpretata in senso denigratorio, il mestiere in città era sicuramente (come lo è ancora oggi) molto apprezzato, ma la categoria non riusciva a fare fronte comune, a coalizzarsi in una specifica associazione a mutuarsi quando ne aveva bisogno, a scambiarsi aiuti, informazioni, consigli.
Se la nascita della V.P.N. nel 1984 aveva per la prima volta riunito idee e volontà, soprattutto da parte dei gestori di locali, per pizzaioli, specie per quelli che operavano a conto terzi, cioè a servizio delle pizzerie, non si era mai fatto nulla. Per loro c'era solo Carmeniello.
S'è dovuto aspettare il 1998 e la nascita dell'Associazione Pizzaiuoli Napoletani affinché i pizzaioli del capoluogo campano potessero contare su una loro casa comune, un organo sindacale che ne difendesse i diritti e che ne tutelasse la professione.
L'atto costitutivo dell'Associazione Pizzaiuoli Napoletani vide le firme di: Adolfo Marletta, Sergio e Giorgio Miccù, Gaetano e Vincenzo Abbate, Mario e Augusto Folliero, Gennaro Tarocchi e Gaetano Esposito nel ruolo di Presidente. Successivamente alla presidenza subentrò Sergio Miccù, ad oggi, saldamente in carica.
L'A.P.N. fu fondata con un preciso obiettivo, spiega Miccù: *"Rivalutare e preservare una delle professioni più tradizionale*

ドルフォ・マルレッタAdolfo Marletta、セルジォ・ミックSergio Miccù、ジョルジォ・ミックGiorgio Miccù、ガエターノ・アッバーテGaetano Abbate、ヴィンチェンツォ・アッバーテVincenzo Abbate、マリオ・フォッリエロMario Folliero、アウグスト・フォッリエロAugusto Folliero、ジェンナーロ・タロッキGennaro Tarocchi、会長のガエターノ・エスポズィートGaetano Esposito のサインがある。のちにセルジォ・ミックが会長となり、現在に至る。

APNは厳格な目的のために設立された。セルジォ・ミックは次のように説明する。「ピッツァの価値と地位を上げたかった。ナポリで一番伝統的な仕事、それはピッツァイオーロ。ピッツァ職人はナポリの文化の中で一番魅力的で伝統的なキャラクターです。私たちのひとつの目的は、ピッツァの技術を若い人に教えること。伝統を受け継ぐとともに、若者に仕事のチャンスを与えたかった」

今ではナポリ以外にも300人以上のメンバーがいる。フェデリコ・グウェッリエロFederico Guerrieroはセルジォ・ミックのオフィスで働くパートナーであり、有名なピッツァイオーロ。もうそれほど若くはないが、"スクニッツィエッロ"(腕白坊主)のように元気に頑張っている。アントニオ・スタリータAntonio Staritaは技術、経験、カリスマ性を兼ね備えた副会長で、有名なピッツァイオーロであり、マテル・デイにあるピッツェリア・スタリータのオーナーだ。他の役員はアドルフォ・マルレッタAdolfo Marletta、アルベルト・レントAlberto Lento、ジーノ・ソルビッロGino Sorbillo、ジュスティニアーニGiustiniani兄弟、カルミネ・マウロCarmine Mauro、ミケーレ・トリウンフォMichele Triunfo、フランチェスコ・フォルトゥナートFrancesco Fortunato、ウンベルト・サルヴォUmberto Salvo。セルジォ・ミックのもとに集まった、進取の気性に富み、頑張り屋の真のナポリ人たちのおかげで、協会と職人の権利は強くなったのだ。

この協会は数年前からいろいろなイベントに登場している。最初はイタリア国内で開催された、世

di Napoli e cioè il Pizzaiuolo, che è anche una delle figure intriganti del folklore e della cultura partenopea. Uno dei nostri obiettivi è quello di tramandare l'arte della manipolazione della Pizza alle nuove generazioni e in questo modo cogliere due importantissimi oviettivi: prepetuare la tradizione e offrire una concreta opportunità di inserimento nel mondo del lavoro ai giovani che apprenderanno tale arte".

Oggi l'associazione conta oltre trecento iscritti con associati anche fuori Napoli. A coadiuvare Miccù il segretario Federico Guerriero, uno storico pizzaiolo che, nonostante la non più giovane età, si dà da fare con l'entusiasmo di uno "scugnizziello". La vice presidenza invece conta sull'impegno, l'esperienza e il carisma di Antonio Starita, anch'egli decano pizzaiolo, titolare della storica pizzeria Starita a Mater Dei. Altri protagonisti attivi sono: Adolfo Marletta, Alberto Lento, Gino Sorbillo, i fratelli Giustiniani, Carmine Mauro, Michele Triunfo, Francesco Fortunato e Umberto Salvo.

A Miccù, napoletano verace, intraprendente, instancabile e abile tessitore, con sempre in testa un sacco di belle idee, va riconosciuto il merito di aver messo in moto l'A.P.N. facendola crescere in termini sindacali e non solo.

L'associazione negli ultimi anni si è resa protagonista in tante e significative occasioni. La sua prima ribalta nazionale, se non mondiale, fu il Giubileo del Pizzaiolo. Era l'anno 2000 e Roma viveva il più grande evento della sua storia cristiana. I pizzaioli napoletani, insieme ad altri colleghi italiani, vissero la particolare e irripetibile emozione di essere ricevuti dal Sommo Pontefice. Tale storico momento è documentato da una immagine che vede Antonio Starita, con in braccio la stufa del pizzaiolo, inginocchiato dinanzi a un compiaciuto Giovanni Paolo Ⅱ. Sembrava quasi che dal contenitore in rame dovesse tirar fuori davvero una Pizza. Sua Santità avrebbe sicuramente gratido.

Quanche anno dopo l'A.P.N. fece parlare di sè a Sanremo, in occasione del festival della canzone italiana. I pizzaioli napoletani non si esibirono come cantati, anche se qualche buona ugola nel gruppo non manca, bensì allettarono la tantissima gente che in quelle particolari giornate affollava la cittadina ligure, friggendo e distribuendo la Pizza fritta. La famosa Pizza "a ogge a otto", considerata dagli storici la più antica Pizza di Napoli, con il suo ripieno di ricotta e ciccioli di maiale mandò in sollucchero sanremesi e non, compresa una giunonica Megan Gale che quell'anno era l'icona femminile del festival.

L'A.P.N. in più di una circostanza ha rimarcato la sua presenza anche all'estero: Las Vegas, New York, Parigi, Londra, in ogni fiera dedicata alla Pizza ci sono i pizzaioli napoletani a rivendicarne (lì dove qualcuno non dovesse saperlo) i diritti

界的に有名なジュビレオ・デル・ピッツァイオーロ Giubileo del Pizzaiolo。2000年にローマで一番有名なキリスト教のイベント、ジュビレオが開かれ、アントニオ・スタリータは同僚とともにローマ法王に特別に招待され、ストゥファを持参し、喜ぶジョバンニ・パオロ二世の手にキスをした。本物のピッツァを持っていったら、法王はもっと喜んだことだろう。

　イタリア・サンレモの街で行なわれる有名な歌の祭典でも、APNはピッツァ フリッタを配付した。歌がとても上手なメンバーもいたが、その時は歌わずにみんなのためにピッツァ フリッタを配った。昔、ピッツァ フリッタは"ア オッジェ ア オッタ ogge a otto"(その日に食べた支払いを8日間のうちに支払えればよい、という意味)といわれ、リコッタとチッチョリ・ディ・マイアーレでつくられるピッツァ フリッタはナポリの歴史で一番古いピッツァと考えられている。サンレモがあるリグーリア州の人たちはピッツァ フリッタをとても喜び、有名モデルのメーガン・ゲイルも喜んだそうだ。

　APNはラスベガス、ニューヨーク、パリ、ロンドンなどで行なったすべてのイベントで、自分たちの価値と伝統を伝えた。

　APNの活動には数多くの協賛があり、モストラ・ドルトレマーレ Mostra D'Oltremareでピッツァイオーロのためにさまざまなコンテストを行なった。ひとつは国際的なイベントであるトロフェオ・カプート Trofeo Caputo。もうひとつはメモリアル・ジュゼッペ・リッチョ(ピッツェリアのオーナーをマフィアから守るために死んだピッツァ職人の追悼イベント)。一番最近のイベントは2007年7月にナポリのロトンダ・ディアスで、5.28メートルの世界一大きなピッツァ フリッタをつくった。

　セルジォ・ミックが掲げた目的は、ピッツァイオーロをイタリアの社会の中で普通の仕事として認めさせることだった(カテゴリーをつくりたかった。なぜなら、腕のいいピッツァイオーロが数多くいるにもかかわらず、職人として認められていなかったため)。たくさんのピッツェリアがあったが、国

di paternità e a offrire dimostrazioni del proprio valore.
Nelle attività dell'associazione non mancano, sin dalla sua costiuzione, collaborazioni importanti come quelle con la Exposudhotel, una fiera specializzata che si tiene alla Mostra d'Oltremare e l'organizzazione di eventi e competizioni fra pizzaioli(tanto gradite dagli stessi). Ricordiamo il Trofeo Caputo ormai assunto ad evento internazionale e il memorial Giuseppe Riccio.
Ultimo in ordine di tempo la grande manifestazione alla rotonda Diaz, luglio 2007, dove è stata realizzata la Pizza ftritta piǜ grande del mondo. Misurava ben cinque metri e ventotto centimetri.
Ma al di là di tali importanti manifestazioni, il chiodo fisso dei pizzaioli associati, di Miccù, in particolare è sempre stato un altro: quello di qualificare giuridicamente la proffessione del pizzaiolo.
Ora, potrà apparire strano che la figura del pizzaiolo, attualmente un operatore di spicco nell'ambito del mercato della ristorazione, considerando il grande numero di pizzerie sparse per il Bel Paese, non sia ancora giuridicamente inquadrata dallo Stato Italiano, nel senso che non vi sono norme che ne definiscano precisamente le mansioni professionali, stabilliscano come avviarsi alla professione, come e dove conseguire la qualifica, con quali diritti e quali doveri svolgere l'attività.
A differenza di quanto avviene per altre professioni nell'ambito della ristorazione come cuochi, barman, maitre di sala ecc., che possono contare su una scuola pubblica(gli I.P.S.A.R.) dove conseguono una specifica qualifica contemplata anche nei contratti collettivi nazionali di lavoro, il pizzaiolo invece non è firmantario di contratto collettivo. Eppure in Italia ci sono pizzaioli quanto e forse più dei cuochi.
"Questa mancanza" ci spiega Miccù, "E' dovuta al fatto che il pizzaiolo è sempre stato visto come un ristoratore di serie B, la pizzeria come un locale di secondo piano, la Pizza un cibo di ripiego, retaggi questi che vengono da lontano e che adesso pesano su tutto il comparto: mancano scuole pubbliche di formazione, una seria programmazione per il coinvolgimento dei giovani a questa professione, con il risultato che oggi il mercato italiano, soprattutto durante la stagione estiva, richiede migliaia di pizzaioli che non ci sono.
In Italia mancano i pizzaioli, mentre la Pizza è sempre più un cibo richiesto. Una equazione che non regge e che viene risolta con una deriva industriale del prodotto. In quei locali dove il pizzaiolo non c'è, la Pizza viene ugualmente sfornata, ma non è altro che una base prodotta industrialmente, conservata in qualche frigo, poi farcita e cotta in un fornetto.

は職人のルール（法律）を細かく定めていなかったためだ。
　そしてもうひとつ、レストランの仕事の中で料理人、バリスタ、サービス（メートル・ド・テル）のための国立の学校はあったが、ピッツァイオーロのための学校はなかった。イタリアにはピッツァ職人がたくさんいて、それは料理人の数よりも多いか同じくらいはいるにもかかわらずだ。
　これらの問題は、次のことが原因だとセルジョ・ミックはいう。サービス業においてピッツァイオーロはセリエB（下の位）の仕事、ピッツェリアも飲食業においてランク2の業種だと思われている。ピッツァもイタリア人にとっては価値のないもの（貧乏人のもの）とされ、その考え方のおかげで学校もなく、若い人が新しくピッツァイオーロになるための広告などもなかったのだ。とくに夏のバカンスシーズンにはピッツァ職人がたくさん必要とされるにもかかわらず、人数が足りなかった。ピッツァ職人がいなくてもバカンスのお客たちはピッツァを食べたがるので、工場でつくられたピッツァをレストランで提供していた。これは偽物のピッツァで、お客にとって大変失礼なことだとセルジョ・ミックはいった。
　ピッツァイオーロの法律が制定されるように、二人の政治家（マッシモ・フンダロ、マルコ・リオン）が4つの提案をした。このうちひとつの法律は2007年6月28日にセルジョ・ミック、ニコラ・サルヴァトーレ、アンジェロ・ペトローネ、エミリオ・ジャコメッティ、アントニオ・コンテ、エヴァンドロ・タッディ、ジュゼッペ・ルチア、ジュゼッペ・サントーロたちにより提案された。
　ピッツァイオーロは700年前にナポリの一番貧乏なエリアで生まれて、ナポリを象徴するイメージとなった。長年この仕事に励んできたピッツァイオーロたちにとって、きちんとした法律が制定されたら、それは最高のプレゼントになる、そうなったらいいとセルジョ・ミックは思っていた。
　一番困難なのはSTG（Specialità Tradizionale Garantita伝統的特産品保証）の認定を得ること。

Questa purtroppo - conclude Miccú - non è la Pizza ma una parodia, una presa in giro. Questa può essere la fine della Pizza artigianale".
L'impellenza del riconoscimento della professione del pizzaiolo e dei percorsi formativi per accedere a tutti gli effetti e con i crismi della legge ad esercitare il mestiere di fare la Pizza è, ad oggi, oggetto di una serie di Proposte di Legge, ben quattro. Una di queste, presentata il 28 giugno 2007 dagli onorevoli Massimo Fundarò e Marco Lion "Disciplina dell'attività di pizzaiolo" la cui bozza è stata messa a punto dallo stesso Miccù in stretta collaborazione con altri operatori del mondo Pizza italiano: Nicola Salvatore, Angelo Petrone, Emilio Giacometti, Antonio Conte, Evandro Taddei, Giuseppe Lucia e Giuseppe Santoro.
"L'auspicio - conclude miccù - è che questo mestiere, nato a Napoli nel settecento, nei suoi quartieri più poveri, diventato poi icona della città e successivamente dell'Italia intera, possa trovare ufficialmente e giuridicamente il suo meritato posto al sole. Sarebbe la giusta ricompensa, che renderebbe merio ai sacrifici che questa categoria ha compiuto e ai risultati che ha conseguito nell'ambito della ristorazione nazionale".
Tuttavia, la partita più complicata, l'associoazione dei Pizzaiuoli napoletani se la sta giocando da un'altra parte, ed é quella che vede l'ottenimento da parte della Pizza Napolenata del riconoscimento comunitario di Specialità Tradizionale Garantita. La ormai famosa e stranota a tutti: Pizza Napoletana S.T.G.
E'opportuno, prima di andare avanti chiarire, ove ce ne fosse bisogno, cos'è e cosa vuol dire S.T.G.
E'il riconoscimento del carattere di specificità di un prodotto agroalimentare, inteso come elemento o insieme di elementi che, per le loro caratteristiche qualitative e di tradizionalità, distinguono nettamente un prodotto da altri simili.
La S.T.G. ha quindi il compito di tutelare e valorizzare un cibo nella sua composizione e nel suo metodo di lavorazione tradizionale, per questo il processo produttivo deve essere conforme a un disciplinare di produzuione.
Il sistema di tutela fu messo a punto dalla Comunità Europea nel 1992. Il regolamento ha portata generale ed è obbligatorio in tutti i suoi elementi ed è direttamente applicabile in ciascuno degli Stati membri. Chiediamo a Miccù com'è nata l'idea.
"Per la verità" - risponde - *"inzialmente puntavo su un altro obiettivo. Volevo ottenere questa benedetta qualifica del mestiere del pizzaiolo e cosi, insieme ai miei più stretti collaboratori, decidemmo, per la circostanza di interessare la classe politica, nello specifico l'onorevole Alfonso Pecoraro Scanio che all'epoca era Ministro dell'Agricoltura nel primo*

STGとは食品の内容や、どういう歴史が背景にあるのかを認識させ、類似したものと差別するための呼称で、その価値やつくり方のルールを守るための規約である。このシステムはEUで1992年に制定され、他の国でSTGを名乗るにあたっても、EUでつくられた規約を守らなければならないことになっている。

　セルジョ・ミックがなぜこのようなことを思いついたのか。アドルフォ・マルレッタのピッツェリア・スパゲッタータで、農業省の政治家アルフォンソ・ペコラーロ・スカーニオとセルジョ・ミックはミーティングの場をもった。そこでその政治家は、まずピッツァ職人よりも、ピッツァ自体をきちんと認識する必要があるといったのだ。この時からEUのナポリピッツァの認定をもらうのがどれだけ大切なのかという話し合いがはじまった。この認定はクローンやイミテーション（類似品）と分けるためにある。文化の価値と何百年の歴史を証明する手段になるのだ。アイデアは次第とリアルになり、ナポリのピッツァイオーロたちは納得したら止まらない性格なので、早く認定をもらおうとさまざまな準備を進めた。STG認定に向け、真のナポリピッツァ協会もその政治力とマンゴーニ先生が作成したピッツァDOCの規約を提出することにより協力した。そして、農業省の大臣にアントニオ・パーチェとセルジョ・ミックがサインをして証明書を申請した。ジャンニ・アレマンノ大臣は農業省を新設したばかりの人物で、このプロジェクトにとても好意的であった。

　待望の日が来た。2004年5月24日、ピッツァ ナポレターナの規約がイタリア政府の発行する特別な新聞に掲載された。STGの申請書をブリュッセルに送ったことに対してイタリアのメディアが反応し、ピッツァイオーロはメディアに多数登場した。急にピッツァの話題がとりあげられるようになり、それはあたかもピッツァがその時に生まれたかのようだった。ナポリのピッツァイオーロたちは委員会の面前に窯を運び、委員会とベルギーの首都の人たちのためにピッツァ マルゲリータをつくり、満腹になるまで食べてもらった。イタリアの昔からの横柄な政治の考え方は変わったものの、やは

governo Prodi. Ci incontrammo in pizzeria, alla Spaghettata di Adolfo Marletta al Vomero. Quale luogo più opportuno per dipanare tali questioni? Il Ministro ascoltò con attenzione il nostro appello e poi ci spiazzò con una soluzione inaspettata: "Sergio, un passo alla volta, prima di qualificare il pizzaiolo va qualificata la Pizza!"
E da lì si cominciò a parlare e discutere di quanto potesse essere importante, se non fondamentale per la Pizza napoletana, ottenere un riconoscimento comunitario. Una sorta di attestato che potesse affrancarla definitivamente da cloni spuri e blasfeme imitazioni. Un riconoscimento che rendesse merito alla sua storia pluricentenaria, ai valori culturali che il piatto esprime, ai salutari principi nutritivi che contiene.
Il dado era quindi tratto, l'idea prendeva corpo e così i pizzaioli napoletani, che quando sono pregni della giusta dose di entusiasmo e convinzione sono un fiume in piena, misero velocemente a punto tutta la documentazione necessaria per avviare il lungo e tortuoso cammino che un riconoscimento comunitario richiede.
A dar man forte all'operazione S.T.G. sopraggiunse l'assoazione Vera Pizza Napoletana che mise a disposizione del progetto il proprio peso politico e sopratutto i contenuti del famoso disciplicare redatto dal Professor Mangoni che regolava e stabiliva i requisiti della Pizza DOC.
Il documento di richiesta ufficiale presentato al Ministero delle Politiche Agricole e forestali in calce riportava congiunte le firme di Antonio Pace e Sergio Miccù.
L'iter burocratico vide in seguito il coinvolgimento del ministro Gianni Alemanno, subentrato nel frattempo con il nuoco governo Berlusconi, nella carica di Ministro dell'Agricoltura. Il neo ministro sposò con entusiasmo il progetto e si attivò per posizionarlo, come meglio non si sarebbe potuto, sulla rampa di lancio.
Il gran giorno giunse il 24 maggio 2004, il disciplinare tecnico della Pizza Napoletana S.T.G. fu pubblicato sulla Gazzetta Ufficiale Italiana. La pratica fu poi inviata a Bruxelles per dar modo alle preposte commissioni di esaminare la richiesta e concedere alla Pizza napoletana il definitivo titolo di Specialità Tradizionale Garantita.
L'avvenimento fu salutato con un entusiasmo forse eccessivo, i media gli offrirono una speciale ribalta: giornali, radio, tramissioni televisive fecero a gara per ospitare pizzaioli e addetti ai lavori.
Pareva, quasi, che la vivanda scugnizza fosse stata scoperta in quella occasione, senza considerare che quella mozzarella ribollente, affogata nel rorido pomodoro circondata dal gibboso cornicione è una pietanza che alletta i palati da secoli.
E così la Commissione Europea si ritrovò fra le suecarte una fragrante Pizza napoletana. Infatti oltre all'incartamento,

り申請にはいつも通りの長い時間を要したのだが。

規約は少しだけ変更が加わったが、内容自体はそのまま認定された。それを以下に記しておく。

ピッツァ ナポレターナSTGはふたつのクラシックのバリエーションがある。ひとつめは、マルゲリータ（トマト、エクストラバージンオリーブオイル、フレッシュのバジル、カンパニアDOPの水牛モッツァレッラ、またはモッツァレッラSTG、またはフィオル・ディ・ラッテ）。ふたつめはマリナーラ（トマト、エクストラバージンオリーブオイル、オレガノ、ニンニク）。つくり方は職人的な特徴を守らなければならない。ピッツァ ナポレターナSTGのつくり方は、生地を中央から指で延ばすことを何回かくり返して生地を丸くし、コルニチョーネが中央より1〜2cmほど膨らむ。それは柔らかく、硬いものは認められない。およそ485℃の薪窯で1〜2分焼いて提供する。

STGの申請はまだ100％通ってはいない。もうしばらくすると速報で規約が発行され、規約に反対する人の意見があるかさらに6ヵ月間待たなければならない。この期間が終わればEUからの認定がおりるので、ルールを守らなければならなくなる。

ナポリピッツァは料理であり、料理ではない。空腹を満たすものである。最近では一番有名な食べ物になったが、貧乏な人の食べ物だったということを忘れてはならない。STG認定を得るのはとても喜ばしいことだが、喜びすぎてはならない。なぜならこのチャンスを守るために、ピッツァイオーロはますます働かなければならないからだ。何千年前と同じように、もう一度ナポリから新しい歴史がはじまる最後のチャンスかもしれない。だから頑張らなければならないのだ。

"Napoli e la Pizza : La Storia comincia da qui"から転載訳
（同書出版後の2010年、ピッツァ ナポレターナはSTGに正式認定）

per l'occasione, giunsero a Bruxelles i pizzaioli napoletani che impiantarono i loro forni dinanzi al Parlamento Europeo sfornando profumate margheritelle per i bolsi parlamentari e per tutti gli abitanti della capitale belga.
Dopo tale abbuffata il comportamento un tantino distaccato e altezzoso dei politici della vecchia Europa migliorò, ma non migliorarono per nulla i tempi, biblici, con cui la Commissione Europea porta avanti le sue pratiche.
Al disciplinare sono state apportate lievi modifiche, nella sostanza non è mutato e lo riassumiamo brevemente. La Pizza napoletana S.T.G. prevede le due classiche varianti: quella alla Margherita(con pomodoro pelato o a pezzetti, olio extravergine, basilico fresco, mozzarella di bufala campana D.O.P. o la mozzarella S.T.G. o il fior di latte Appennino meridionale) e alla Marinara(pomodoro, olio extraverigine, origano e aglio). Il processo produttivo poi, deve rispettare la sua peculiare essenza artigiana. Può essere S.T.G. esclusivamente una Pizza il cui panetto è steso con un movimento dal centro verso l'esterno, con l'unico ausilio della pressione delle dita, che viene rivoltato varie volte nelle mani del pizzaiolo per diventare un disco di pasta che abbia il centro più sottile e il bordo più alto, di circa 1-2 cm, quello che sarà il 《cornicione》, mai duro e sempre soffice.
Infine inevitabilmente cotta nel forno a legna, a temperature di 485℃ circa, che permette, dopo uno, due minuti, di offrirla all'appetito consumatore "morbida, elastica piegabile a libretto", così come scritto letteralmente nello stesso disciplinare.
L'iter per il riconoscimento, ad oggi, non è ancora definitivamente concluso.
A brevissimo sarà comunque pubblicato sulla Gazzetta Comunitaria, dopodichè bisognera attendere altri sei mesi per consentire, ove ce ne fossero, a terzi di praticare dei distinguo o delle opposizioni.
Dopo, e solo dopo, la Pizza napoletana S.T.G. a tutti gli effetti sarà oggetto di tutela e valorizzazione da parte della Comunità Europea che ne imporrà il respetto a tutti i Paesi membri.
La vivanda scugnizza, il piatto senza piatto, l'espindente della fame, il cibo degli ultimi avrà finalmente un suo blasone, sarà protetto e non lasciato alla mercè del divenire. Sarà un bel giorno per Napoli e la sua pizza. Sarà il caso di festeggiare, ma con moderazione, perché poi ci sarà da lavorare tantissimo per evitare che anche questa occasione sfumi.
Potrebbe essere l'ultimo treno che passa per far sì che la storia riparti, da Napoli.
Ancora una volta, come qualche secolo fa.

ナポリピッツァ職人協会
Associazione Pizzaiuoli Napoletani

　ナポリのピッツァ職人たちが結集し、1998年7月に設立されたのが「ナポリピッツァ職人協会 Associazione Pizzaiuoli Naloletani」(A.P.N.)。その目的はピッツァイオーロの地位向上、技術の向上、ナポリピッツァの正しき伝承であり、"職人のための"協会であることが特徴だ。

　現在、会長はセルジォ・ミックSergio Miccù、副会長アントニオ・スタリータAntonio Starita (Pizzeria Starita)、アドルフォ・マルレッタAdolfo Marletta (La Spaghettata)、技術役員ジェンナーロ・チェルボーネGennaro Cervone (Pizze e Pizze)、ウンベルト・フォルニートUmberto Fornito (Antica Pizzeria Frattese)が務め、ナポリのピッツァイオーロのトップが先頭に立つ。2010年にピッツァ ナポレターナSTGの認定を受けたことにより、世間でも協会の存在が広く認知されるようになり、ピッツァイオーロの社会的地位の向上につながっている。

　協会の活動はイタリア国内のみならず、世界中で年間50以上ものイベントに携わっている。主な活動は大きく3つに分かれ、①ピッツァ職人とピッツェリア双方のための就職紹介、②イタリア国内で行なわれるピッツァ祭りでも最大の「ナポリ ピッツァ ヴィラッジ Napoli Pizza Village」の主催、③「ナポリピッツァ職人世界選手権Campionato Mondiale del Pizzaiuolo」(通称カプート杯Trofeo CAPUTO)の開催となっている。なかでも2013年で12回めを数えるナポリピッツァ職人世界選手権は、ナポリ ピッツァ ヴィラッジのメインイベントとして開催され、世界中から500人以上のエントリーがあり、ピッツァ業界最大のチャンピオンシップとして有名だ。

　また2012年には製パン・製菓・ピッツァ調理師専門学校Centro Studi Partenope 3Pを開校。同校はナポリパン職人協会Associazione Provinciale Libera Panificatori Napoletani、ナポリ菓子職人協会Associazione Pasticcieri Napoletani、そしてナポリピッツァ職人協会が連携し、それぞれの3つのPをとった学校名(トレ・ペ)を冠したもの。国家資格も取得できる本格的な学校で、APNのメンバーも教鞭をとっている。

　年々活況を呈する同協会の活動は世界規模で広がり、現在ではアメリカ、フランス、スペイン、トルコ、ブラジルなど世界10ヵ国以上に支部が発足。日本支部の「日本ナポリピッツァ職人協会 Associazione Pizzaiuoli Napoletani in Giappone」(A.P.N.G.)も2012年4月に設立され、200名(2013年8月時点)の会員が名を連ねている→P176。

会長のセルジォ・ミック。2013年7月の東京での記者発表にて。

Associazione Pizzaiuoli Napoletani(A.P.N.)
ナポリピッツァ職人協会
Corso S.Giovanni a Teduccio, 53 Napoli
tel : +39.081.5590781
http://www.pizzaiuolinapoletani.it/

Napoli Pizza Village
ナポリ ピッツァ ヴィラッジ
Lungomare Via Caracciolo, Napoli
http://www.pizzavillage.it/

aアントニオ・スタリータ Antonio Starita 氏、bアドルフォ・マルレッタ Adolfo Marletta 氏、cジェンナーロ・チェルボーネ Gennaro Cervone 氏、dウンベルト・フォルニート Umberto Fornito 氏らが協会の役員を務める。e～iナポリピッツァの正式なチャンピオンを決める「ナポリピッツァ職人世界選手権」。別名カプート杯、ナポリ最大手の製粉メーカー、カプート社の全面協力のもとに開催。政府からも審査員が派遣され、厳正なる競技が行なわれる。最高峰のSTG部門優勝者は年度最優秀ナポリピッツァ職人として認められ、翌年よりSTG部門審査員となる。jラスベガスで開催される世界最大のピッツァ見本市で、同協会は10年間実演・スクールを開講している。アメリカのナポリピッツァ人気はすこぶる高い。k～nナポリ ピッツァ ヴィラッジは、47ヵ国から500人以上のピッツァイオーロが大集合する、イタリア政府公認・後援の世界一のピッツァ祭。ナポリの海岸沿いにナポリの名ピッツェリア30軒が出店し、2012年には4日間で30万人を集客、1日7万5000枚のピッツァが焼かれた。o製パン・製菓・ピッツァ調理師専門学校に業界からかかる期待は大きい。右から、ナポリ菓子職人協会 Sabatino Sirica 氏、ナポリパン職人協会の Giuseppe Baino 氏、ナポリピッツァ職人協会の Sergio Miccù 氏と、各協会の会長が校長を務める。

ヴェスヴィオ火山のふもとに広がるナポリの街。ピッツァは
ナポリ人の知恵が生みだした天才的な食の発明。

capitolo 2

ピッツァ ナポレターナ S.T.G.
*P*izza *N*apoletana S.T.G.

ピッツァ ナポレターナ S.T.G. の意義
Pizza Napoletana S.T.G.

　2010年2月、ナポリピッツァはEUで「ピッツァ ナポレターナSTG」（Specialità Tradizionale Garantita 伝統的特産品保証）として認定された。認定されたのは「ピッツァ マリナーラ」「ピッツァ マルゲリータ」「ピッツァ マルゲリータ エクストラ」の3種。その規約はナポリピッツァ職人協会APNが中心となって制定され、伝統的な製法を受け継ぐための細かい規準が材料からつくり方、焼きあがりまで細部にわたって定められている（P170に原文と日本語訳を各全文転載）。

S.T.G.規約

3.5. 特徴説明　"Pizza Napoletana"STGは窯で焼いた丸い食品、直径は35cmを超えずまわり（コルニチョーネ）は高く作られている。ピッツァの中央部分は厚さが0.4cm（±10％の誤差を認める）で、それに具がのっている。ピッツァのコルニチョーネの厚さは1-2cmとなっている。全体的にピッツァは柔らかく、柔軟性があり手帳のように（Libretto）容易に折りたたむことができる。

　"Pizza Napoletana"STGのコルニチョーネは高く作られ、窯で焼いたもので、黄金色で、口当たりも柔らかい。中央部分にのせられた具の中でトマトの赤が目立ち、バジルとオレガノのグリーンとモッツァレッラの白が調和的に並べられている。

　"Pizza Napoletana"の生地は柔らかく、柔軟性があり容易に折りたたむことができなくてはならない。味としては、コルニチョーネより広がるよく焼かれたパンの深い味、酸味の利いたトマトの味、にんにく、バジルとオレガノのアロマ（風味）、加熱されたカンパニアDOPの水牛モッツァレッラの味を感じることができる。

3.5. Descrizione del prodotto agricolo o alimentare che reca il nome indicato al punto 3.1

La ＜Pizza Napoletana＞ STG si presenta come un prodotto da forno tondeggiante, con diametro variabile che non deve superare 35 cm, con il bordo rialzato (cornicione) e con la parte centrale coperta dalla farcitura. La parte centrale sarà spessa 0,4 cm con una tolleranza consentita pari a ± 10%, il cornicione 1-2 cm. La pizza nel suo insieme sarà morbida, elastica, facilmente piegabile a ＜libretto＞.
La ＜Pizza Napoletana＞ STG è caratterizzata da un cornicione rialzato, di colore dorato, proprio dei prodotti da forno, morbida al tatto e alla degustazione; da un centro con la farcitura, dove spicca il rosso del pomodoro, cui si è perfettamente amalgamato l'olio e, a seconda degli ingredienti utilizzati, il verde dell'origano e il bianco dell'aglio, il bianco della mozzarella a chiazze più o meno ravvicinate, il verde del basilico in foglie, più o meno scuro per la cottura.
La consistenza della ＜Pizza Napoletana＞ deve essere morbida, elastica, facilmente piegabile; il prodotto si presenta morbido al taglio; dal sapore caratteristico, sapido, derivante dal cornicione, che presenta il tipico gusto del pane ben cresciuto e ben cotto, mescolato al sapore acidulo del pomodoro, all'aroma, rispettivamente, dell'origano, dell'aglio o del basilico, e al sapore della mozzarella cotta.
La pizza, alla fine del processo di cottura, emanerà un odore caratteristico, profumato, fragrante; il pomodoro, persa la sola acqua in eccesso, resterà denso e consistente; la Mozzarella di Bufala Campana DOP o la Mozzarella STG si presenterà fusa sulla superficie della pizza; il basilico così come l'aglio e l'origano svilupperanno un intenso aroma, apparendo alla vista non bruciati.

　まず、ピッツァ ナポレターナの特徴は、STG規約にも明記されている通り、かならず薪窯で焼かれること。焼きあがりの縁はふっくらと膨らんで額縁のようになり（コルニチョーネという）、その部分は黄金色に焼けて表面はカリッとしているが、内側は生地が十分に発酵してふっくら、もちもちとしている。そして、容易に折りたためるほどに柔らかい。このようにナポリピッツァには、他のどの地域のピッツァとも違う際立った特徴がある。

　ここでピッツァ ナポレターナSTGの意義について説明しておこう。ナポリピッツァは世界中に広まり愛されているが、正しい技術や知識を学べる場が絶対的に少ないのが現状で、ナポリピッツァ本来の姿が守られていないこともしばしばである。そこでP14のようにナポリのピッツァイオーロたちが提唱し、世界的なスタンダードを設けることにより、ナポリピッツァを正しく伝承しようとしているのだ。

またSTG規約では、ナポリピッツァの歴史や伝統も記載することにより、大衆から生まれたピッツァというキャラクターを重視しているのも特徴だ。そのため規約には、使用するほとんどの素材に原産地指定がなく、世界中に広まったナポリピッツァの価格（原価）をむやみに上げまいとする配慮がみてとれる。要するにピッツァ ナポレターナSTGは、"制約"のためにあるのではなく、むしろ広がりを求めているのだ。

規約では分量や材料の選択などに関してある程度の幅をもたせているが、それは世界各国の事情により入手できる材料や環境などが異なるためで、各国の状況を鑑みて最適な解釈が認められているのがその好例だ。ちなみに日本でも、入手しにくいビール酵母の代替として生イーストを使えるなどの解釈が認められている。

ピッツァ ナポレターナSTGは、ナポリピッツァと呼べる最低限の技術を習得するためのマニュアルだと思ってほしい。まずはSTG規約によってナポリピッツァの本質を理解し、その後はピッツァイオーロの解釈により、個性豊かなピッツァを生みだしていけばよいのだ。そのためのスタート点にあたるのがピッツァ ナポレターナSTGである。

EU（欧州連合）は特定の地域、原料、製法を守りつくられた食品に、いわばEUのお墨付きとなる下記の3つの認証を与え、EU内の特産品を保護及び振興している

S.T.G. (Specialità Tradizionale Garantita)　伝統的特産品保証
定められた伝統製法に基づいて生産されるもののみが認定される呼称。下記のDOP、IGPに比べ、生産するエリアの制約がないことが特徴。

D.O.P. (Denominazione di Origine Protetta)　保護指定原産地表示
イタリアの伝統的食材に対し、その地域の自然環境や人的要因を含む特徴を持つ上で規準を満たし、生産・加工などがすべてその生産地で行なわれたものが認定される呼称。

I.G.P. (Indicazione Geografica Protetta)　保護指定地域表示
産地に由来する品質や特徴を持ち、生産・加工などのいずれか、もしくはすべてが限定地域で行なわれるものが認定される。

S.T.G.規約

3.6. 製造方法について
"Pizza Napoletana"の原材料は：小麦粉、ビール酵母、水（Acqua Naturale）、ホールトマト及びフレッシュなポモドリーニ、海塩（又は食塩）、エクストラバージンオリーブオイル。更に追加として使用できる原材料は：にんにくとオレガノ、カンパニアDOPの水牛モッツァレッラ、フレッシュバジル、モッツァレッラSTG。

3.6. Descrizione del metodo di ottenimento del prodotto che reca il nome indicato al punto 3.1
Le materie prime di base caratterizzanti la ≪Pizza Napoletana≫ sono: farina di grano tenero, lievito di birra, acqua naturale potabile, pomodori pelati e/o pomodorini freschi, sale marino o sale da cucina, olio d'oliva extravergine. Altri ingredienti che possono essere utilizzati nella preparazione della ≪Pizza Napoletana≫ sono: aglio e origano; Mozzarella di Bufala Campana DOP, basilico fresco e Mozzarella STG.

本章ではピッツァ ナポレターナSTGの規約に沿い、日本の製造環境に合わせた解釈をとり入れながら、全工程を順に解説していく。

工程は「生地をつくる」「発酵（1次発酵～2次発酵）」「トッピングの具を準備する」「薪窯の準備をする」「成形する」「トッピングする」「窯焼き」の他、「生地を手で練る（天然酵母種の準備）」の項も設けている。全編DVDにも収録しているので、本書と併せてぜひ参照してほしい。

ピッツァ マリナーラ
Pizza Marinara

マルゲリータよりも先に世に誕生したもっとも伝統的なピッツァ ナポレターナで、ピッツェリアによっては「ピッツァ ナポリ」と呼ぶこともあるほど。トマトソース、ニンニク、オレガノをのせて、エクストラバージンオリーブオイルをかけ、高温の薪窯で即席のアーリオ・オーリオをつくり、トマトソースをおおうイメージ。

ピッツァ マルゲリータ エクストラ
Pizza Margherita Extra

トマトソース
Pomodori pelati

ピッツァ マルゲリータのなかでも、「カンパニアDOPの認定を受けたモッツァレッラ」（水牛乳製）でつくるものには"エクストラ"の冠がつく。トマトソースと、フレッシュのチェリートマトの2通りの材料でつくることができる。他の具はバジルとエクストラバージンオリーブオイル。

チェリートマト
Pomodorini freschi

ピッツァ マルゲリータ
Pizza Margherita

いまや世界中に知られる、赤、緑、白のイタリアカラーのピッツァ。1889年にマルゲリータ王妃のためにつくられ、王妃がとても気に入ったことから、この名前がつけられたともいわれている。トマトソース、フィオル・ディ・ラッテ、バジル、エクストラバージンオリーブオイルでつくる。

生地をつくる *Preparazione dell'impasto*

S.T.G.規約

生地を作る 小麦粉、水、塩、酵母を混ぜる。ミキサーに水1ℓを注ぎ、50-55gの海塩を溶かし、使用する小麦粉のうち10%を入れる。ビール酵母3gを入れてからミキサーを起動させ、少しずつ W220-380の小麦粉を1800g加える。小麦粉の投入は10分かけて行なう。生地はForcella（フォーク型）のミキサーで20分低速でミキシングする。生地の密度は小麦粉の吸水力により高くなっていく。結果として一番適切な生地はねばねばせず、柔らかくて柔軟性がある。

Preparazione dell'impasto Si mescolano farina, acqua, sale e lievito. Si versa un litro di acqua nell'impastatrice, si scioglie una quantità di sale marino compresa tra i 50 e i 55 g, si aggiunge il 10 % della farina rispetto alla quantità complessiva prevista, successivamente si stemperano 3 g di lievito di birra, si avvia l'impastatrice e si aggiungono gradualmente 1 800 g di farina W 220-380 fino al raggiungimento della consistenza desiderata, definita punto di pasta. Tale operazione deve durare 10 minuti. L'impasto deve essere lavorato nell'impastatrice preferibilmente a forcella per 20 minuti a bassa velocità fino a che non si ottiene un'unica massa compatta. Per ottenere un'ottimale consistenza dell'impasto, è molto importante la quantità d'acqua che una farina è in grado di assorbire. L'impasto deve presentarsi al tatto non appiccicoso, morbido ed elastico.

【この工程のポイント】

- ピッツァ生地の材料は水、小麦粉、酵母、塩。製パンよりも少ない配合の酵母でゆっくりと生地を熟成させながら発酵させるのが特徴だ。
- 生地練りの理想は、昔ながらの手練り。ミキサーによるストレスを生地になるべく与えないようにするため、STG規約では使用するミキサーをダブルアーム、フォーク、スパイラルの3タイプのみに限定している→P164。本書では日本でもっとも流通している「スパイラル」タイプのミキサーを用いている。
- 生地をつくる工房は、酵母が過ごしやすい温度・湿度を保つといい。すなわち室温25℃、湿度40〜60%くらいが望ましい。
- 「手で練る」方法はP40で解説する。

生地の配合

ピッツァ生地の分量は「水」を基本とし、塩、酵母、小麦粉はそれぞれ水に対する割合で計算する。各材料の水に対する割合は以下の通りである。

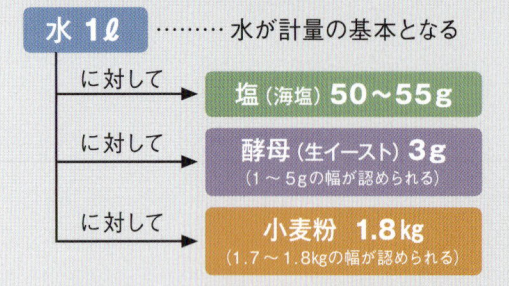

水 1ℓ ……… 水が計量の基本となる

- に対して → **塩（海塩）50〜55g**
- に対して → **酵母（生イースト）3g**（1〜5gの幅が認められる）
- に対して → **小麦粉 1.8kg**（1.7〜1.8kgの幅が認められる）

＊ただし生地の状態は気温や湿度などに左右されるので、配合はあくまで目安とし、かならず生地の状態をみながら加減する。

【生地の配合チャート】

水	塩（海塩）	酵母（生イースト）	小麦粉	生地玉の個数の目安（230g玉）
5ℓ	250〜275g	15g	9kg	62玉
6ℓ	300〜330g	18g	10.8kg	75玉
7ℓ	350〜385g	21g	12.6kg	87玉
8ℓ	400〜440g	24g	14.4kg	99玉
9ℓ	450〜495g	27g	16.2kg	112玉
10ℓ	500〜550g	30g	18kg	124玉
11ℓ	550〜605g	33g	19.8kg	137玉
12ℓ	600〜660g	36g	21.6kg	149玉
13ℓ	650〜715g	39g	23.4kg	162玉
14ℓ	700〜770g	42g	25.2kg	174玉
15ℓ	750〜825g	45g	27kg	186玉

【生地の材料】

水 Acqua

中性水（pH6.0以上8.0以下）を使用する。日本の水道水はほぼ中性。イーストの活性化を考えると弱酸性に近いほうが望ましい。ちなみにナポリの水はおよそpH6.0〜6.3と理想に近い。硬度に関しては生地が適度に引き締まるため、やや硬水が適している。ナポリの水は硬水、日本は軟水で硬度が異なるのだが、無理に硬水を使うことにこだわらず、その他の材料（主に小麦粉）で補えばいいだろう。

小麦粉 Farina

本書ではカプート社のサッコ・ロッソ（00タイプ）を使用。なぜならナポリで8割のピッツェリアが使っているため、ナポリピッツァの基本の小麦粉は同製品と考える。国産などこれ以外の小麦粉を使う場合は、同製品の「タンパク質12.5％、灰分0.5％」を基準に選んだりブレンドしたりするといい。日本の軟水で練るとややダレやすいので、灰分の高いものを選ぶといいだろう。小麦粉の解説は→P150。

塩 Sale

STG規約では海塩、食塩ともに使用が認められているが、日本では「海塩（自然塩）」を使うことによってミネラル分（にがり成分）を補強するといい。分量としては微量ながら、日本で使う軟水の硬度を補うことができる。パン生地に比べると塩の配合量が多いが、味つけのためではなく、酵母の働きを適度に抑制して（塩には酵母の力を抑える力がある）ゆっくりと発酵させる役割を持つ。そして生地のコシを強くしてダレにくくする。

酵母 Lievito

ナポリでは一般的にビール酵母を使うため、STG規約ではビール酵母を使うことと記されているが、日本ではあまり出回っていないため、製パン用の「生イースト」を使用することが認められている。もしくは天然酵母を使ってもいい。発酵の瞬発力が強すぎるという理由で、ドライイーストの使用は認められていない。本書ではミキサー練りで生イースト、手練りで天然酵母を用いている。酵母の解説は→P152。

生地づくりのメカニズム

水、小麦粉、酵母、塩以外に、生地づくりには「熱」と「空気」の要素が重要だ。小麦粉と水を練ることにより小麦粉中のタンパク質からグルテン（網目状組織）が形成される。練る作業（ミキサーの摩擦熱、手練りでは体温）により熱が加わり、酵母の働き（発酵）を活性化する。また練ることにより生地に空気を供給し、酵母の働き（呼吸）を活性化する。そして生地の発酵により発生したガスは、グルテンにより形成された網目に包み込まれ、焼成によりガスが膨張して生地の網目を押し広げて膨らむ。もう一方で発生するアルコール及び有機酸は生地の風味となる。各材料と熱、空気の相関関係をイメージしながら生地を練ろう。

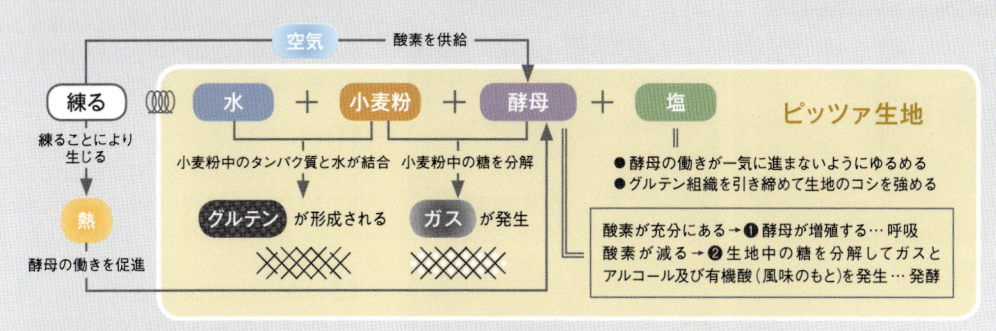

［図］

- 空気 → 酸素を供給
- 練る → 練ることにより生じる → 熱 → 酵母の働きを促進
- 水 ＋ 小麦粉 ＋ 酵母 ＋ 塩 → ピッツァ生地
- 小麦粉中のタンパク質と水が結合 → グルテンが形成される
- 小麦粉中の糖を分解 → ガスが発生
- 酵母の働きが一気に進まないようにゆるめる
- グルテン組織を引き締めて生地のコシを強める
- 酸素が充分にある → ❶ 酵母が増殖する … 呼吸
- 酸素が減る → ❷ 生地中の糖を分解してガスとアルコール及び有機酸（風味のもと）を発生 … 発酵

夏季の生地練りの考え方

- 熱を加えすぎて酵母の働きが一気に活性化しないよう、練り時間を短めにする。
- 気温が高いと酵母が一気に活性化するので、塩を増やして酵母を適度に抑制する。そして生地のコシを強くし、ダレにくくする。
- グルテン形成を促進してダレにくい生地にするために、タンパク質の量を増やす、つまり小麦粉の配合量を増やす。またはタンパク質の多い小麦粉をブレンドする。

冬季の生地練りの考え方

- 気温が低く酵母が活動しにくいので、練り時間を長くして生地に適度な熱を与える。酵母が活性化する26℃が目安。
- 酵母の働きをよくするため、塩の量を減らす。
- 小麦粉の量を少なくしてグルテン形成を適度に抑えると、柔らかめの生地に練りあがり、発酵しやすくなる。

練りすぎると…

グルテンを形成しすぎて硬くなり、歯切れの悪い生地になる。生地が熱をもちすぎて、酵母の働きが活発になりすぎると、糖分が減ってしまう。

練りが甘いと…

グルテンの形成が足りず、酵母の働きも悪く、作業的には引きが弱くて扱いにくくなる。もちもちとした食感に欠け、風味も弱くなる。

> 分量：230gの生地×約87玉分
>
> 水　7ℓ
> 海塩　385g（水1ℓに対して55gで計算）
> 生イースト　21g（水1ℓに対して3gで計算）
> 小麦粉　12.6kg（水1ℓに対して1.8kgで計算）
>
> ＊本書では水7ℓの分量で解説する。

1　水を入れる
ミキサーボウルに水7ℓを入れる。以下、水→塩→小麦粉の1割量→酵母の順に混ぜていく順番はかならず守ること。塩の働きによって酵母を死滅させないためだ。

2～4　塩を入れて溶かす
塩も入れ、手で混ぜて溶かす。時間はかかるが、よく混ぜて完全に溶かしきる。ミネラル分が多い海塩には海藻などが入っていることがあるので、もしあれば取りのぞく。

5　小麦粉を入れる
小麦粉12.6kgのうち約1割量を入れる。使用するスコップは1kg用、2kg用などいろいろな大きさがあるので、1杯が何グラムかを覚えておくと作業しやすい。

6～9　生イーストを入れる
生イーストはかたまりのまま入れると混ざりにくいので、小さいボウルに入れて、分量から1つかみの小麦粉を加え、両手ですり混ぜて粉末状に細かくする。

10
5にまんべんなく加える。材料を入れる時の基本的な心がまえとして、効率よく均一に混ざるように、全体にまんべんなく入れること。

11　練りはじめる
ミキサーを低速（速度調整がある場合）でスタートする。ナポリピッツァの生地は時間をかけてしっかり練るのが基本。

12～13
全体が混ざってどろどろした状態になったら、少しずつ小麦粉を加えていく。一度に全量を入れないのは、粉が舞いあがって無駄になってしまうため。およそ9割量まで加えていく。

14
途中、ミキサーのカバーやボウルの縁についた小麦粉はまめに落とす。

15〜16

ミキサーの容量と練る生地の量が合わないと、生地が少ない場合はミキサーボウルの底の縁に粉がたまり、逆に多い場合はあふれやすくなる。ここでは30kg容量のミキサーで約20kgの生地を練っているため、粉が混ざりきらずたまりやすいので、しばらく練り混ぜて生地にフックの跡がうずまき状に残るようになったら、ミキサーをいったん止め、ボウルの底の縁にたまった粉を生地の上に取りだす。手についた生地も落として生地に混ぜ込む。

17〜18

さらに残りの1割の小麦粉を少しずつふりかけるように加えながら、生地の硬さを決めていく。ここでも16と同様にミキサーをいったん止め、ボウルの底の縁にたまった粉を上に取りだして、生地がムラなく均一に混ざるようにする。まだこの段階は「材料を混ぜ合わせている」過程。

19

ボウル中央の軸に生地がくっついてはすぐに離れる程度の硬さになったら、小麦粉を入れるのをやめる。小麦粉の量は温度や湿度などによって変わるので、分量にこだわらず、生地の状態をみながら最終的に決めること。ここまでの作業は10分以内で、なるべく早くしたほうがいい。このあと約20分かけて「練る」過程になる。

20〜21　10分経過

練りが約10分経過した状態。生地の一部がボウルの縁についていて、表面はなめらかでなくボコボコしていて、ツヤがない。弾力がなく、生地を引っ張ってもすぐにちぎれてしまう。まだ練りが甘く、グルテンの形成が不十分。

22

さらに10分練る。

23　練りあがり

約20分練った状態。ミキサーの動きに合わせて、生地からガスが抜けるブシュブシュという音が聞こえるようになったら、練りあがった合図。ボウルにも生地がつかなくなった。

24〜26

生地を確認する。ツヤがでてなめらかになり、しっとりとしているが手にはつかない。生地の断面には幾重もの気泡の層がみえる。この気泡が窯入れするとぐっと膨らみ、ナポリピッツァ独特の柔らかさがでる。生地は十分にグルテンが形成され、引っ張ると薄くのびる。こねあげ温度は25〜26℃が最適（ただし製パンのように正確に温度をはかることはない）。

発酵（1次発酵〜2次発酵） *Lievitazione*

> **S.T.G.規約**
>
> 発酵　1次発酵：ミキサーから生地を取り出してからピッツァ用のカウンター（及びテーブル）の上で寝かせる。表面が固まらないように湿った布をかける。
>
> **Lievitazione**　Prima fase: l'impasto, una volta estratto dall'impastatrice, viene posto su un tavolo da lavoro della pizzeria dove si lascia riposare per 2 ore, coperto da un panno umido, in modo che la superficie non possa indurirsi, formando una sorta di crosta causata dall'evaporazione dell'umidità rilasciata dall'impasto stesso.

【この工程のポイント】
- 練りあげた生地を台上に取りだし、常温で約2時間の発酵をとる。生地が落ち着き、伸展性がよくなり、この後の成形作業がしやすくなる。

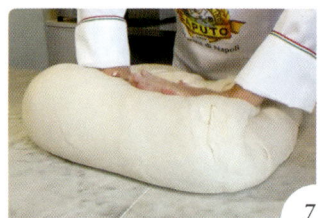

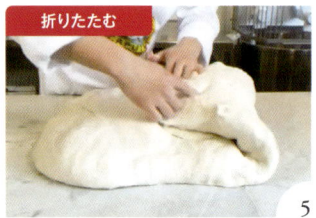

1〜4　生地を取りだす

再度ミキサーを回し、小麦粉1つかみほどをふり入れてすぐに止める。こうすると生地がボウルやフックから離れやすくなる。このあと生地の分割丸めをする大理石などの台上に生地を移し、平ための四角形にひとまとまりにする。量が多くて一度には取りだせないので、スケッパーで切り分けながら数回に分けてとりだし、生地の継ぎ目を手でつなげてまとめるといい。手前の生地を取りだしたらミキサーを回し、奥の生地を手前にすると取りだしやすい。なお、このように練りあがってすぐに取りだしてもいいが、3〜5分おくと生地が落ち着いて取りだしやすくなる。

5　折りたたむ

生地をまとめたら、まず左サイドから生地を折りたたむ。

6

次に右サイドから折りたたむ。

7

奥から折りたたむ。

8〜9

手前から折りたたみ、継ぎ目をつなげる。裏返して平らに整える。5〜8の工程は新たに空気を取り込むことと、生地中の気泡を整えるのが目的だが、ピッツァ生地の場合はなるべく空気を抜きたくないので、力を入れすぎないようにする。

10　1次発酵をとる

表面が乾燥しないように、硬く絞ったキャンバス布（テーブルクロスなどでもいい）で全体をおおう。このまま常温（約25℃）で約2時間発酵させる。

> **S.T.G.規約**
>
> 2時間の発酵が終わったら手でパネット（小さいパンのような形）を作る。スケッパーを使用し生地を切ってからパネットを成形する。"Pizza Napoletana"のパネットは180gから250gまでのサイズでなければならない。
>
> Trascorse le 2 ore di lievitazione si passa alla formatura del panetto, che deve essere eseguita dal pizzaiolo esclusivamente a mano. Con l'ausilio di una spatola si taglia dall'impasto deposto sul bancone una porzione di pasta lievitata e successivamente le si dà una forma di panetto. Per la ≪Pizza Napoletana≫, i panetti devono avere un peso compreso tra i 180 e i 250 g.

【この工程のポイント】
- 1次発酵後、生地を分割して丸め、さらに2次発酵をとる。
- 生地は製パンのように締めるのではなく、ただ丸めればよい（締めすぎてはいけない）。
- この工程ではピッツァイオーロならではの「モッツァトゥーラ・エ・スタッリオ」という分割丸めのテクニックが大切だ。

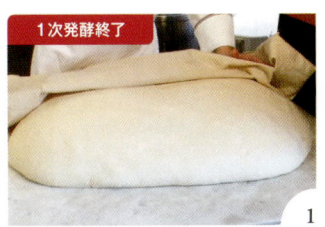

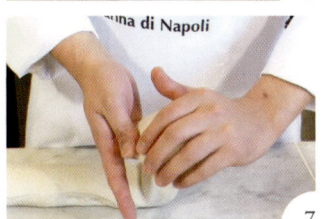

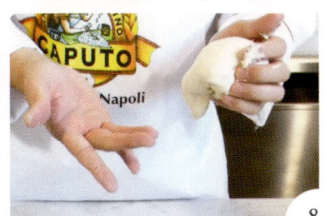

1~2　1次発酵終了
発酵後の状態。パン生地のように大きく膨らむことはないが、全体にふっくらと大きくなり、ボリューム感がでている。表面のボコボコした感じがなくなり、発酵前よりもなめらかでつややかで、しっとりさが増した。柔らかくて発酵前よりも作業がしやすくなっている。

3~4　生地を切りだす
スケッパーで生地を10cm幅くらいの適当な長さに切りだし、軽く転がしてフィローネ（筒）状にする。もとの生地のかたまりには布をかぶせて乾燥しないようにし、作業が進むたびに生地を切りだすようにする。

5　分割丸め
右手でフィローネ状にした生地の端から10cmくらいのところを持つ。

6
左手を軽く丸めて半円の形をつくり、生地の端にかぶせるようにあてる。

7~8
右手は中指と薬指を生地の中心に向かって押し込むように、上に押し上げるように動かす。この右手の動きで生地の芯をつくっていく。

9~10
左手は右手の動きに合わせて生地の表面に沿わせて動かし、丸くきれいに生地の形を整えていく。両手のこの動きを2~4回くり返す。この工程はなるべく少ない手数で素早く行うこと。その理由は、生地に手からの熱がなるべく伝わらないようにするためと、生地を締めすぎないようにするため（この後の2次発酵で発酵しにくくなる）。

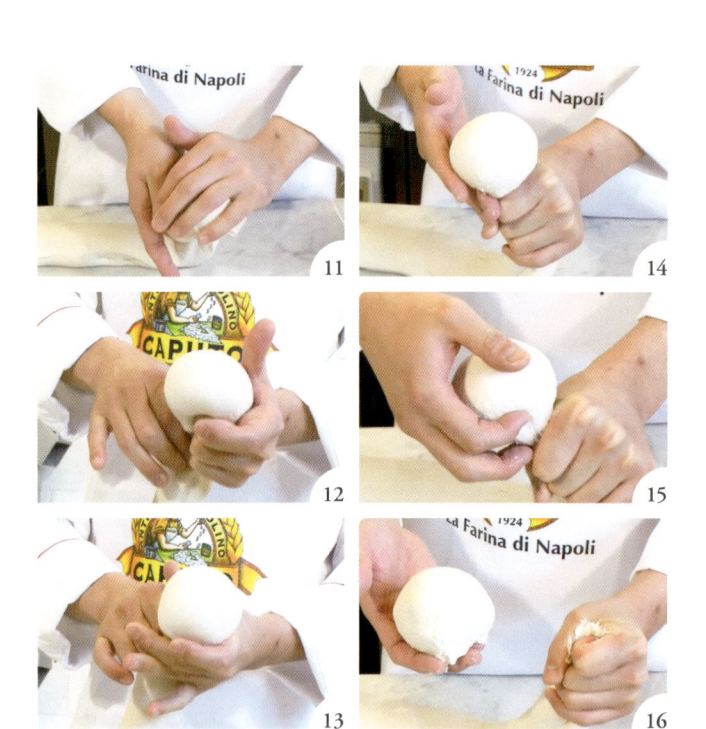

11
最後は右手の指で生地を芯に押し込む。

12～13
同時に左手で生地を丸く絞りだすようにぎゅっと握る。この動作をモッツァトゥーラという。

14～16
左手の上で丸く形が整った生地を、右手で切り離す。13の時点で生地はほとんど切り離されているので、右手で軽くひねる程度でとれる。この動作はスタッリオという。生地を締めると気泡がつぶれて焼きあがりの食感が重くなるので、このあと台上で丸めて締めたりはしない。職人によってはこの動きをすることもあるが、それも1、2回程度丸めて形を整えているにすぎない（この動きをした場合は中心にヘソができるので、生地を裏返してヘソを指でつまんでしっかり閉じないと底に穴があきやすくなる）。このように丸めた生地をパネットPanetto（小さいパン）というが、STG規約では1玉180〜250gと定められている。本書ではナポリのピッツェリアでもっとも一般的な1玉230gとした。

モッツァトゥーラ Mozzatura とスタッリオ Staglio

分割→計量→丸めの一連の作業をひとつの動作で済ますこの工程は、ピッツァイオーロ独自の大切なテクニックのひとつ。モッツァトゥーラ・エ・スタッリオ Mozzatura e Staglio といい、モッツァトゥーラは「ちぎる」、スタッリオは「切り離す」という意味だ。作業効率がよく、手数が少ないため、練りの工程で生地に含ませた空気を逃さない。慣れるまではむずかしいが、ピッツァイオーロに必須の技術のひとつなのでしっかりと身につけたい。

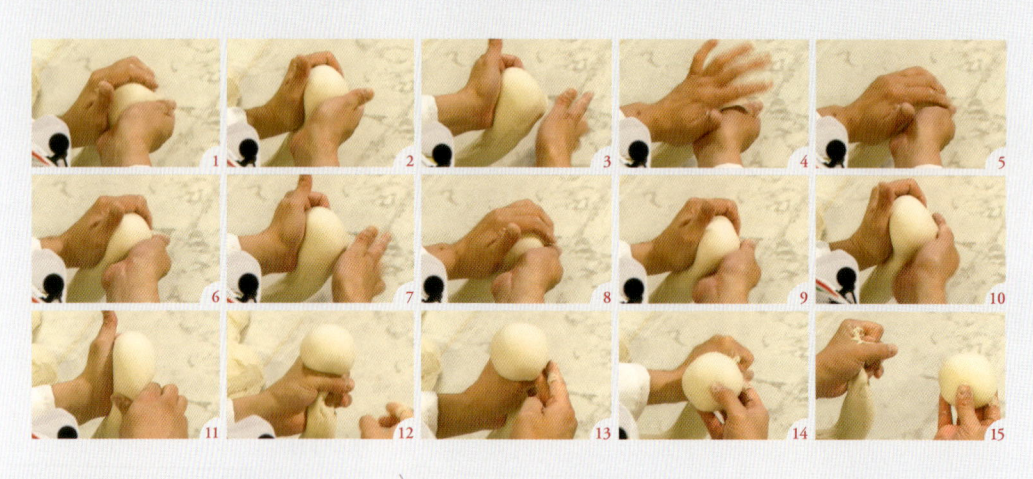

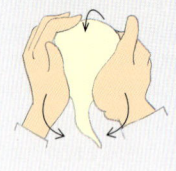

上からみた手の動き
左手は生地の上から下に向かって動かして生地の形を整え、右手で生地の下中央に芯をつくっていく。

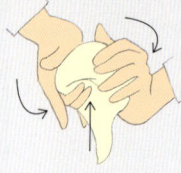

正面からみた手の動き
右手の中指と薬指を生地の下中央から上に押し上げることにより、芯ができる。

生地を丸めた状態
左手のコブシの上で丸め終えた生地には、きちんと芯ができている。

> **S.T.G.規約**
>
> 2次発酵：(Staglio) パネットを成形した後、食品用のプラスチックコンテナ（番重）に入れて4～6時間寝かせる（2次発酵）。このように出来上がった生地は常温で保管し、6時間の間に使用する。
>
> Seconda fase della lievitazione: una volta formati i panetti (staglio), avviene una seconda lievitazione in cassette per alimenti, della durata da 4 ore a 6 ore. Tale impasto, conservato a temperatura ambiente, è pronto per essere utilizzato entro le sei ore successive.

【この工程のポイント】
● 生地の状態を見極め、適正時間の発酵をとる。密封はせず、適度な湿度を保つ。

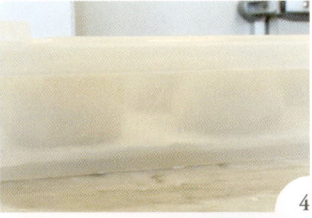

1～2　2次発酵をとる
プラスチック製の番重に打ち粉を軽くふり、生地を並べる。発酵後は2まわりほど大きくなるので、間隔をあける。生地と生地の間だけでなく、生地と番重の間にも間隔をとる。

3～4
番重のフタをし、常温（約25℃）で4～6時間発酵をとる。もしくは常温で2～3時間発酵させたのち、冷蔵庫でさらに12時間～24時間低温発酵させる（発酵が進みすぎると生地の糖度が減るので24時間までにする）。生地は酸素をとり入れながら熟成するので、けっして密封しないこと。

5
フタのすき間から空気が入って縁側の生地が乾燥するので、番重には湿らせた布をかける。もし乾燥しても生地に直接水をつけるのは避けたい。

6　2次発酵終了
発酵後6時間ほどはいい状態で使うことができる。冷蔵発酵した場合は、生地を冷蔵庫からだして1～2時間おき、常温にもどしてから使う。

発酵の状態を見極める

発酵の状態は日々変わるので、ベストな状態を判断することが大切だ。番重を重ねて発酵させた場合は一番上や下の番重の生地が発酵しやすいなど、番重ごとに発酵具合にはかならず差がでるので、すべての番重をチェックして営業前に番重の順番を入れ替え、発酵が進んでいるものから成形するようにする。

いい発酵状態
発酵前に比べて2まわりほど大きくなり、表面にツヤがあり、しっとりとしている。のびのびと膨らみ、柔和な柔らかさが感じられる。指で押すと指の形が残る。心地よいアルコール香がする。

まだ発酵が足りない状態
みるからに詰まった感じで、膨らみや柔らかさが感じられない。生地を押しても指の形は残らない。練った小麦粉の香りのみで、まだ香りからは複雑さを感じられない。

発酵しすぎ
大きく膨らみすぎてダレてしまっている。焼いた餅のように生地中の空気がボコボコと膨れあがっている。指で押すと空気が抜けてしぼむ。すっぱい臭いがしたら、その生地はもう使えない。

生地を手で練る *Preparazione dell'impasto a mano*

【この工程のポイント】
- 昔は職人は手で生地を練っていた。ここでは昔ながらの伝統的な生地づくりを紹介するために、天然酵母の種を使い、2次発酵に木製の番重を用いて室温のみで発酵させる。手練りの生地をつくることは稀だろうが、ピッツァ生地とピッツァ職人の仕事を知るためにぜひ一度は挑戦してほしい。

> 分量：230gの生地×約25玉分
>
> 水　2ℓ
> 海塩　110g
> 天然酵母種（P43）　60g
> 小麦粉　3.6kg
> ＊水に対する海塩、小麦粉の分量はP32と同様。
> ＊天然酵母種は水1ℓに対して30gを目安とする。気温が低く発酵しにくい冬季は多めにし、逆に夏は少なめにする。

1　水に塩を溶かす
大きなボウル（直系45cm程度）に水と塩を入れる。手でよく混ぜて完全に溶かしきる。ミネラル分が多い海塩には海藻などが入っている場合があるので、もしあれば取りのぞく。

2～3　小麦粉を混ぜる
小麦粉の半量を入れ、手でもむように混ぜ合わせる。時々押し込むようにしながら、もみ混ぜていく。

4　天然酵母種を加える
全体がどろどろした状態に混ざったら、準備した天然酵母種をまんべんなく加える。

5　小麦粉を加える
残りの小麦粉のうち半量を加え、2と同様にもむように混ぜる。

6～7
粘りがでてきたら、小麦粉の残りのうちさらに半量ほどを加える。

8
生地がまとまるまでは、握りつぶすようにして混ぜる。

9～10

だいたいまとまり、ある程度の硬さになってきたら、このあとは生地をコブシで押し込むようにしてまとめていく。

11～12

時々生地を裏返し、ボウルの底のほうに残っている粉も混ぜ込みながら、コブシで押し込んでいく。ボウルの内側についた生地もこの段階できれいに落として混ぜ込む。この段階はまだ「まとめている」過程。

13　練りはじめる

次第に生地がひとかたまりにまとまってくる。この段階からは「練り」の工程に移る。ボウルの下にぬれブキンを敷き、ボウルがすべらないようにする。

14～16

右手でコブシを握り、生地の奥側を手前のほうに引っ張りだすようにしては生地の中に押し込む。左手はボウルの縁を持ち、少しずつボウルを回して均一に練り混ぜるようにする。はじめのうちは生地が手につくが、生地に押し込んだ右手を抜きだす時に、手を開くとくっつきにくくなる。

17

だいぶ生地が練れてきたら、残りの小麦粉を少しずつふり入れては同様に練り続ける。小麦粉は一度に入れるとダマになるので、少しずつ加えていく。

18～20

ボウルの向こう側の側面を利用し、生地を少しずつ回転させてまんべんなく練り込み、右から左へとまんべんなく右手を移動させて練りあげていく。急ぐ必要はないので、少しずつきちんと練っていくのがポイント。手から伝わる熱で温度を上げ、生地を形成しやすくしている工程でもある。手の熱が伝わっていくのを意識し、生地が柔らかい状態に少しずつ変化していく感覚を感じとりたい。

21

さらに小麦粉を少量ずつ加える。

22

同様に練り続ける。右手を押し込む時にひねりを加えると早く練りあがる。

23 15分経過
15分練った状態。

24
まだボウルの内側に生地がついていて、生地の表面はボコボコしている。生地を引っ張ってもすぐにちぎれてしまい、この段階ではまだグルテンがあまり形成されていない。

25 さらに練る
さらに同様に練り続ける。

26〜27 練りあがり
練りはじめてから約30分が経過。表面がなめらかになり、しっとりとしているのに、手やボウルには生地がつかなくなった。生地少量を引っ張ると、ちぎれずに薄くのびる。これで練りあがり。

28 生地を折りたたむ
生地をボウルから大理石などの台上に取りだす。左サイド、右サイドの順に生地を折りたたむ。

29〜30
さらに生地を奥側から手前に折りたたみ、90度向きを変えて向こう側を持つ。

31〜32
そのまま持ちあげ、台に軽く叩きつけて生地を折りたたみ、形を整える。これを90度ずつ生地の向きを変えながら20回ほどくり返す。これは生地に空気を幾重もの層にして抱き込ませるための作業。

33〜34
生地を丸くまとめる。

35
上面にナイフで十字の切り目を入れる。切り目の断面に幾重もの層ができていて、不規則に気泡の穴があいていれば、空気を抱き込んだよい生地の証拠。

36 1次発酵をとる
湿らせたキャンバス布などで全体をおおう。常温（約25℃）で約2時間の発酵をとる。

37 1次発酵終了
1次発酵後の状態。全体に膨らみ、ボリュームを増している。生地の状態はしっとりとして、ツヤがあり、なめらか。

38 分割丸め
P37と同様に分割丸め（モッツァトゥーラ・エ・スタッリオ）をする。

39 ２次発酵をとる
木の番重に間隔をあけて並べ、フタをする。木製の番重には打ち粉は不要。常温で最低９時間発酵させる。

40 ２次発酵終了
ふっくらと膨らみ、生地には柔らかさがでている。９時間発酵させると使えるが、さらに時間をかけて12〜15時間以上発酵させたほうが、より熟成が進んでいい風味がでる。発酵させはじめてから24時間以内に使うのが望ましい。

天然酵母種の準備　Lievito naturale

分量

30℃のぬるま湯　200ml
天然酵母（ホシノ天然酵母パン種）　100g

＊密閉できるビン、混ぜるために使う小さいマドラーなどを煮沸消毒しておく。
＊酵母の解説は→P152。

1
ビンにぬるま湯を入れ、天然酵母（ここではホシノ天然酵母パン種を使用）を入れる。

2
小さいマドラーなどで均一に混ぜる。

3
アルミホイルをかぶせ、空気穴をあける。

4
この状態で約26℃のところで約24時間発酵をとる。

5
発酵後。状態を確認し、ポコポコと小さい泡が立ち、強めのアルコール香がして、なめてみると舌にピリッと感じればいい。

6
フタをして密閉し、さらに冷蔵庫で８時間おいてから使う。

＊冷蔵庫で保管して約１週間は使うことができる。

トッピングの具を準備する *Preparazione degli ingredienti*

【この工程のポイント】
- 営業中にスピーディに焼きあげるためには、万全の仕込みが肝心である。
- 素材に対する知識も大切にしたい。その素材がどこでどのように製造され、どのような特徴があるのかを知ると、下準備の工程の意味を深く理解できるようになる→P150。

モッツァレッラ Mozzarella

【ポイント】
- ここでのモッツァレッラとは、丸く成形されたモッツァレッラ・ディ・ブファラ（水牛乳のモッツァレッラ）と、フィオル・ディ・ラッテ（牛乳のモッツァレッラ）を指す。
- モッツァレッラはカットすると、白い水分がにじみでてくる。この水分を適度に残しつつ、ピッツァの焼きあがりが水っぽくならない程度にあらかじめ水切りする。
- 水切りはランチ営業がある場合は、前日ディナーの営業後に、ディナーのみの営業の場合は当日に行ない、営業直前にカットする。
- モッツァレッラの解説は→P154。

1
モッツァレッラを袋から取りだし、半分にカットする。

2〜3
ボウルにセットしたザルに、切り口を下にして入れる。ラップをかけて8〜9時間をめどに水切りする。含まれている水分はメーカーや個体差もあるので、時間は加減する。

4〜5
切り口を下にして並べ、2〜3mm厚さに切る。薄く切りすぎるとボロボロにくずれてしまい、質のよいモッツァレッラが台なしになる。フィオル・ディ・ラッテは1〜2mm厚さに切る。

6〜7
カマボコ形で厚さ2〜3mm（フィオル・ディ・ラッテは1〜2mm）の大きさを目安にする。このように切るとモッツァレッラの外皮と内側が均一になる。

8
ボウルやバットに入れ、冷たいままだと焼いた時に溶けにくいので、バンコ（生地をのばして成形する作業台）に並べる。水分がでるので、ザルをかませておくといい。ただし水分の切りすぎには注意。水分にはうまみが含まれているため、それを切りすぎてしまえばモッツァレッラのおいしさまで逃してしまうことになる。

フィローネ Filone

【ポイント】
● 筒形に成形して水切りした状態の製品をフィローネ（筒の意味）といい、ピッツァに使うのに適している。モッツァレッラ・ディ・ブファラ、フィオル・ディ・ラッテともにフィローネタイプが販売されている。

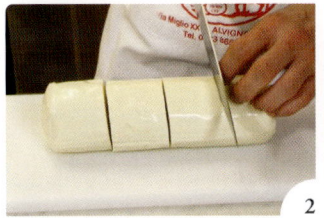

1〜2
フィローネを袋からだし、まず4等分（厚さ7cm程度）にカットする。フィローネは水切りの必要はない。

3〜4
切り口を上下に向けて並べ、さらに4等分にカットする。

5〜6
4の切り口を上下に向けて並べ、2mm厚さに切る。筒形に成形されたフィローネタイプにはモッツァレッラの製法特有の繊維があるので、繊維に沿って切るようにする。繊維を断つと、焼いて溶けた時にのびが悪くなる。

7
長さ5cm×幅1cm、厚さ2mmの大きさを目安にする。これが窯に入れるとピッツァの上で約1分半で溶ける大きさ。モッツァレッラに比べるとやはり風味で若干引けをとるので、しっかり溶けきる大きさにカットするのがポイント。

8
ボウルやバットに入れ、モッツァレッラと同様にバンコに並べる。多少水分がでてくるので、ザルをかませておくといい。ただし水分を切りすぎると、うまみも抜けてしまい、焼いた時に溶けにくく焦げやすくなる。

フィローネタイプのモッツァレッラ・ディ・ブファラとフィオル・ディ・ラッテ
Mozzarella di bufala filone e Fior di latte filone

フレッシュのモッツァレッラ・ディ・ブファラやフィオル・ディ・ラッテの日持ちをよくするため、水切りした状態で冷凍流通しているのが「フィローネタイプ」。形状からサラミーノ Salaminoとも呼ばれる。冷凍で1年保存できるのでロスがなく、水分が切られているため歩留まりもいい。価格もフレッシュに対して手頃なため、ピッツェリアではよく使われている。冷蔵庫もしくは室温で解凍してから使い、解凍後は2、3日のうちに使いきる。

トマトソース　Pomodori pelati

【ポイント】
- ● トマトソースはロングタイプのホールトマト（缶詰）と塩と混ぜ合わせるだけで、加熱調理はしない。
- ● ホールトマトの解説は→P156。

1～2
使う直前に缶を開け、ホールトマトをボウルに入れる。缶を少し残して開け、フタを軽く押さえて傾けると、中身の重さでフタが自然に開いて飛び散らずにボウルに移すことができる。缶詰のジュースの濃度がゆるい時は、適度にジュースを減らして全体の濃度を調節する（このジュースは料理に利用する）。

3～4
トマトの1％量の海塩を加える。ここではホールトマトが2550g（1缶）なので、25gの海塩を入れる。2でジュースを減らした場合は塩の量を加減する。溶けやすいようにめの細かい海塩を使う。

5～6
両手でトマトを握りつぶしながら混ぜ、塩を溶かす。果肉の食感を残したいので、漉し器などは使わない。

7～8
ヘタのつけ根の硬い部分がある場合は、果肉からしごいて取り除く。

9
全体がどろりとした状態になればいい。果肉をつぶしきらないのがポイント。ピッツァのアクセントになる。

10
きれいなボウルに移して、ソース用スプーン→P165をさす。冷たいままトッピングして焼くと上にのせた具材の火の通りが悪くなるので、モッツァレッラと同様にバンコに並べる。

トマトソースはつくりおきしない

かならず使う当日、しかも仕込みの中でも最後に準備し、フレッシュな香りや風味を少しでも逃さないようにする。塩を混ぜるだけでできるので、使うたびにつくり足すのがベストだ。たとえ余っても翌日のピッツァには使わず、料理用のソースなどに利用する。

ホールトマトを使いこなす

ホールトマトはサンマルツァーノ種などのロングタイプを選ぶ。年間を通して品質が安定するのでフレッシュよりもホールトマトを使ったほうがいいが、個体差はあるので注意を。複雑味をだすために2種類以上のホールトマトをブレンドしてもいい。例：甘みの強いトマト＋酸味とコクの強いトマト

チェリートマト　Pomodorini freschi

【ポイント】
- 「ピッツァ マルゲリータ エクストラ」には、トマトソースとフレッシュなチェリートマトでつくる2つのバージョンがある。チェリートマトはフィレットにカットして使う。
- 季節や仕入れ先によりかなり味に差があるので、毎回味見をしてから準備する。
- 余分な水分と、消化に悪い種を取り除く。

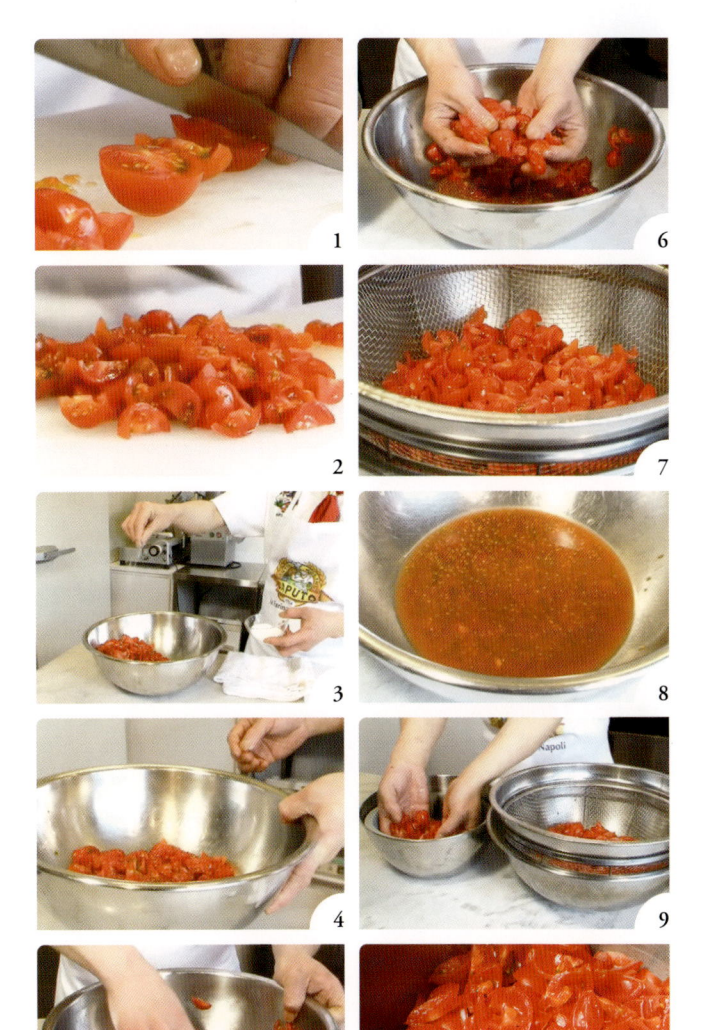

1～2
チェリートマトのヘタをとって洗い、水気を切っておく。縦半分にカットしてから、2～3等分に切る（日本のチェリートマトの場合。大きさによる）。ナイフの刃先をまな板につけたまま奥から手前に向かって引いて切ると、果肉をつぶさず、手早くカットできる。形はそれほどこだわらなくていいので、大きさをそろえること。このような形状にカットしたものを「フィレット Filetto」という。

3～4
ボウルに入れ、めの細かい海塩をふり、ボウルをあおって全体に行きわたらせる。この塩は味つけのためではなく、浸透圧を利用してチェリートマトから適度に水分をだして味を凝縮させるため。約20分おいて水分をだす。日本のチェリートマト60個に対して、塩は2つまみが目安。

5
20分たったら、水分がでて、種部分が自然に果肉からはずれている。全体をざっと混ぜて種を落とす。

6～8
手ですくいとって軽くほぐし、まだついている種をざっと落としてから、ボウルにセットしたザルに移して余分な水分を切る。むやみに触っためないようにする。作業は手早く。種部分は消化に悪いので捨てる。

9～10
別のボウルに移し、バンコに並べる。多少水分がでるので、ザルをかませておくといい。種を取るために加えた塩は少量なので、果肉はフレッシュで張りのある状態を保っている。

イタリアと日本のチェリートマト
イタリアと日本のチェリートマトは形も大きさも違う。イタリアのものになるべく近づけるよう、肉厚で味が濃厚なものを選ぶ。

イタリアのチェリートマト
少し細長い
肉厚で味が濃厚
ピッカディル Piccadil といい、
ピッツァに使う

日本のチェリートマト
丸い形状
みずみずしく、甘みが強いものが多い
イタリアでこのタイプはチリエジーノ Ciliegino といい、アンティパストなどに使う

バジル Basilico

【ポイント】
- バジルは香りが命。鮮度のいいバジルを使うのはもちろんのこと、いたみが早くなるので、けっして水洗いはしない。
- 下準備は葉を茎から摘みとるところまで。葉自体をちぎるのはトッピングの時にする。

1
よごれがある場合は、湿らせたフキンでふきとる。

2〜3
少しだけ茎を残し、葉を摘みとる。褐変してしまうので、ナイフなどは使わない。茎を少し残すと、その部分に含まれる水分が葉に回り、フレッシュな状態が長持ちする。

4
ボウルに入れ、バンコに並べる。すぐに使わない場合は、湿らせたペーパータオルなどでおおって乾かないようにする。

エクストラバージンオリーブオイル
Olio extra vergine d'oliva

使う分だけをオイルさしに入れておく（密封しないと劣化するため）。ピッツァにおけるオリーブオイルの役割は、❶ピッツァの表面に膜をつくり、具の水分の蒸発を適度に防ぐ。❷トッピングの素材同士を調和させる。❸オイルなので表面の温度が高くなり、短時間で火が通るの3点。そのためオリーブオイルはなるべく味や香りが主張しないものを選ぶようにする。オリーブオイルの解説は→P153。

ニンニク Aglio

1かけずつに分けて皮をむいておく。ナイフでスライスしてもいいが、スライサーがあると便利。ナイフよりも薄く切れるので火が通りやすく、作業もスピーディにできる。ナポリではスケッパーで薄く切ることもあるが、その場合は生地にニンニクのにおいが移らないようにスケッパーをよくふかなければならない。ナポリではアーリオ・フレスコAglio frescoという茎つきのフレッシュなニンニクをマリナーラにトッピングすることもある。その場合は茎の柔らかい部分も刻んで使う。

オレガノ Origano

ドライでもフレッシュでもいいが、ドライを使うことがほとんど。ドライは香りに差があるので、いい香りがするものを選びたい。保存は密閉容器で。

塩 Sale

トマトソースと同様、めの細かい海塩を使う（生地にはミネラルやにがり成分を多く含む粗塩を使う）。塩気があまり強くないマイルドなものを選ぶといい。

薪窯の準備をする *Preparazione del forno a legna*

【この工程のポイント】
- ピッツァの薪窯は数時間をかけてゆっくりと温度を上げ、十分に蓄熱してから、ピッツァを焼かなければならない。そのため営業の数時間前には窯の火入れをはじめる。
- 炎を対流させ、熱効率をよくして薪の消費量を減らす。薪と窯の状態をしっかり見極めて火入れをしなければならない。
- 窯の準備では窯内の掃除まできちんとすること。
- ここでは前日の営業から約8時間が経過した窯を使い、2時間かけて温度を上げていく工程を解説する。
- 薪窯の解説は→P158。

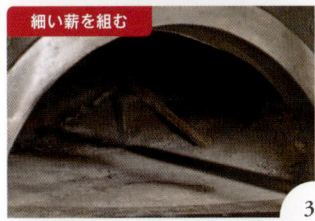

1　余熱を確認する
窯のフタをあけて手を入れ、外側も触って、前日からの余熱がどれくらい残っているかを確認する。窯内は完全に火が消えていても、まだ200℃くらいはあるはずだ。これくらいの温度からスタートすれば、気温が高いと1時間でピッツァを焼ける温度に達するが、一気に上げた窯の温度は下がるのも早く安定しないため、2時間くらいかけてゆっくりと温度を上げたほうがいい。逆に冬季は夏の倍の時間がかかることもある。

2　薪を温める
火つけに使う薪（細い薪3本、中くらいの薪2本）を窯に入れ、フタを閉じてしばらくおく。これで薪が温まって乾き、火がつきやすくなる。

3～4　細い薪を組む
薪用パーラを使い、2で温めておいた細い薪2本を耐火レンガに立てかけるように組む。壁側は火がつきにくいので、内側のほうに組む。

5～7　点火
新聞紙など（小麦粉の袋が火のもちがいい）に火をつけ、薪用パーラにのせて薪の下にさし入れて点火する。薪が温まっているので、すぐに炎が上がる。はじめに何本も燃やすと急激に温度が上昇して窯に負担になるので、少しずつ温めていくのがポイント。

8～12　さらに薪を組む
しばらくして薪が消えそうになったら、次の薪を組む。まず温めておいた中くらいの薪1本を耐火レンガの奥に立てかける。もう1本の中くらいの薪を耐火レンガの手前の壁側に立てかけ、細い薪1本をこれよりも内側に入れる。すぐに火が移って炎が上がる。

13~15　太い薪で焚き続ける

炎が弱くなったら、あらたに太い薪1本を壁側に立てかけ、中くらいの薪1本をそれよりも内側に立てかけるようにして組む。あとは必要に応じて薪を足しながら焚き続ける。炎を天井のドームに沿って対流させることにより、熱が窯内に滞留するので、熱効率が上がり薪の消費量を減らすことができる。

16

窯内は温度が低いと暗く真っ黒だが、温度が上がると煤が切れて白く明るく変化する。はじめは薪を燃やしているところだけが白くなり、その後、窯が温まるにつれて、薪の反対側まで全体が白くなる。この段階では、火が当たっているところだけが白く、反対側は真っ黒。

17　2時間経過

2時間かけて温度を上げた状態。ドーム全体の煤が切れて明るくなり、天井も炉床に接した縦組みのレンガもすべて白くみえるようになったら、窯がピッツァを焼ける温度に達した合図だ。

18　掃除する

窯内の掃除をする。炉床の灰と、余分な熾き火を掃除用パーラですくいだす。取りだした灰は灰入れに入れてフタをする（火がくすぶっていても、フタをしてしばらくすると火は消える）。

19

煤でよごれているので、数枚重ねてぬらしたペーパー（乾いたタオルなどでふくと、ふき取る時に煤が煙突に吸い込まれてしまい、この煤がたまると引火出火する恐れがある）で窯の入口の上をふく。熱いので注意。この煤が出火の原因になることもあるので、かならずきれいにしておくこと。

20~22

木製パーラで炉床をあおり、まだ炉床に残っている灰を隅に寄せ集める。これを掃除用パーラですくって取りだす。木製パーラは長い間窯内に入れると燃えてしまうので、2、3回あおっては外にだして冷ましながら行なう。この作業は鉄製パーラで行なうことも多いが、炉床を傷つける原因になるので木製パーラを用いたほうがいい。この掃除は営業中もピッツァを3回焼いては1回くらいのペースで行ない、常に窯内をきれいに保つ。

23

乾いたタオルで窯の入口前の鉄板と大理石をふく。掃除用パーラについた灰もふく。

24　窯の準備完了

これでピッツァを焼ける状態になった。このあとは必要に応じて薪を足しながらピッツァを焼いていく。

薪窯を扱う知識と技術

薪を準備しておく
薪は太さによって用途が違うので、あらかじめ「細い薪」「太い薪」「中くらいの薪」に分けておく。薪の皮がはずれたら、ためておき、営業前に窯の温度を上げる時などに使うといい（皮だけで燃やすと煙が立ちやすいので、ピッツァの焼成には使わないようにする）。なお薪は太さだけでなく、年輪の入り方にも注目を。年輪が多い薪は、乾燥していても重く、長くよく燃える。

薪の太さによる用途のちがい
「細い薪」はすぐに火がつくので、はじめに火をつける時や、瞬発的に強い炎がほしい場合に使う。「太い薪」はじっくりと燃えて、窯内の温度を保つ役割。保熱目的では太い薪をねかせて使うことが多い。「中くらいの薪」はこれらの中間の使い方。

薪を組む
　炎はただ燃えればよいわけではなく、熱を薪を組んだ位置から天井のドームの奥側をつたい、ぐるりと窯内を対流させなければならない。なぜならこれがもっとも効率のよい熱の生かし方だからで、うまく対流させないと温度が上がるのが遅く、温度を効率よく維持できず、薪の消費も増えてしまう。薪の組み方次第で熱の対流は良くも悪くもなるのだ。
　薪を組むにあたり、常に❶窯の中でしっかりと熱が対流するように組む。❷いつも同じ組み方をせず、状況に応じて組み方を変えて熱量をコントロールすることを頭に入れておく。薪は立たせれば炎が強くなり、ねかせれば炎は弱くなる。また、たとえ薪を立てても、下に熾き火があると最強火にはならないが、薪の下でくすぶっている熾き火をかきだして空気が通るようにすると、火力がまたたく間に倍増する。逆に、炎が強すぎる場合は、薪に熾き火をかぶせると弱くなる。薪を立てる・ねかせる、熾き火を抜きとる・かぶせる、で火力を調節することを基本とし、自由自在に窯内の温度を操れるようにならなければならない。

熾き火の役割
熾き火は薪が炭化しながら赤く燃えている部分。熾き火は炉床を直に温め、炉床は窯全体の温度を保つ。薪は炎が上がっているうちだけでなく、熾き火になっても有効に使いたい。そのため熾き火はピッツァを焼くためにじゃまにならなければ、むやみにかきだす必要はない。

薪窯のあと始末

営業後は、窯の入口のフタを少しだけずらしてしばらくおくと、空気の供給が不足し、薪の火が消える。これを確認してから、フタを完全に閉じて帰宅する。火のついたままフタを閉じると、バックドラフト現象でフタが吹き飛ぶこともあるので危険だ。窯内に残っている灰や熾き火は窯を保温してくれるので、掃除せずに翌日までそのままにしておくといい。熾き火を広げると、燃え残りは少なくなるが、その分窯の温度は下がりやすくなる。

成形する *Formatura*

> **S.T.G.規約**
>
> **成形** 発酵工程が終了した後、スケッパーでコンテナからパネットを取り出し、小麦粉を薄くふったカウンターの上に置く。中心から外への動きをもって両手の指でパネットを延ばし、数回引っ繰り返しながら円形（Disco）になるまで成形する。中央部分は厚さが0.4cm（±10％の誤差）。まわりの部分（コルニチョーネ）の厚さは焼きあがりに1-2cmとなる。"Pizza Napoletana"STGの製造には他の方法が認められない。特に麺棒や生地を延ばす機械を利用してはいけない。
>
> **Formatura** Passate le ore di lievitazione il panetto viene estratto con l'aiuto di una spatola dalla cassetta e posto sul bancone della pizzeria su un leggero strato di farina per evitare che la pagnotta aderisca al banco di lavoro. Con un movimento dal centro verso l'esterno e con la pressione delle dita di entrambe le mani sul panetto, che viene rivoltato varie volte, il pizzaiolo forma un disco di pasta in modo che al centro lo spessore non sia superiore a 0,4 cm con una tolleranza consentita pari a ± 10 % e al bordo non superi 1-2 cm, formando così il ≪cornicione≫. Per la preparazione della ≪Pizza Napoletana≫ STG non sono consentiti altri tipi di lavorazione, in particolar modo l'utilizzo di matterello e/o di macchina a disco tipo pressa meccanica.

【この工程のポイント】

- 成形以降は、オーダーが入るたびに行なう。
- 延ばす大きさはこのあとの作業で生地に穴をあけたりしないようにするため、8割の大きさにとどめる（複数枚を延ばす場合は、延ばしてから窯入れまでの時間が多少あくのでなおさら注意を）。
- 成形工程では「ステスーラStesura」と呼ばれるピッツァイオーロ独特の延ばし方の習得が必須。初心者はゆっくり確実に両手の動きをくり返し、徐々にスピードを上げていけばいい。
- ピッツァ ナポレターナSTGでは麺棒や機械を使った成形は一切認められない。ミキシングや発酵を経て生地に含ませた空気を、手による成形でやさしく扱ってこそ、ナポリピッツァの醍醐味であるもちもち、ふんわりした食感は生まれるのだ。

コルニチョーネ Cornicione

焼きあがったピッツァの高く盛りあがった縁部分は、コルニチョーネ（イタリア語で額縁の意味）と呼ばれ、ナポリピッツァの大きな特徴。コルニチョーネをつくるためには、成形の工程が重要なポイントとなる。解説のように成形すると、成形後の縁部分はほんの少し厚みがある程度で、全体的にはほぼ平らになる。だが実は中央から縁のほうに向かって空気を移動させながら延ばしているので、縁には他の部分よりも多く空気が含まれているのだ。そのためこの部分にはトッピングをのせずに窯で焼くと、縁に多く含まれた空気が膨張して元気よく膨らみ"コルニチョーネ"ができる。コルニチョーネは厚みはあるが、生地量自体は他の部分と同じなので、軽く食べられる。なお、わざと縁に生地を寄せてコルニチョーネをつくるのは厳禁。なぜならば生地が多くなるので、食べた時に重たく感じてしまうため。中央は薄くなりすぎて、トッピングの水分を吸うと穴があきやすくなってしまう。

P53プロセス7の生地の状態
全体に均等な大きさの気泡が入っている

プロセス14の生地の状態
中央から縁に気泡が移動し、縁のほうにたまって気泡が大きくなる

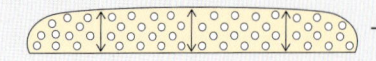

中央、コルニチョーネ、その中間部分をみると、気泡の大きさや数が違う。つまり、厚みは違っても、生地自体の量は同じなのだ。

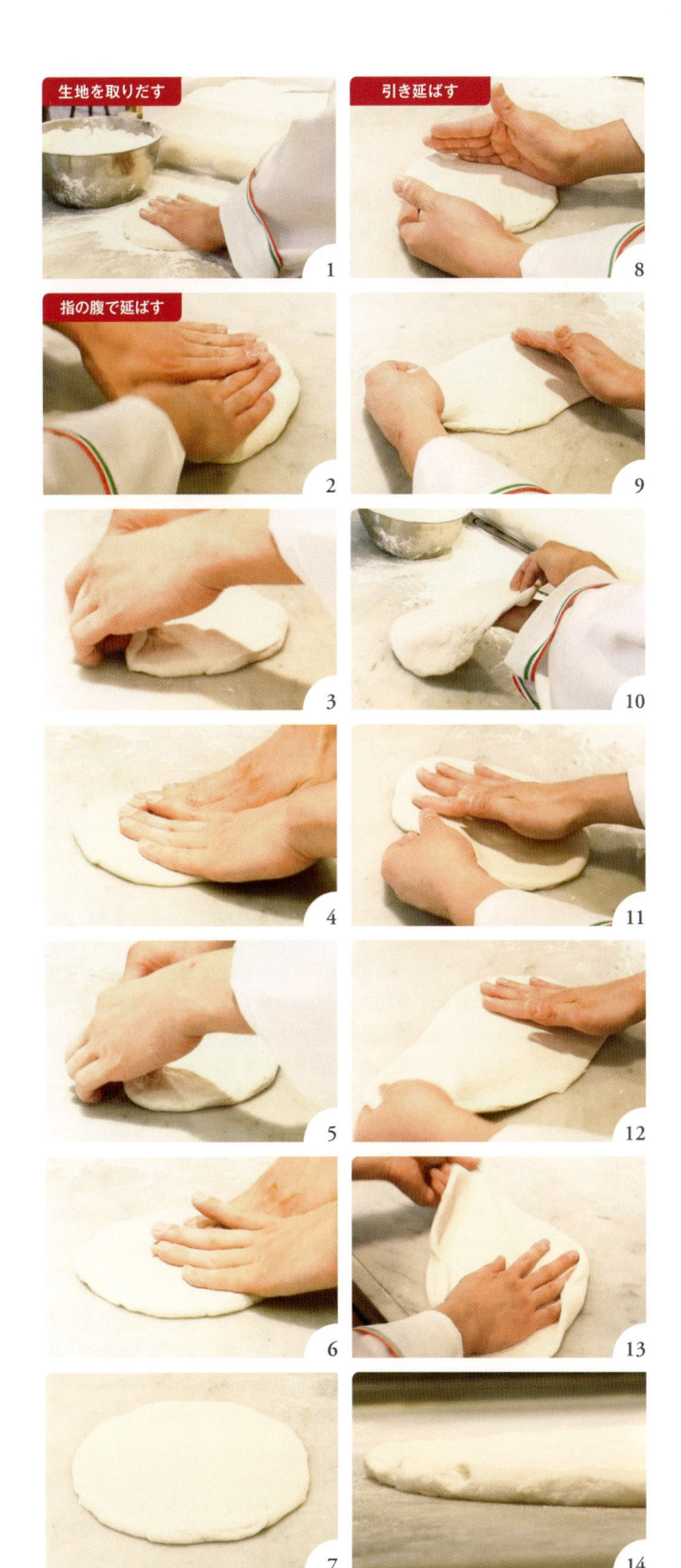

1　生地を取りだす
スケッパーを使い、生地を番重からストレスをかけないように取りだす。バンコにだしておいた打ち粉の上にのせ、両面にまぶし、余分を落とす。ピッツァイオーロはしばしば台を手でバンと叩くが、これは叩いた衝撃で台上の打ち粉を薄く均等に飛ばしている。打ち粉が多くて払いきれないと、焼いたあとも表面に残り、口の中でもさもさするのでよくない。番重のフタは生地を取りだすたびに開け、乾燥させないように注意。同じ番重の中でも生地によって発酵状態は異なるので、いい状態のものから使う。

2～7　指の腹で延ばす
両手の親指以外の4本の指の腹を使い、中心から縁に向かって生地を押し、均等に延ばす。ただし縁1cmくらいは触らないこと。この動きにより、生地中の空気が縁のほうに移動する。角度を変えて裏返して同様にし、もう一度角度を変えて裏返して同様にし、およそ平らにする。

8～9　引き延ばす
右手を生地の右端において押さえ、左手で生地の左端を引っ張りながら延ばす。この時も両手ともに縁1cmは触らないこと。生地の状態によって引っ張る強さは調節し、「生地が延びたいだけ延ばしてやる」イメージで。右手の角度は45～60度（角度はあまり意識しすぎず、やりやすい角度でいい）。

10
左手で引っ張りながら生地を右手にかぶせるように返し、同時に右手を台から離して上に向ける。

11～12
右手をすぐに返しながら台の上にもどし、同時にまた左手で生地の左端を引っ張って延ばす。

13
この動きを生地を少しずつ回しながらリズミカルにくり返し、丸く延ばす。理想的には90度ずつ4回まわして均等に延ばしたい。この延ばし方がナポリではスタンダードで、遠心力でくるくる回して延ばしたりもするが、生地の状態により延び方がブレることが多い。この引き延ばす方法ならばどのような生地にも対応できる。

14
丸く、縁までほぼ均等な厚さにする。縁に大きな気泡ができた時は、軽く叩いてつぶす。STG規約では直径35cm以下と定められているが、ここでは1玉230gを直径30cmに延ばすとちょうどいい。中央の厚さは0.4cmを目安に、縁は焼成すると1～2cm厚さに膨らむ（＝コルニチョーネ）ようにする。ただしこの段階ではトッピングをのせて動かしても穴があかないように8割の大きさ（ここでは直径25cm）に延ばしておく。

トッピングする *Farcitura*

【この工程のポイント】

- トッピングは正確に手早く。時間があくと具の水分で生地が破れやすくなり、ピッツァの食感も変わってしまう。
- トッピングの順番は基本的にリチェッタを守るべきだが、窯の状態によって変えることもある（たとえば窯の炎が強く上がっている時は、バジルが焦げないようにモッツァレッラよりも先にトッピングするなど）。

ピッツァ マリナーラ Pizza Marinara

S.T.G.規約

トッピング "Pizza Napoletana"には次のように具をのせて味付けをする。
- スプーンで中央部に70g～100gのホールトマトをおく。
- スパイラルの動きで中央全体にトマトをのばす。
- スパイラルの動きで塩をトマトの上にふる。
- 同様にオレガノもふる。
- 一かけのにんにくを細かく切りトマトの上にかける。
- オイル挿しを中心からスパイラルに動かし、エクストラバージンオリーブオイル（4-5g、±20％の誤差）を中央部分にかける。

Farcitura　La ＜Pizza Napoletana＞ viene condita con le modalità sotto descritte:
- con un cucchiaio si depongono al centro del disco di pasta da 70 g a 100 g di pomodori pelati frantumati;
- con movimento a spirale il pomodoro viene sparso su tutta la superficie centrale;
- con un movimento a spirale si aggiunge del sale sulla superficie del pomodoro;
- allo stesso modo si sparge un pizzico di origano;
- si taglia uno spicchio di aglio, precedentemente privato della pellicola esterna, a fettine e lo si depone sul pomodoro;
- con un' oliera a becco e con movimento a spirale si distribuiscono sulla superficie, partendo dal centro, 4-5 g di olio extra vergine di oliva, con una tolleranza consentita pari a + 20 %;

【ポイント】

- トマトソース、オリーブオイルともに少し多めにする。

1
生地の中央にトマトソース70～100gをのせる（ここでは90g）。ソース用スプーンをスパイラルの動きで動かして全体に広げる。ムラがあるほうが味にメリハリがでる。ただし、すべてのトッピングは縁から1cmくらいはのせないようにする。チーズがのらないためトッピングが少ないので、トマトソースを多めにする。

2
塩1つまみをスパイラルの動きでふる。マリナーラはチーズの塩分がないので少量の塩をふる。

3
オレガノ1つまみも同様に全体にふる。

4
ニンニク1かけをスライスして全体にのせる。生地の上でスライスし、アロマを逃さないようにするといい。火が通りきらないとニンニク特有の辛みが残るので、ごく薄くスライスする。

5～6
エクストラバージンオリーブオイル4～5gをスパイラルの動きで全体にかける。ピッツァの上で即席のアーリオ・オーリオをつくるイメージなので、少し多めにするといい。

ピッツァ マルゲリータ Pizza Margherita

> **S.T.G.規約**
>
> - スプーンで中央に60g〜80gのホールトマトをおく。
> - スパイラルの動きで中央全体にトマトをのばす。
> - スパイラルの動きで塩をトマトの上にふる。
> - スライスしたモッツァレッラ STG（80-100g）をトマトの上にのせる。
> - フレッシュなバジルの葉をのせる。
> - オイル挿しを中心からスパイラルに動かし、エクストラバージンオリーブオイル（4-5g、±20％の誤差）を中央部分にかける。 
>
> - con un cucchiaio si depongono al centro del disco di pasta da 60 a 80 g di pomodori pelati frantumati;- con un movimento a spirale il pomodoro viene sparso su tutta la superficie centrale;
> - con un movimento a spirale si aggiunge del sale sulla superficie del pomodoro;
> - 80-100 g di Mozzarella STG tagliata a listelli vengono appoggiati sulla superficie del pomodoro;
> - si depongono sulla pizza alcune foglie di basilico fresco;
> - con un' oliera a becco e con movimento a spirale si distribuiscono sulla superficie, partendo dal centro, 4-5 g di olio extra vergine di oliva con una tolleranza consentita pari a + 20 %.

【ポイント】

● STG規約には「モッツァレッラSTG」と表記されているが、これは現状ではルーマニアとポーランドでしか製造されていないため、日本では「牛乳製のモッツァレッラ」であれば認められている。イタリア産では「フィオル・ディ・ラッテ」がこれにあたる。日本産のモッツァレッラを使ってもいい。

1〜2
生地の中央にトマトソース60〜80gをのせる（ここでは70g）。ソース用スプーンの背をスパイラルの動きで動かして全体に広げる。不均等にしたほうが味にメリハリがでていい。ただし、すべてのトッピングは縁から1cmくらいにはのせないようにする。STG規約ではトマトソースの上に「塩をふる」と記されているが、ここではトマトソースにすでに塩が入っているのでふらなくていい。

3〜4
フィオル・ディ・ラッテ80〜100gをほぐしながらまんべんなくのせる（ここでは90g）。重なるとその部分の火の通りが悪くなるので、あまり重ねないようにする。

5〜6
バジル2、3枚を手でちぎってのせる。生地の上でちぎり、香りの揮発成分を生地の上で散らしてアロマを逃さないようにするといい。

7〜8
エクストラバージンオリーブオイル4〜5gをスパイラルの動きで全体にかける。味を補うためにパルミジャーノやグラナパダーノのすりおろしをトッピングすることもあるが、STG規約の大前提として「ナポリピッツァは大衆食」という考え方があるため、のせなくてもよい具はのせないほうが望ましい（トッピングが増えれば原価が上がる）。

ピッツァ マルゲリータ エクストラ Pizza Margherita Extra

S.T.G.規約

- スプーンで中央に60g〜80gのホールトマト及びカットしたフレッシュポモドリーニをおく。
- スパイラルの動きで中央全体にトマトをのばす。
- スパイラルの動きで塩をトマトの上にふる。
- スライスしたカンパニアDOPの水牛モッツァレッラ（80-100g）をトマトの上にのせる。
- フレッシュなバジルの葉をのせる。
- オイル挿しを中心からスパイラルに動かし、エクストラバージンオリーブオイル（4-5g、±20％の誤差）を中央部分にかける。

- con un cucchiaio si depongono al centro del disco di pasta da 60 a 80 g di pomodori pelati frantumati e/o pomodorini freschi tagliati;
- con un movimento a spirale il pomodoro viene sparso su tutta la superficie centrale;
- con un movimento a spirale si aggiunge del sale sulla superficie del pomodoro;
- 80-100 g di Mozzarella di Bufala Campana DOP tagliata a listelli vengono appoggiati sulla superficie del pomodoro;
- si depongono sulla pizza alcune foglie di basilico fresco;
- con un'oliera a becco e con movimento a spirale si distribuiscono sulla superficie, partendo dal centro, 4-5 g di olio extra vergine di oliva, con una tolleranza consentita pari a + 20 %;

【ポイント】

● カンパニアDOPに認定されたモッツァレッラを使うことが義務づけられている。
● トマトはトマトソース、フレッシュのチェリートマトのいずれかを使うことが認められている（併用は認められない）。

トマトソースでつくる場合 Pomodori pelati

1
生地の中央にトマトソース60〜80gをのせる（ここでは70g）。ソース用スプーンの背をスパイラルの動きで動かして全体に広げる。ムラがあるほうが味にメリハリがでていい。ただし、すべてのトッピングは縁から1cmくらいにはのせないように。STG規約ではトマトソースの上に「塩をふる」と記されているが、ここではトマトソースにすでに塩が入っているのでふらなくていい。

2〜3
カンパニアDOPの水牛モッツァレッラ80〜100gをほぐしながらまんべんなくのせる（ここでは90g）。重なるとその部分の火の通りが悪くなるので、重ねないように。

4
バジル2、3枚を手でちぎってのせる。生地の上でちぎり、香りの揮発成分を生地に散らしてアロマを逃さないようにするといい。

5〜6
エクストラバージンオリーブオイル4〜5gをスパイラルの動きで全体にかける。

チェリートマトでつくる場合 Pomodorini freschi

1~2
チェリートマト60～80gを全体にのせる（ここでは70g）。ただし、すべてのトッピングは縁1cmくらいにはのせないようにする。チェリートマトの味が薄い場合は味を補うためにトマトソースを少量ぬることもナポリではあるが、STG規約ではトマトソースとチェリートマトの併用は認められていない。

3
塩1つまみをスパイラルの動きで全体にふりかける。

4~5
カンパニアDOPの水牛モッツァレッラ80～100gをほぐしながらまんべんなくのせる（ここでは90g）。

6
バジル2、3枚を手でちぎってのせる。生地の上でちぎり、香りの揮発成分を生地に散らしてアロマを逃さないようにするといい。

7~8
エクストラバージンオリーブオイル4～5gをスパイラルの動きで全体にかける。昔はモッツァレッラといえば、水牛乳のモッツァレッラ・ディ・ブファラしかなかったため、ピッツァ マルゲリータ エクストラこそが、昔ながらのマルゲリータの味わいであるといえるだろう。

縁にはトッピングしない
コルニチョーネを膨らませるため、縁から1cmくらいにはトッピングをのせてはならない。この部分にトッピングをのせると、その重みでふっくらと膨らまなくなってしまう。コルニチョーネにはトッピングをピッツァの上にとどめる防波堤の役目もある。

スパイラルの動き
トッピングの工程では、トマトソースをぬる、塩をふる、オレガノをふる、オリーブオイルをふる作業は「スパイラル」を描いて行なう。これはまんべんなくするための動きで、うず巻き状に手を動かす。基本は中心から外側だが、外側から中心に向かって動かす場合もある。

トマトソースのムラ
トマトソースは均一にぬらず、あえてムラをだしてぬり広げる。これには意味があり、食べる時にピッツァをカットすると、トマトソースがあるところと、トマトソースがないところが順々に口に入るので、味にメリハリと変化が生まれ、大きなピッツァでも飽きがこないのだ。

窯焼き *Cottura*

> **S.T.G.規約**
>
> **窯焼き** ピッツァイオーロは用意されたピッツァを木及びステンレスのパーラにのせ、窯の底に挿入する。パーラにのせる際は小麦粉をふって少し回転させると簡単にのせることができる。ピッツァを窯に挿入する際は、具がピッツァから落ちないように手首の早い動きでパーラを引き出してピッツァを落とす。"Pizza Napoletana" STGを焼く窯は485℃に達する薪の窯に限定される。
>
> ピッツァイオーロはステンレスのパーラでピッツァを少し上げることによって目の前の部分の焼き状態を確認する。またピッツァを回転させ、その部分を窯の奥にある火に向かわせる。このオペレーションによってピッツァ全体の焼き状態が同様であるようにコントロールする。また焼きの温度が安定するようにピッツァの位置は変えず、最初に挿入した際の位置から移動させない。
>
> 焼き終えたら、ステンレスのパーラでピッツァを窯から取り出してピッツァ用の皿に入れる。
>
> **Cottura** Il pizzaiolo trasferisce su una pala di legno (o di alluminio), aiutandosi con un poco di farina e con movimento rotatorio, la pizza farcita, che viene fatta scivolare sulla platea del forno con un movimento rapido del polso tale da impedire la fuoriuscita della farcitura. La cottura della ≪Pizza Napoletana≫ STG avviene esclusivamente in forni a legna, dove si raggiunge una temperatura di cottura di 485 °C, essenziale per ottenere la ≪Pizza Napoletana≫ STG.
>
> Il pizzaiolo deve controllare la cottura della pizza sollevandone un lembo, con l'aiuto di una pala metallica, e ruotando la pizza verso il fuoco, utilizzando sempre la stessa zona di platea iniziale per evitare che la pizza possa bruciarsi a causa di due differenti temperature. È importante che la pizza venga cotta in maniera uniforme su tutta la sua circonferenza.
>
> Sempre con la pala metallica, al termine della cottura, il pizzaiolo preleverà la pizza dal forno e la deporrà sul piatto da portata. I tempi di cottura non devono superare i 60-90 secondi.

【この工程のポイント】

- ピッツァ ナポレターナSTGを焼く窯は薪窯のみが認められている。薪窯の熱源は3つあり、「炉床からの直の熱」「炎の対流熱」「石からの輻射熱」の順にピッツァに与える影響が強い。けっして炎だけで焼くのではない。
- 生地の芯まで、60〜90秒の短時間で焼きあげる。
- 窯焼きはピッツァイオーロが兼任することもあるが、基本的には「フォルナイオ Fornaio」という専任の職人が担当する。薪窯の温度は一定でないため、フォルナイオは体で窯の熱を感じながら、五感をフルに働かせてピッツァを焼く。
- ここでは「マルゲリータ」で焼き方を解説する。

1　木製パーラをセットする
トッピングした生地の正面に立ち、木製パーラを体の右(もしくは左)側にセットする。

2
パーラに打ち粉を高めの位置から全体にごく薄くふる。指先に粉をつけてふる程度の少量で、パーラの上にうっすらと見えるくらい。打ち粉が多いと、ピッツァの底に粉だけが焼けたいやな苦味がつく。

3〜4　生地をパーラに移す
生地を両手の人さし指と中指で1ヵ所つまみ、親指と生地の下に入れた薬指と小指でもう1ヵ所をつまんで持つ。

5
この持ち方をすると柔らかい生地でも台上を自由自在に動かせる。

6～7
人さし指と親指の間を広げることにより、生地を薄く広げることもできる。縁に厚い部分があれば、そこを広げて延ばすようにする。

8～9
生地の向きを時計回りに90度回転させながら、すべらせるようにパーラの上に移す。

10
パーラに移した際にくずれた形を丸く整える。生地はほぼ平ら。**3**からの一連の作業により、8割まで延ばしていた生地（直径25㎝）を、最終的な大きさ（直径30㎝）に延ばす。パーラにのせる直前に薄くなるため、生地が破れにくい。

11　生地を窯に入れる
パーラを持って体を窯に向け、生地を窯に入れる。生地を入れる位置は、薪の反対側が基本。どの位置を選ぶかは、1枚焼くのか、何枚同時に焼くのか、連続して焼いているか否か、などその時の状況により臨機応変に変える。

12
ピッツァを焼く時間は60～90秒。はじめの30秒は生地が固まっていないので触らないこと。30秒で膨らみはじめ、60秒で十分な膨らみになるのがベストの窯の温度といわれる。

木製パーラの使い方

生地をのせて炉床に対して20～25度に傾けた木製パーラを、生地を入れたい位置までさし入れ、「奥に向かって押しだし→手前に引き寄せる」動きを瞬時に行なうと（**1・2**）、生地をパーラの真下に投下できる。動きのバランスが悪いと、生地が前方に飛んでしまったり、生地がパーラにくっついて延びてしまったりする。手首の素早い動きがカギ。パーラを手前に引き寄せる時に、角度を少し上げると生地が延びにくくなる（**3・4**）。木製パーラで生地を狙った位置に正確に窯入れするのは大切なテクニックだ。

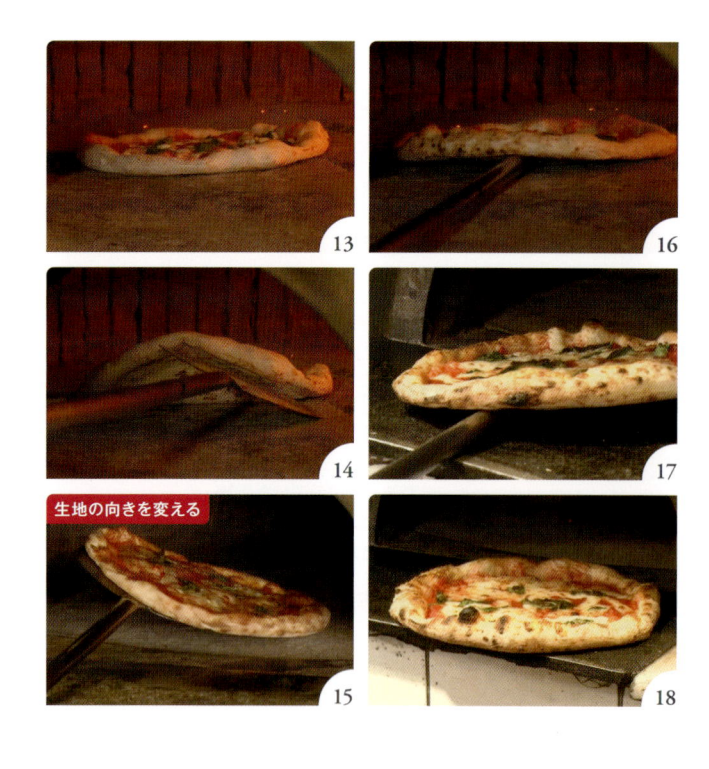

13～14
生地が膨らんできたら、回転用パーラで端を少しだけ持ちあげ、底の焼き加減を確認する。

15～16　　生地の向きを変える
炎側の生地にうっすらと焼き色がついたら、回転用パーラで生地の向きを炎に対して180度変えて、反対側も焼く。ただし向きを変えたあと、生地はかならず同じ位置にもどすこと。そうしないとピッツァがのっていない炉床は温度が高いため、底が焦げてしまう。

17
全体にまんべんなく焼き色がついたら、回転用パーラで生地をいったん窯の外までもってきて、向きを回転させながら全体の焼き色を確認する。焼き色の確認はかならず窯の外の明るいところですること。

18
焼きあがったら、ボッカ・デル・フォルノ前の鉄板の上に数秒置き、底とピッツァ全体の水分を飛ばしてから、ピッツァ用の皿にのせる。こうするとピッツァの底が蒸れて皿にくっつくことがない。

回転用パーラの使い方

回転用パーラは右手で柄の先端を軽く握り、左手は柄の真ん中よりも少し手前を下から支える。窯の正面に立ち、体を右に真横に向け、ボッカ・デル・フォルノの鉄板の1ヵ所に柄をあて、これを支点とする。これが基本の構え（**1**）。生地の下にパーラをさし入れ（**2**）、手首を少し右に傾けてパーラを右に傾け（手首を右に傾ければ、自然にパーラも右に傾く）、手前に引きだす（**3**）。こうすると生地の右側だけが炉床に着地した状態で（**4**）手前に転がってくる（**5・6**）。これで生地の向きが180度変わったら、手首の傾きをもどしてパーラを水平にもどし（**7**）、生地を軽く持ちあげて元の位置にもどす（**8**）。逆回転させる時は、手首を左側に傾ける。回転用パーラは炉床を削らない程度に少し斜め下向きの角度でさし入れること。上向きに入れると、生地に引っかかって穴をあけてしまう。

> **S.T.G.規約**
>
> 焼いた後のピッツァは次のような特徴を持つ。トマトは余分な水分が蒸発している為、濃厚になっている。カンパニアDOPの水牛モッツァレッラ及びモッツァレッラSTGは中央で溶けている。にんにく、バジル、オレガノは良いアロマ（風味）を出し、焼かれたように見えない。
>
> Dopo la cottura la pizza si presenterà con le seguenti caratteristiche: il pomodoro, persa la sola acqua in eccesso, resterà denso e consistente; la Mozzarella di Bufala Campana DOP o la Mozzarella STG si presenterà fusa sulla superficie della pizza; il basilico così come l'aglio e l'origano svilupperanno un intenso aroma, apparendo alla vista non bruciati.

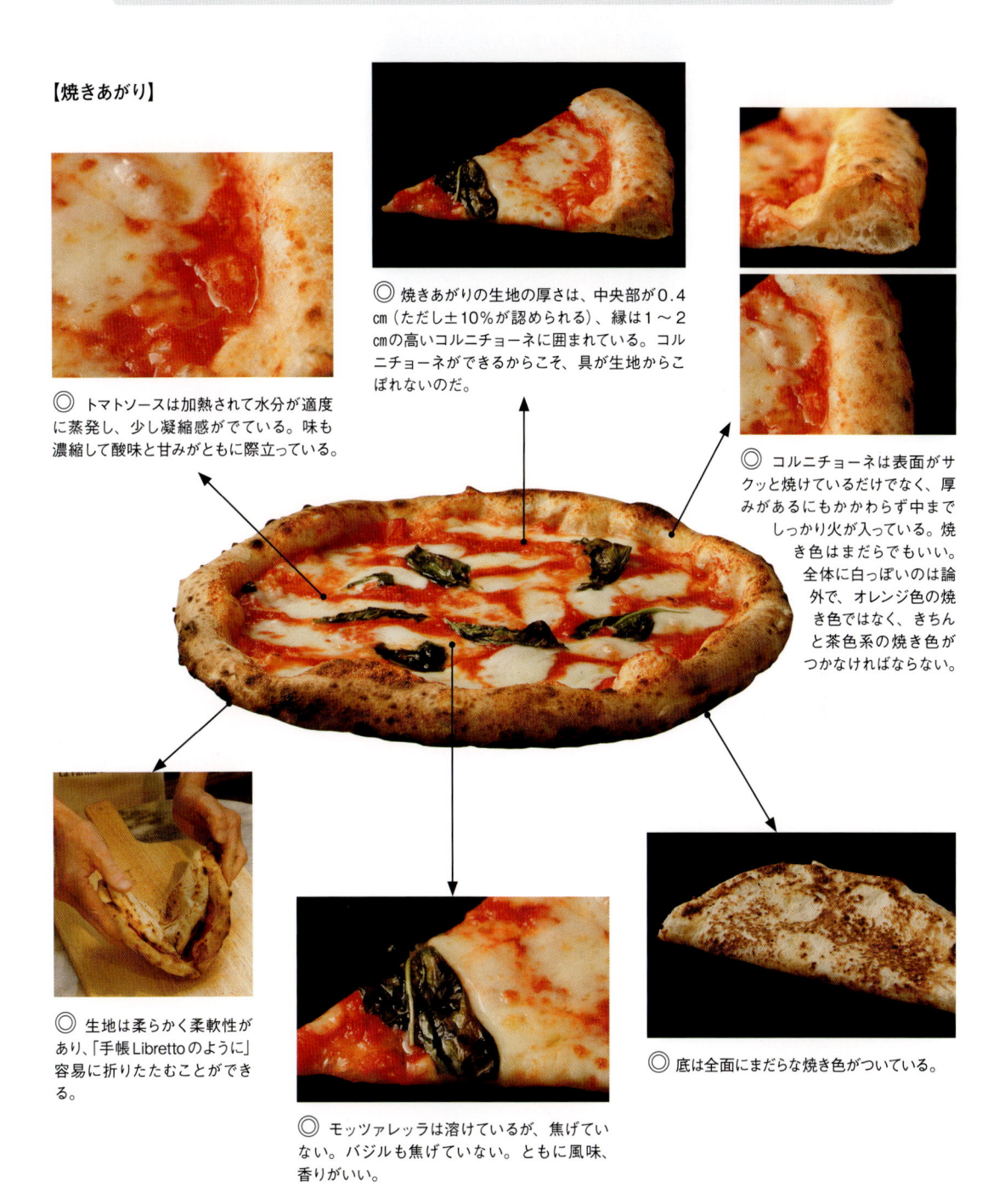

【焼きあがり】

◎ トマトソースは加熱されて水分が適度に蒸発し、少し凝縮感がでている。味も濃縮して酸味と甘みがともに際立っている。

◎ 焼きあがりの生地の厚さは、中央部が0.4cm（ただし±10％が認められる）、縁は1〜2cmの高いコルニチョーネに囲まれている。コルニチョーネができるからこそ、具が生地からこぼれないのだ。

◎ コルニチョーネは表面がサクッと焼けているだけでなく、厚みがあるにもかかわらず中までしっかり火が入っている。焼き色はまだらでもいい。全体に白っぽいのは論外で、オレンジ色の焼き色ではなく、きちんと茶色系の焼き色がつかなければならない。

◎ 生地は柔らかく柔軟性があり、「手帳Librettoのように」容易に折りたたむことができる。

◎ モッツァレッラは溶けているが、焦げていない。バジルも焦げていない。ともに風味、香りがいい。

◎ 底は全面にまだらな焼き色がついている。

ピッツァを焼く知識と技術

窯焼きは生地の状態や、窯の温度、その温度が上昇中なのか下降中なのか、窯に入れる生地の枚数など、複数の要因が入り組む状況を敏感に感じとり、その時のベストの焼きあがりをめざさなくてはならない。ゆえに焼き方のセオリーはあるものの、「かならず」というものはない。以下、基本的な焼き方の考え方を記しておく。

生地を入れる位置
生地は炉床の約400℃のところで、炎からなるべく離れた位置に入れる。窯内は奥にいくほど温度が高くなるので、生地を窯の奥に入れることはほとんどない。また炎から近いところに入れれば、表面のみが焼けて芯まで火が通らない。

この位置に入れるのが基本

「炉床に置いて」焼くのが基本
ナポリピッツァの窯は炉床の蓄熱によって焼くものなので、なるべく生地と炉床が接している時間を長くしたい。何度も回転させたり、持ちあげたりすると、そのたびに炉床から生地が離れるので、火の入りが遅くなると考えよう。生地を窯に入れてから焼きあがるまでは、底の焼き色をみたり、回転させて向きを変えたりなどで3回生地に触るのを上限にしたい。

炉床の温度が低い場合の対処法
炉床の温度が低い場合には、温度が高い奥に移動させたり、回転用パーラで温度が高い上のほうに持ちあげることもある。ただし、窯の上のほうは煙が滞留しているためスモーク香がついてしまうので、持ちあげる場合は炉床と天井の中間くらいの高さをリミットにする。また上のほうほど高温ですぐに焦げるので、上に持ちあげるのは数秒単位にする。

低温のボッカ・デル・フォルノも利用する
ボッカ・デル・フォルノ（窯の入口）は一番温度が低いところ。これを利用して、窯内の温度が高い時には、あえてボッカ・デル・フォルノから半分だして焼くこともある。また、トッピングの水分が多い場合はボッカ・デル・フォルノに生地をしばらく置いて水分を飛ばすこともある。

焼成中に一カ所が膨らんだ場合
トッピングがのっていなかったことが原因だが、そのまま焼くと膨らんだ部分だけが先に焦げてしまうので、修復が必要。回転用パーラを生地の端に入れて跳ねあげ、その瞬間に膨らんだ部分をよけてパーラをさし入れる。このままボッカ・デル・フォルノの前までだし、膨らんだ部分に小さな穴をあけて膨らみをなくし、元の位置にもどして焼く。けっして窯内でパーラでさしてつぶしたりしないように。

焼き加減の5段階
ピッツァイオーロはお客の好みに応じてピッツァを焼きあげなくてはならない。一般的に5段階の焼き加減があるが、他にもお客の注文はさまざまだ。

メノ・コッタ
Meno cotta
半焼き

ビオンダ
Bionda
キツネ色

ノルマーレ
Normale
ふつう

ベン・コッタ
Ben cotta
よく焼き

ブルチャータ
Bruciata
焦がした

焦げたコルニチョーネは取りのぞいて中央だけ食べるのが一般的

同時に複数枚を焼く

ピッツァは一度に何枚も焼くもの。5、6枚を同時に焼けなければ一人前とはいえない。窯の状況によって焼き方は一様ではないが、「4枚同時に焼く」場合のひとつの流れを追いながら解説する。5、6枚を焼く時も基本的には同じ要領で焼く。

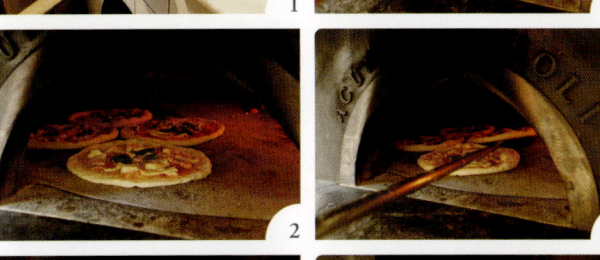

1〜2
生地を4枚延ばしてトッピングする。1枚ずつ手早く窯に入れる。入れる位置は上図のように奥、その手前の壁側、炎側、手前の順にするのが一般的。炎が窯の右側（2時の位置）にある場合は、1枚めはおよそ10時の位置に入れる。窯の中は中央と入口付近では50℃も差があるので、4枚の生地をなるべく同じ温度で焼くために、ピッツァとピッツァの間隔をなるべくあけずに入れる。

3〜4
1枚めを入れて約30秒たったら、1枚めを180度回転させる。複数の生地が入っている場合は、回転用パーラを生地と生地の間をぬうようにしてさし入れ、他の生地に触れないようにする。

5〜7
パーラをさし入れてそのまま生地を持ちあげ、ボッカ・デル・フォルノの前にだす。焼き色を確認しながら180度回転させ、また持ちあげて元の位置にもどす。

8
次に2枚めよりも、3枚めのほうが炎に近く先に火が通るので、3枚めを同じように回転させる。

9
次に2枚めを同じように回転させる。

10〜11
この頃になると、1枚めがほぼ焼きあがる。焼き色を確認し、焼けていれば取りだす。すぐに一番温度が低いところにあった4枚めを同じように回転させ、1枚めを取りだしてあいたところに移す。

12
3枚めが焼きあがる頃なので、焼き色を確認し、焼けていれば取りだす。2枚め、4枚めも順に焼き色を確認しては取りだす。

焼きあがりのNGとその要因 *Cottura non bene*

→ コルニチョーネが生焼け。温度が高すぎると、全体的に焼けたようにみえても、中はまだ生のことがある。生地を何回も持ちあげながら焼くと、炉床から離れた時間が長いので中まで火が通っていないことがある。白っぽい焼き色のコルニチョーネもNG。

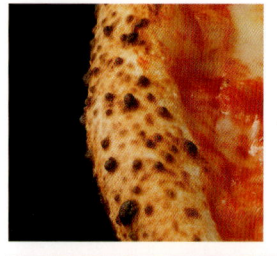

→ ブチブチした黒い焦げ色が極端に目立つのは、コルニチョーネの悪い焼きあがりの典型。それには2つの理由が考えられ、発酵が十分にとれた生地なのに冷たかった場合は、全体的にベージュの焼き色がついて大きい焦げ色がつきヒョウ柄のようになる（左写真）。発酵が不十分だった生地の場合は、白焼けで黒い焦げ色が目立ちパンダのようになる。

→ モッツァレッラをのせすぎると、生地の火の通りが悪くなり生焼けになる。トッピングの味のバランスもよくない。モッツァレッラは少しずつ重なりながら、全体的にまばらにのっているのが理想的。

→ 底に生焼けの凹みがある。これはこの部分のトッピングが少なく、しかも炉床が高温だったため、この部分だけが一気に浮きあがってしまって焼けなかったことによる。

→ 底の縁の一部だけが焦げているのは、炉床の温度が高すぎて、生地の縁部分だけが窯入れした瞬間に焦げてしまったことが考えられる。もしくは生地を回転させたあと、元の位置にもどさなかったため、その部分の炉床の温度が高く焦げてしまった可能性もある。

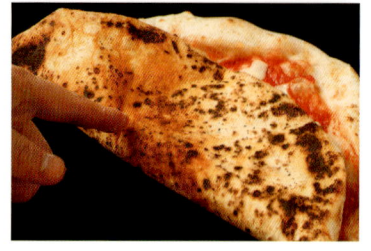

→ 打ち粉が多すぎると、底は打ち粉が多かった部分がオレンジ色に焦げて苦くなる。表面に残った打ち粉は口に入れるとザラついてしまう。

底に灰がついているのは、窯の掃除を怠った証拠。風味を損ない、衛生的にもよくない。3回焼いたら炉床を掃除する（→P50）のを目安にし、窯の中をいつもきれいにしておくこと。

コルニチョーネに亀裂が入っているのは、生地が乾燥していたため。生地は常に乾燥しないように注意すること。乾燥した部分は焼き色もつきにくく白く残りやすい。

コルニチョーネの膨らみに硬さがあるのは、生地の発酵が不十分だったことが原因。ふっくらと元気に膨れたコルニチョーネに比べると、食感が硬くて風味も劣り、色合いも全体的に均一に強くつきすぎる。

生地が過発酵だった場合は、膨らみに力がでない。膨らんだとしても、生地中の糖分が少なくなりすぎてコルニチョーネに焼き色がつきにくく、ブツブツができたり、大きな穴があいてしまったりする。

表面で焼くか、裏面で焼くか

生地玉の発酵時の表面を上にしてトッピングするか、下にしてトッピングするかによっても、ピッツァの焼きあがりは変わる。写真上は表面を上にしたもので、下は表面を下にしたもの。生地玉の状態では発酵後、生地の上ほど大きめの気泡がたまっている。つまり、表面を上にすると、この大きめの気泡が残りやすいので、コルニチョーネにボコボコと不規則な膨らみができる。逆に、大きめの気泡がある表面を下にすると、生地の重みで押さえられるため、コルニチョーネはどちらかというと均一なラインを描いて膨れる。どちらも良い悪いはなく、イメージするピッツァに合わせて選ぶといい。本書では写真上の「表面を上にした」成形である。生地の発酵が進んでいる時は表面を下にしたり、表面が乾燥した時は下にするような使い分けのテクニックもある。

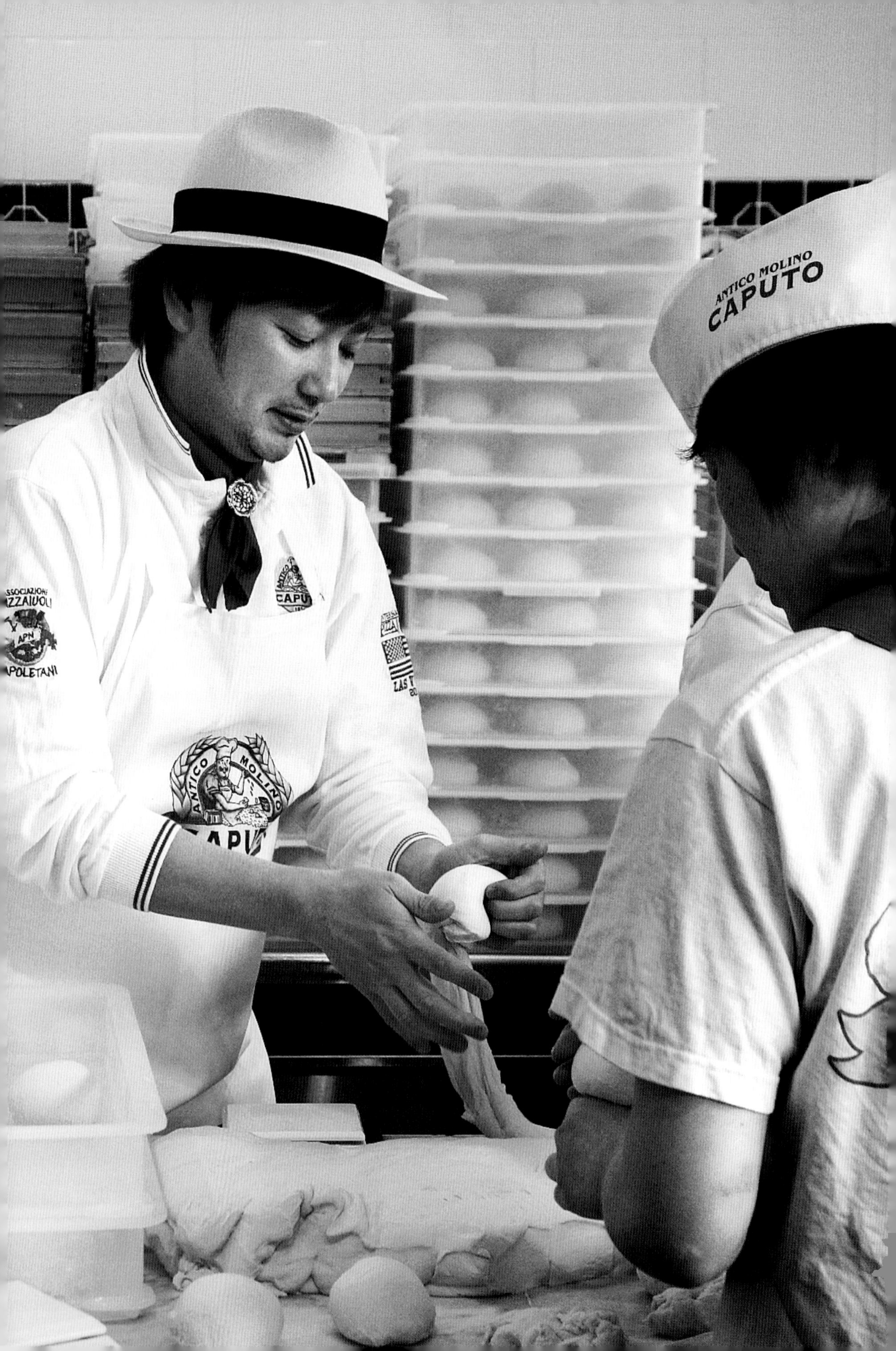
ANTICO MOLINO
CAPUTO
CAPUTO
APN
ANTICO MOLINO

capitolo 3

ピッツェリアの料理
Ricettario della pizzeria

68

ピッツァ クラシカ
*P*izza classica

　ナポリのピッツェリアでは、ピッツァ ナポレターナSTGで定められたマリナーラ、マルゲリータ、マルゲリータ エクストラ以外にも、ピッツァのメニューがよりどりみどり。伝統的なものからモダンなものまで多彩だが、ここではとくにナポリのクラシカルなピッツァを紹介している。

　ピッツァを源流までさかのぼると、「ピッツァ フリッタ」「マリナーラ」「マルゲリータ」の3つの系統に分かれ、ここからトマトソースを抜いて「ビアンカ」の系統が派生する。これらの系統がベースにあり、あとはトッピングを足したり減らしたり、組合せを変えたりといった工夫をピッツァイオーロが加え、ナポリピッツァには数えきれないほどのバリエーションが生まれてきた。

　ピッツァ フリッタはピッツァの元祖。揚げ鍋ひとつでつくれるため、窯焼きのピッツァが世に誕生する前から、屋台で気軽に食べられる大衆食としてナポリの人たちに親しまれていた。今でもフリッジトリアと呼ばれる揚げ物店でピッツァ フリッタを専門に売っている店もあるほどだ。そしてピッツァ フリッタを揚げずに窯で焼いたのが、これも伝統的なナポリピッツァのひとつ、リピエノ アル フォルノである。

　マリナーラの系統は「トマトソース＋アンチョビ」の組合せがナポリでは人気があり、代表的なのがシチリアーナだ。マルゲリータは「トマトソース＋モッツァレッラ」が基本で、「マルゲリータに○○○のせ」というオーダーがピッツェリアでもっとも多いパターン。さらにたくさんのトッピングをのせると、カプリチョーザになる。また立ち食い用にマルゲリータのトッピングを少なくして小さくつくったピッツェッタは、ナポリっ子の小腹を満たす。

　ビアンカはトマトソース抜きの「白いピッツァ」で、サルシッチャ エ フリアリエッリ、4フォルマッジ、プロシュット エ ルーコラなどがナポリではよく食べられている。

　ナポリピッツァのバリエーションは、ピッツァイオーロの知恵の賜なのだ。

サルシッチャ エ フリアリエッリ
Pizza con salsiccia e friarielli

ナポリの冬野菜のひとつ、フリアリエッリ。サルシッチャ、フリアリエッリ、チーズをトッピングしたビアンカ（トマトソースなし）のピッツァは、冬季シーズンのナポリでマルゲリータと人気を二分するほどだ。

ingredienti 1枚分

ピッツァ生地　1玉（230g）
フリアリエッリ　70g
サルシッチャ（P135）　1本（150g）
プローヴォラ　55g
パルミジャーノ　6g

preparazione

● サルシッチャはゆでるか素揚げして火を通し、薄くカットしておく。
● プローヴォラはP44「モッツァレッラ」の準備と同様に2〜3mm厚さにカットしておく（水切りは必要に応じてする）。

ricetta

1 生地を通常通りに延ばす〔**a**・**b**〕。トマトソースなしのビアンカのピッツァは、縁まで延ばしてコルニチョーネをつくらないことが多いが、このピッツァは縁がふんわり膨れるように焼きたいためコルニチョーネをつくる。
2 フリアリエッリ〔**c**〕、サルシッチャ〔**d**〕、プローヴォラをのせ〔**e**〕、パルミジャーノをふる〔**f**・**g**〕。
3 窯に入れて焼く〔**h**〕。

nota

●「ナポリ人の葉っぱ食い」といわれるほど、ナポリでは葉物野菜をよく食べるが、そのひとつがアブラナ科のフリアリエッリ。日本では生は手に入りにくいが、イタリアから輸入されているオイル漬けの市販品を使うといい。あらかじめ余分なオイルを切っておく。もしくは生のフリアリエッリが入手できれば、塩を入れたお湯でゆでてからアーリオ・オーリオで炒める。ここではオイル漬けを使ったので、オリーブオイルはかけずに焼いている。
● フリアリエッリと燻製香の相性がいいのでプローヴォラを選んだが、モッツァレッラでつくってもいい。

プローヴォラ　Provola fresca

モッツァレッラをペーパータオルに並べ、ラップはせずに冷蔵庫に一昼夜おいてある程度水切りをする（表面が乾いたほうが燻製香がのるのでラップはしない）〔**A**〕。煙がまんべんなく行きわたるよう、間隔をあけて網に並べる〔**B**〕。ボウルに桜の燻製チップを入れ、強火にかける。全体がくすぶってきたら〔**C**〕火をとめて全体を混ぜ、チップに直接点火して炎を立ちあげ〔**D**〕、すぐにフタをして煙をためる。モッツァレッラを並べた網を入れて〔**E**〕フタをし、このまま3分燻製する〔**F**〕。

＊プローヴォラはモッツァレッラを燻製にしたもの。市販品もあるが、自家製すると香りがいい。

シチリアーナ *Pizza alla siciliana*

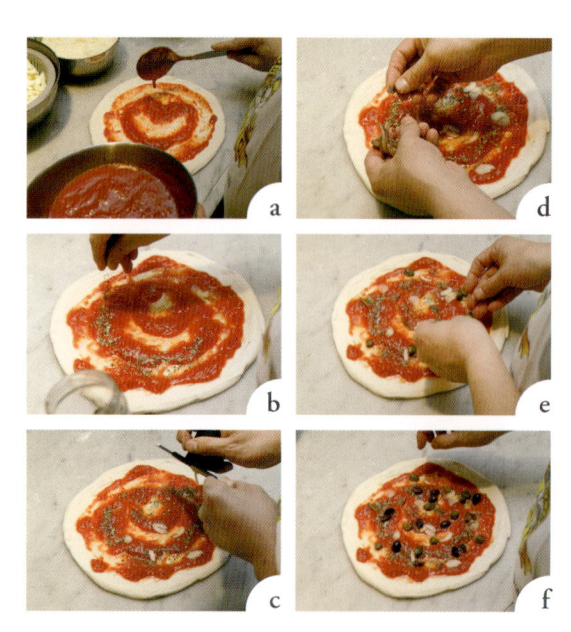

ingredienti　1枚分
ピッツァ生地　1玉（230g）
トマトソース　85g
オレガノ　1g
ニンニク　4g
アンチョビフィレ　2枚
ガエタオリーブ　5個
ケッパー（塩漬け）　10個
エクストラバージンオリーブオイル　4〜5g

preparazione
● トマトソースはP46と同様に準備する。
● アンチョビは油を切っておく。
● ガエタオリーブは種を抜いて半分にカットする。
● ケッパーは浸るほどの水に半日漬けて塩抜きする（大きさにより時間は加減する）。

ricetta
1　生地を通常通りに延ばす。
2　トマトソースをぬり〔a〕、オレガノをふる〔b〕。ニンニクをスライスしてのせ〔c〕、アンチョビをちぎってのせる〔d〕。オリーブ、ケッパーをのせ〔e・f〕、オリーブオイルをかける。
3　窯に入れて焼く。

nota
● シチリア島はアンチョビの名産地。ピッツァ　シチリアーナといえばシチリア産のアンチョビをトッピングする。
● アンチョビやケッパーの塩味は製品により差がある。どちらも塩気が強いのでのせすぎないように注意する。

カプリチョーザ *Pizza capricciosa*

ingredienti　1枚分
ピッツァ生地　1玉（230g）
トマトソース　70g
モッツァレッラ　70g
キノコのオイル漬け　30g
プロシュット・コット　15g
カルチョフィ（水煮）　30g
ガエタオリーブ　5個
パルミジャーノ　6g
エクストラバージンオリーブオイル　4〜5g

preparazione
● トマトソースはP46と同様に準備する。
● モッツァレッラはP44と同様に準備する。
● キノコのオイル漬けはひと口大にカットする。
● プロシュット・コットは1cm幅にカットする。
● カルチョフィはひと口大にカットする。
● ガエタオリーブは種を抜いて半分にカットする。

ricetta
1 生地を通常通りに延ばす。
2 トマトソースをぬり、モッツァレッラ〔a〕、キノコ〔b〕、プロシュット・コット〔c〕、カルチョフィ、オリーブをのせる〔d〕。パルミジャーノをふり、オリーブオイルをかける〔e〕。
3 窯に入れて焼く〔f〕。

nota
● カプリチョーザ（気まぐれな）という名の通り、具は店のオリジナリティやその日の材料などによってさまざまなアレンジがある。なかでもキノコとプロシュット・コット、カルチョフィは人気の組合せのひとつ。焦げやすい具をのせる場合は、モッツァレッラよりも先にトッピングすると焦げにくい。

4フォルマッジ　*P*izza ai quattro formaggi

ingredienti　1枚分
ピッツァ生地　1玉（230g）
モッツァレッラ　40g
プロヴォローネ　30g
ゴルゴンゾーラ　30g
パルミジャーノ　15g
バジル　2枚
エクストラバージンオリーブオイル　4～5g

preparazione
● モッツァレッラはP44と同様に準備する。
● プロヴォローネは細かめに刻む。プロヴォローネは主にカンパニア原産の牛乳を原料とする硬質チーズで、ナポリではモッツァレッラとともに親しまれている。
● バジルはP48と同様に準備する。

ricetta
1 生地を延ばす。トマトソースをのせないビアンカのピッツァの場合は、縁までソッティーレ（Sottile 薄め）に延ばすようにする。ただし薄くなりすぎないように、指先を上のほうに反らせた状態で縁のほうまで延ばす〔**a**～**c**〕。
2 モッツァレッラ、プロヴォローネをのせる〔**d**〕。ゴルゴンゾーラもスケッパーで小さめにカットしてのせる〔**e**〕。パルミジャーノをふり、バジルをのせ、オリーブオイルをかける〔**f**〕。
3 窯に入れて焼く。

nota
● リコッタ、ペコリーノ、タレッジオ、燻製したスカモルツァなど、店によって4種類のチーズのアレンジはさまざまにある。
● ナポリではクアットロ フォルマッジにハチミツをかけて食べるのは一般的ではない。

プロシュット エ ルーコラ *Pizza con prosciutto crudo e rucola*

ingredienti 1枚分
ピッツァ生地　1玉（230g）
モッツァレッラ　70g
パルミジャーノA　6g
エクストラバージンオリーブオイル　4～5g
ルーコラ　適量
プロシュット・クルード　6枚
パルミジャーノB　12g

preparazione
● モッツァレッラはP44と同様に準備する。
● プロシュット・クルードはスライスする。

ricetta
1 生地を延ばす。トマトソースをのせないビアンカの場合は、縁まで薄めに延ばすようにする。ただし薄くなりすぎないように、指先を上のほうに反らせた状態で縁のほうまで延ばす（→P74「4フォルマッジ」**1**）。
2 モッツァレッラをのせ〔**a**〕、パルミジャーノAをふり、オリーブオイルをかける〔**b**〕。
3 窯に入れて焼く。
4 焼きあがったら〔**c**〕、すぐにルーコラをたっぷりとのせ〔**d**〕、プロシュット・クルードものせる〔**e**〕。パルミジャーノBを削りかける〔**f**〕。

nota
● プロシュット・クルードは存在感をだすために薄く切りすぎないこと。塩気が強めのほうがトッピングには向く。
● ルーコラといえば、イタリアでは一般的にルーコラ・セルバティカ Rucola selvatica を指す。ルーコラよりも味、香りともに強い。

ピッツァ フリッタ
Pizza fritta

ナポリで窯で焼くピッツァが生まれる前から
人気のあるピッツァ クラシカの元祖。
薪窯のような大きな設備がなくてもつくれるので、
昔から家庭でも食べられてきた。中に入れる具は
ここで紹介したリコッタとサラミの組合せがオーソドックスだが、
お客がピッツァイオーロに好みの具を指定したり、
量を増減する注文をしているのが
ナポリのピッツェリアでは日常的な光景だ。

ingredienti 1枚分

ピッツァ生地　1玉（230g）
フィリング
　リコッタ　60g
　フィオル・ディ・ラッテ　40g
　サラミ　30g
　黒コショウ　軽く1つまみ
　パルミジャーノ　6g
　エクストラバージンオリーブオイル　4〜5g
揚げ油　適量

preparazione

● フィオル・ディ・ラッテはP44と同様に準備する。
● サラミは5mm幅にカットする。

ricetta

1 生地を延ばす。通常の延ばし方とは違い、縁まで指で押して延ばす〔**a·b**〕。さらに左手で生地を引っ張る時に、生地をつまむ指を広げて縁を薄く延ばす〔**c**〕。これはフィリングを詰めるためで、中央は若干厚めにしてトッピングで破れないように丈夫にし、2つに折りたたんで重なる縁部分は薄くしておく〔**d**〕。

2 奥側の縁を3cmほどあけ、奥側半分にリコッタをぬる。

3 フィオル・ディ・ラッテ、サラミをのせ、黒コショウ、パルミジャーノをふり〔**e**〕、オリーブオイルをかける。

4 生地を手前から半円に折りたたむ。ただし上側の生地を1cmくらい手前にずらしてかぶせること〔**f**〕。生地の奥側の縁に両手を立てておき、小指の側面を使って生地を押してくっつけ〔**g**〕、さらに指先で押してよくつける〔**h**〕。生地の奥側の両側をつまんで持ちあげ、重みを利用して形を半円形に整える〔**i**〕。

5 木製のボードなどに移す。フィリングの重みで生地が台にくっつきやすいので、スケッパーを下にさしいれて生地をはがすといい。

6 210〜220℃のオイルで揚げる〔**j**〕。油に入れる時に生地の両端をつまんで持ちあげ、余分な粉を落とす。表面が固まったらひっくり返し〔**k**〕、返した側は少し長めに揚げる。揚がったらスピッローネ（→P83）で生地の縁をさして油から取りだし〔**l**〕、アバカント（→P83）にあげて油を切る。

servizio

7 このあと窯の入口あたりに入れ、焦げない程度に生地の表面をカリッとさせて提供してもいい。

nota

● リコッタとチッチョリ（ラードをつくったあとに残る肉片）がもっとも伝統的なフィリングだが、バリエーションはいろいろ。とくに冬場はサルシッチャとフリアリエッリの組合せも人気が高い。
● ピッツァ フリッタはフライヤーを使わず、専用の浅めの鍋で揚げたほうがいい。
● 布の上で生地を延ばすと打ち粉がいらないので揚げ油がよごれないという理由から、一部の伝統的なピッツェリアではテーブルクロスなどの上で生地を延ばしている。

リピエノ アル フォルノ
Ripieno al forno

カルツォーネ Calzone（ズボンの意味）とも呼ばれる、
マリナーラ、マルゲリータとともに
もっとも伝統的なナポリピッツァ。
生地でリコッタとモッツァレッラ、サラミなどを包み、
上にトマトソースをぬって焼く。
ピッツァ フリッタ（P76）と同様にバリエーションが多く、
成形や焼き方にテクニックを要するため、
自らのアレンジを加えてスペシャルとするピッツァイオーロも多い。

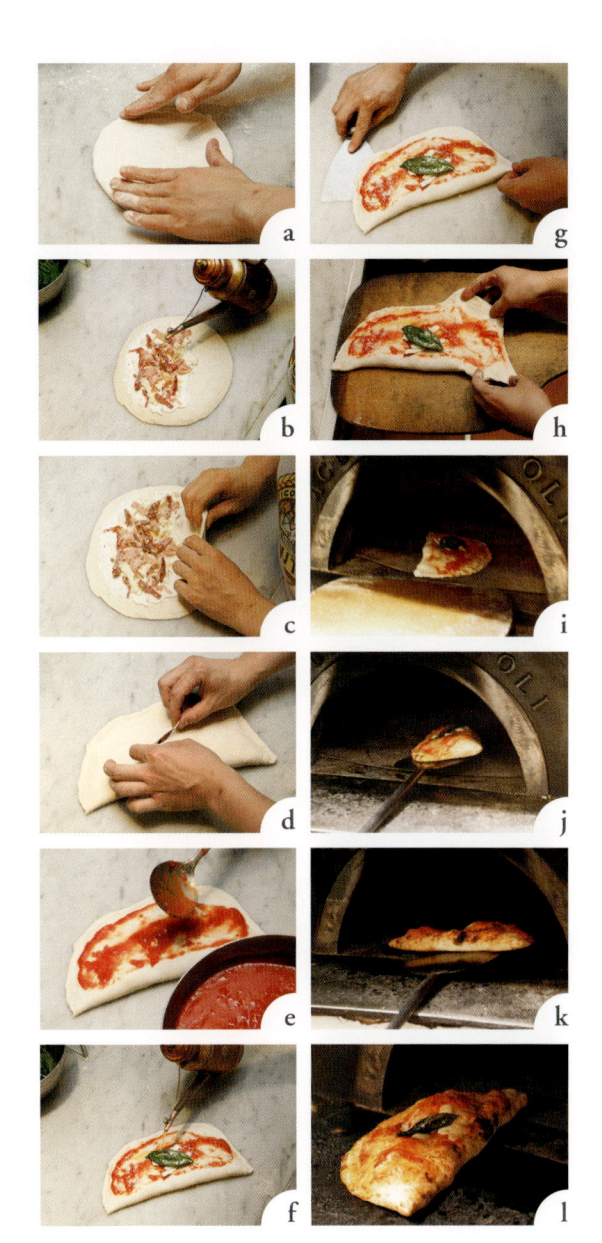

ingredienti　1枚分
ピッツァ生地　1玉（230g）
フィリング
　リコッタ　60g
　モッツァレッラ　40g
　プロシュット・コット　15g
　サラミ　15g
　パルミジャーノ　6g
　黒コショウ　軽く1つまみ
　エクストラバージンオリーブオイル　4〜5g
トマトソース　20g
モッツァレッラ　少量
バジル　1枚
パルミジャーノ　適量
エクストラバージンオリーブオイル　4〜5g

preparazione
● モッツァレッラはP44と同様に準備する。
● プロシュット・コットは5mm幅にカットする。
● サラミも5mm幅にカットする。
● トマトソースはP46と同様に準備する。
● バジルはP48と同様に準備する。

ricetta
1 生地を延ばす。フィリングを包むため、通常の延ばし方とは違い、中央は気持ち厚めにし、縁は薄くする〔a〕（→P77「ピッツァ フリッタ」1）。
2 手前1/3と縁2cmほどをあけてリコッタをぬる。モッツァレッラ、プロシュット・コット、サラミをのせる。パルミジャーノ、黒コショウをふり、オリーブオイルをかける〔b〕。
3 生地を半円に折りたたんで成形する〔c〕（→P77「ピッツァ フリッタ」4）。
4 上面中央を指でつまんで小さい空気穴をあける〔d〕。これは焼成中に膨張して具があふれないようにするため。
5 表面にトマトソースをぬり〔e〕、モッツァレッラ、バジルをのせる。パルミジャーノをふり、オリーブオイルをかける〔f〕。
6 木製パーラに移す。トッピングの重みがあるため生地が台にくっつきやすいので、スケッパーを生地の下にさし入れてはがすといい〔g〕。半円形に形を整える〔h〕。
7 窯の入口を入ったあたりに縦向きに入れ〔i〕、フィリングに火が通るまで3分〜3分半かけて焼く。途中、生地の向きを90度ずつ回転させてまんべんなく火を通して焼き色をつける〔j・k〕。もしくは窯の温度が高い場合は、表面に焼き色がついたら、半分ずつボッカ・デル・フォルノの外にだして焼く。〔l〕。両角の生地が重なった一番火が通りにくい部分にもきちんと火を入れる。

nota
● 生地の延ばし方と、フィリングを包む成形は、P77「ピッツァ フリッタ」とほぼ同様だが、指先で押してよくつける必要はなく、閉じる程度でよい。

モンタナーラ *Montanara*

ingredienti　1枚分
ピッツァ生地　1玉（230g）
トマトソース　70g
モッツァレッラ　60g
パルミジャーノ　適量
バジル　3枚
揚げ油　適量

preparazione
● トマトソースはP46と同様に準備する。
● モッツァレッラはP44と同様に準備する。
● バジルはP48と同様に準備する。

ricetta
1　生地を延ばす。通常よりも少し小さめにして厚みをだす。
2　210～220℃のオイルで素揚げする〔a〕。大きく膨らむので、スキュウマローラ（→P83）で軽く膨らみを押さえながら揚げる〔b〕。表面が固まったらひっくり返し〔c〕、返した側は少し長めにキツネ色になるまで揚げる。
3　ペーパーにとり、表面のオイルも軽くふきとる〔d〕。
4　すぐにトマトソースをぬり〔e〕、モッツァレッラをのせる。パルミジャーノをふり、バジルをのせる。
5　窯の入口を入ったあたりに入れ、モッツァレッラを溶かして提供する。回転パーラでまめに回転させながら火を通すか、もしくはパイ皿にのせて温度が一番低いところに入れる〔f〕。

nota
● 揚げピッツァの一品。素揚げしたプレーンな生地に、トマトソースやモッツァレッラなどをトッピングし、窯でモッツァレッラを溶かして提供する。
● 窯に入れた時、素揚げした生地はとても焦げやすいので注意する。

ピッツェッタ　*Pizzetta*

ingredienti　2枚分
ピッツァ生地　115g/1枚
（1玉を半分にする）
トマトソース　30g/1枚
モッツァレッラ　20g/1枚
パルミジャーノ　2g/1枚
バジル　1枚/1枚
エクストラバージンオリーブオイル　1〜2g/1枚

preparazione
● トマトソースはP46と同様に準備する。
● モッツァレッラはP44と同様に準備する。
● バジルはP48と同様に準備する。

ricetta
1 生地をスケッパーで半分にカットする。カットした両角を合わせ、指でつまんでつなぎめをしっかりとくっつけて丸く形を整えてから〔a〕、通常通りに延ばす〔b〕。
2 トマトソースをぬり〔c〕、モッツァレッラをのせる。パルミジャーノをふり、バジルをのせ、オリーブオイルをかける〔d〕。折りたたんで食べることが多いので、トッピングは全部少量。
3 窯に入れて焼く。テイクアウト用にホットケースに入れて保温する場合は、少し早めに窯からだして焼きを甘めにして水分を残しておくといい。

nota
● マルゲリータのミニサイズ。ナポリではおもに店頭売りのテイクアウト用に焼くことが多い。ナポリのピッツェリアでは4つに折りたたんで紙ではさんで渡してくれる。お客はこれをその場で立ちながら、もしくは広場などで食べている。

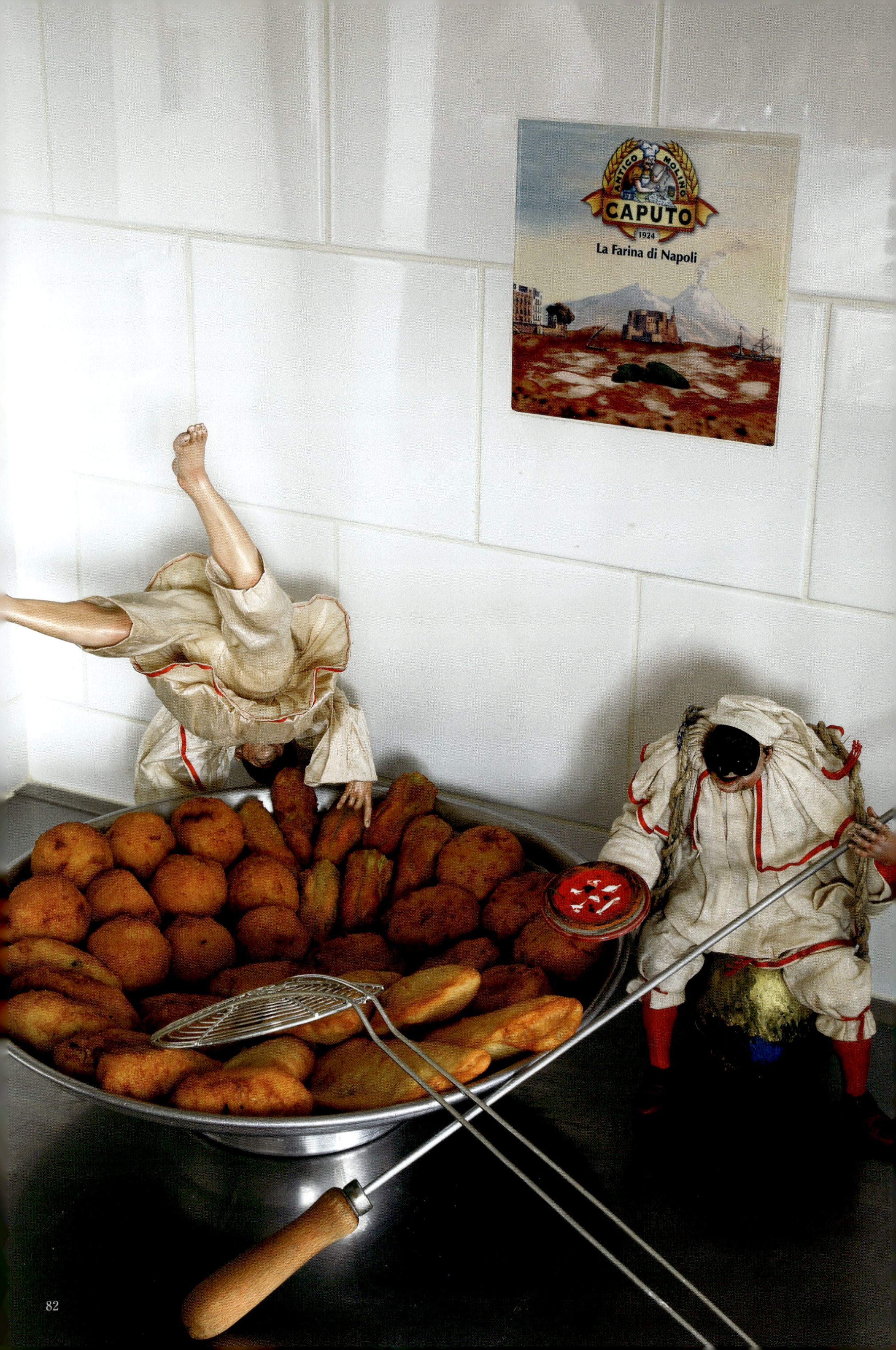
ANTICO MOLINO
CAPUTO
1924
La Farina di Napoli

ピッツェリアの揚げ物
*F*ritture della pizzeria

　揚げ物はナポリのピッツェリアに必須のサイドメニュー。

　大概のピッツェリアには揚げ物があり、厨房には揚げ物専門の職人もいるほどだ。そもそもナポリではピッツェリアの歴史があるように、揚げ物店（フリッジトリア Friggitoria）の歴史も長い。イタリア全土のなかでも揚げ物のバリエーションが豊富で、それらはピッツァと同様にファーストフード的な存在としてナポリの庶民の胃袋を満たしてきた。この2つの業態がいつしか部分的に合体し、揚げ物もピッツェリアに欠かせないアイテムとなったようだ。

　ピッツェリアの揚げ物の御三家は「クロッケ ディ パターテ」「パッラ ディ リゾ（アランチーノ）」「フリッタティーナ」。他にもズッキーニの花や白魚のフライなど、人気メニューが目白押しだ。これらの揚げ物はあくまでサイドメニューなので、レストランのように揚げ立て熱々を提供することは稀で、あらかじめ揚げおきしておくことが多い。注文があったら、窯の入口あたりにしばらく入れておくと、表面はカリカリでほんのりと温かくなる。

　揚げ油はナポリでは加熱に強いヒマワリ油か、コストの低いサラダ油、ヤシ油を使うことが多いが、日本のピッツェリアでは風味の軽さや健康面を考慮して、エクストラバージンオリーブオイルをすすめたい。オリーブオイルは酸化劣化しにくい油なので、揚げおきしても味が悪くなりにくく、胃もたれなども起こしにくい。毎日きれいに漉せば数日くり返し使えるので、ランニングコストの面でも実は経済的である。せっかくおいしいピッツァを食べてもらうのであれば、サイドの揚げ物もいいものを提供したい。

左2点／揚げ物の道具3点セット。長い柄がついた大きな網杓子は「スキュウマローラ Schiumarola」。長い串は「スピッローネ Spilllone」。中央に油切りの穴があるアルミ製の大きな揚げ網は「アバカント A'vacant」。右手にスキュウマローラ、左手にスピッローネを持って揚げ、アバカントに取りだして油を切る。右／ナポリではピッツェリアなどの軒先にガラスケースやホットケースをだして営業しているが、これはロスティッチェリア Rosticceria（そうざい店的な意味合い）と呼ばれる。ケースには揚げ物やピッツェッタなどが並び、簡易に紙でくるんで渡される。ナポリ人はこれをファーストフードのように気軽に利用してテイクアウトしたり、店の前や広場で立ち食いしたりする。

クロッケ ディ パターテ
*C*rocchè di patate

ジャガイモのコロッケはピッツェリアの
定番揚げ物として必須のアイテム。
素朴なメニューながら、中のチーズがアクセントになり、
ナポリでは一番人気がある揚げ物だ。

ingredienti　80個分

ジャガイモ　5kg
パルミジャーノ　100g
イタリアンパセリ　10g
塩　40g
白コショウ　5g
フィオル・ディ・ラッテ　375g
小麦粉　適量
衣（下記）　適量
細かいパン粉　適量
揚げ油　適量

preparazione

● ジャガイモをゆでて熱いうちに皮をむき、ムーランで裏漉しする〔a〕＝A。
● イタリアンパセリは刻む。
● フィオル・ディ・ラッテは5mm角にカットする。
● 衣を用意する。表面がなめらかで衣がからみにくいため、パン粉ののりをよくするために、衣の濃度はやや濃くする（衣にくぐらせて持ちあげた時に衣がしっかりと切れる程度）。

ricetta

1　スパイラルミキサーでA、パルミジャーノ、イタリアンパセリ、塩、コショウをしっかりと混ぜ合わせる。
2　1にフィオル・ディ・ラッテを入れて混ぜる〔b〕。
3　大理石の台上に2をだして成形する。手にオイル（分量外）をつけ〔c〕、2からひとかたまりをとって転がしてフィローネ（筒）状にし〔d〕、70gをちぎりとる〔e〕。一度手で細長く握り、台上で横に転がしてフットボール形に整える〔f～k〕。指のあとをつけないように。手につくようになったら、そのたびにオイルをつける。
4　衣にくぐらせ〔l〕、パン粉をまぶす〔m・n〕。
＊この状態で半日ほどは冷蔵庫で保管できるので、前日にここまで準備して翌日揚げてもいい。もしくはまとめて仕込んで冷凍保存することもできる。
5　190℃のオイルで揚げる〔o・p〕。
＊4で冷蔵保存した場合は、常温に1時間ほどもどしてから揚げる。冷凍保存した場合は、常温に3時間ほどもどして揚げる。もし冷凍のまま揚げる場合は、揚げてから1時間くらいウォーマーに入れて中まで温める。

servizio

6　さらにカリッとした食感にしたい場合や熱々を提供したい場合は、窯の入口を入ったあたりで軽く焼くといい。もちろん揚げ立てを提供してもいい。

揚げ物の衣　Pastella

1　ボウルに小麦粉1kgに対して水1.5ℓを入れて手で混ぜ合わせる。全体が混ざればいい。
2　必要に応じて、水を適宜加えて濃度を調整して使う。
＊衣の硬さについては各揚げ物のリチェッタでそれぞれ説明している。

nota

● ナポリではパンツェロッティPanzerottiと呼ばれることもある。イタリア全土ではパンツェロッティは小さな揚げピッツァを指す。

パッラ ディ リゾ　*Palla di riso*

ピッツェリアでおなじみのこのライスコロッケは、イタリア全土では
アランチーノ Arancino（小さなオレンジの意味）の名称で親しまれているが、
ナポリではパッラ ディ リゾ（米のボールの意味）と呼ぶ。
ライスはサフラン風味やトマトソース味などバリエーション多彩。
洋ナシ形、俵形など、大小形もさまざまにある。
ライスの芯にプローヴォラ（燻製のモッツァレッラ）を入れて
味のアクセントにしたリチェッタを紹介する。

ingredienti　90個分

ライス
　米　3kg　　水　3.3ℓ
　塩　75g　　オリーブオイル　180g
　ローリエ　1枚
卵黄　18個分
プロシュット・クルード　420g
パルミジャーノ　180g
イタリアンパセリ　6g
プローヴォラ（P71）　450g
衣（P85）　適量
細かいパン粉　適量
揚げ油　適量

preparazione

● 炊飯器にライスの材料を入れて炊き、蒸らす＝A。
● プロシュット・クルードは3mm幅にカットする。イタリアンパセリは刻む。これらとパルミジャーノを混ぜ合わせておく〔a〕＝B。
● プローヴォラは5g大にカットする。
● 衣を用意する。表面に凹凸があるため衣がからみやすいので、食感が重くならないように、衣の濃度はやや薄くする（衣にくぐらせて持ちあげた時に衣がしたたり落ちる程度）。

ricetta

1 Aを大理石の台上にあけて広げ、手で触れられるくらいまであら熱をとる〔b〕。
2 1に卵黄を混ぜる〔c～e〕。
3 2を広げて、Bを全体にまんべんなくのせ〔f〕、両手の指の間から絞りだすようにしながら粘り気がでるまでよく混ぜ合わせる〔g～i〕。
4 適量を取り分け、台上で転がしてフィローネ（筒）状にする〔j〕。ここから70gずつとり、プローヴォラを芯に入れて丸める〔k・l〕。
5 衣にくぐらせ〔m〕、パン粉をまぶす〔n〕。
＊この状態で半日ほどは冷蔵庫で保管できるので、前日にここまで準備して翌日揚げてもいい。もしくはまとめて仕込んで冷凍保存することもできる。
6 190℃のオイルで揚げる〔o・p〕。
＊5で冷蔵保存した場合は、常温に1時間ほどもどしてから揚げる。冷凍保存した場合は、常温に3時間ほどもどして揚げる。もし冷凍のまま揚げる場合は、揚げてから1時間くらいウォーマーに入れて中まで温める。

servizio

7 さらにカリッとした食感にしたい場合や熱々を提供したい場合は、窯の入口あたりで軽く焼くといい。もちろん揚げ立てを提供してもいい。

nota

● パッラ ディ リゾ以外にも揚げ物を油に入れる時は、oの写真のようにスキュウマローラにのせて入れると油が飛びはねず安全。スキュウマローラはその形状からラーニョ Ragno（蜘蛛）とも呼ばれる。

フリッタティーナ *Frittatina*

スパゲッティをベシャメルソースで固めて揚げたフライ。
ナポリではアランチーニ、クロッケと並ぶ人気があり、
グリンピースやラグーなどを入れたり、
ツェッポリーネ（P94）のプレーンな生地を水で溶いて衣にしたり、
さまざまなバリエーションがある。

ingredienti　80個分

ベシャメルソース
　無塩バター　300g　　　小麦粉　300g
　低脂肪乳　2.5ℓ　　　　パルミジャーノ　125g
　塩　25g
スパゲッティ（1.9㎜）　1250g
プロシュット・クルード　100g
パルミジャーノ　50g
イタリアンパセリ　5g
塩　25g
黒コショウ　5g
プローヴォラ（P71）　400g
小麦粉　適量　　　衣（P85）　適量
細かいパン粉　適量　　揚げ油　適量

preparazione

● 直径6㎝、高さ2㎝のセルクルを用意する。3で使う天板も同じ深さのものを用意すると作業効率がいい。
● ベシャメルソースをつくる。鍋にバターを入れて火にかけて溶かし、小麦粉を加えて弱火で色をつけずによく炒める。低脂肪乳を加え、ダマにならないように混ぜながら沸騰するまで煮る。火をとめ、すりおろしたパルミジャーノ、塩を加える。あら熱をとっておく〔a〕＝A。
● スパゲッティを3つに折り、硬めにゆでる。大理石上に広げ、手で触れられるくらいまであら熱をとる〔b〕＝B。
● プロシュット・クルードは5㎜角にカットする。
● イタリアンパセリは刻む。
● プローヴォラは5g大にカットする。
● 衣を用意する。表面に凹凸があるため衣がからみやすいので、食感が重くならないように、衣の濃度はやや薄くする（衣にくぐらせて持ちあげた時に衣がしたたり落ちる程度）。

ricetta

1 Bのスパゲッティにプロシュット・クルード、パルミジャーノ、イタリアンパセリ、塩、コショウをまんべんなくのせ〔c・d〕、手でほぐしながら混ぜ合わせる。
2 Aのベシャメルソースものせてさらに混ぜる〔e〜g〕。
3 天板に移し〔h〕、平らに均す〔i〕。
4 冷蔵庫にしばらく入れて締める。
5 セルクルにオイル（分量外）をつけて4をぬき、芯にプローヴォラを入れ〔j・k〕、丸く平らに形を整える〔l〕。
6 衣にくぐらせ〔m〕、パン粉をまぶす〔n〕。
＊この状態で半日ほどは冷蔵庫で保管できるので、前日にここまで準備して翌日揚げてもいい。もしくはまとめて仕込んで冷凍保存することもできる。
7 190℃のオイルで揚げる〔o・p〕。
＊6で冷蔵保存した場合は、常温に1時間ほどもどしてから揚げる。冷凍保存した場合は、常温に3時間ほどもどして揚げる。もし冷凍のまま揚げる場合は、揚げてから1時間くらいウォーマーに入れて中まで温める。

servizio

8 さらにカリッとした食感にしたい場合や熱々を提供したい場合は、窯の入口あたりで軽く焼くといい。もちろん揚げ立てを提供してもいい。

フィオリッリ リピエーニ
Fiorilli ripieni

ズッキーニの花にリコッタの詰め物をして
揚げた一品。フィオーリ ディ ズッキーニ
リピエニ Fiori di zucchini ripieni ともいう。
詰め物をせず、花にパステッラ（衣）を
つけて揚げたものも人気がある。

ミリアッチエッリ フリッティ
Migliaccielli fritti

練りあげた黄色いポレンタを素揚げするフライ。
ポレンタの粒は加熱して練りあげたあとも残るので、
揚げるとカリカリとした軽快な食感になる。
ポレンタ ジャッラ フリッタ Polenta gialla fritta
ともいう。

モッツァレリッネ フリッテ
*M*ozzarelline fritte

ひと口サイズのモッツァレッラのフライ。
ピッツェリア・トラットリアで
前菜として登場することが多い。

チチニエッリ パステッラティ フリッティ
*C*icinielli pastellati fritti

卵の衣でふわりと揚げた白魚。
ビアンケッティ パステッラティ フリッティ
Bianchetti pastellati fritti ともいう。

フィオリッリ リピエーニ
Fiorilli ripieni

ingredienti 8個分
ズッキーニの花　8個
フィリング
　リコッタ　300g
　プロシュット・コット　50g　　全卵　2個
　パルミジャーノ　20g　　フェンネルシード　25粒
小麦粉　適量　　衣（P85）　適量
細かいパン粉　適量　　揚げ油　適量

preparazione
● ズッキーニの花はきれいに下処理されたものが手に入るが、未処理のものを使う場合は花びらの中のシベを取りのぞく。
● プロシュット・コットは刻む。
● 衣を用意する。表面に凹凸があるため衣がからみやすいので、食感が重くならないように、衣の濃度はやや薄くする（衣にくぐらせて持ちあげた時に衣がしたたり落ちる程度）。

ricetta
1 フィリングの材料を混ぜ〔**a**〕、絞り袋（丸口金）に入れる。
2 ズッキーニの花に**1**を50gずつ絞り入れ〔**b**〕、花びらが開かないようにねじりながらとじて形を整える〔**c**〕。
3 小麦粉をまぶし〔**d**〕、衣にくぐらせ〔**e**〕、パン粉をつける〔**f**・**g**〕。
4 190℃のオイルでキツネ色に揚げる。オイルに入れる時は、とじた口を下にして入れる〔**h**〕。

ミリアッチエッリ フリッティ
Migliaccielli fritti

ingredienti 12個分
水　600g
塩　2つまみ
ポレンタ　100g
サラミ　60g
パルミジャーノ　25g
揚げ油　適量

preparazione
● サラミは2mm角に刻む。

ricetta
1 鍋に水と塩を入れて火にかけ、沸きはじめたら、ポレンタを入れて木ベラで全体を混ぜ合わせる。再度沸いたら弱めの中火にし、約20分練り続ける。
2 火をとめ、サラミ、パルミジャーノを加えて混ぜる〔**a**〕。
3 大理石の台上にあけ、手で触れられるくらいまであら熱をとる〔**b**〕。
4 手にオイル（分量外）をつけ〔**c**〕、**3**を台上で転がしてフィローネ（筒）状にする〔**d**〕。30gずつとり〔**e**〕、両手で丸めてから2cm厚さくらいに押しつぶして形を整える〔**f**・**g**〕。
＊この状態で半日ほどは冷蔵庫で保管できるので、前日にここまで準備して翌日揚げてもいい。揚げた時にバラバラになってしまうので冷凍保存はできない。
5 190℃のオイルで素揚げする〔**h**〕。

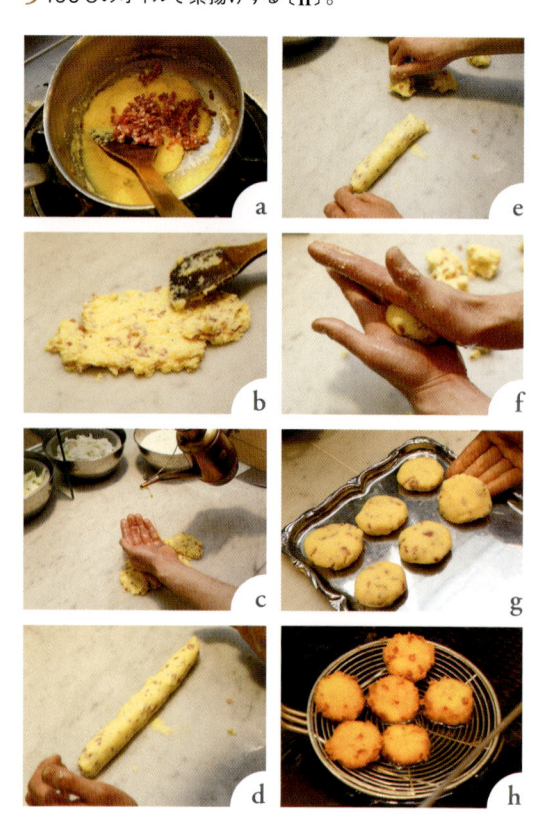

モッツァレリッネ フリッテ
Mozzarelline fritte

ingredienti 10個分
フィオル・ディ・ラッテ　200g
小麦粉　適量
衣（P85）　適量
細かいパン粉　適量
揚げ油　適量
塩　適量

preparazione
● フィオル・ディ・ラッテを20g大にカットする。ペーパーの上に並べてしばらく水切りする＝A。
● 衣を用意する。パン粉を2度づけするので食感が重くならないように、衣はやや薄くする（衣にくぐらせて持ちあげた時に衣がしたたり落ちる程度）。

ricetta
1 Aに小麦粉をまぶし〔a〕、衣にくぐらせ〔b〕、パン粉をつける〔c〕。もう一度衣、パン粉の順につけて形を整える〔d〜f〕。
2 190℃のオイルでキツネ色に揚げる〔g・h〕。
3 熱いうちに塩をふる（モッツァレッラの味によって加減）。

nota
● ひと口サイズのモッツァレッラ、ボッコンチーニ Bocconcini を使ってもいい。

チチニエッリ パステッラティ フリッティ
Cicinielli pastellati fritti

ingredienti 4枚分
白魚　100g
小麦粉　30g
全卵　1個
水　5g
塩　2つまみ
揚げ油　適量

ricetta
1 ボウルに白魚以外の材料を入れて混ぜ合わせる〔a〕。ゆるければ小麦粉を適宜加えて調節し、とろりとした状態にする。ここに白魚を加えて混ぜる〔b・c〕。
2 フライパンに揚げ油を1cmくらい入れて160〜180℃に熱し、1を大きなスプーンで1杯ずつ流し入れて丸く平らにする〔d・e〕。
3 表面が固まったら〔f〕ひっくり返し〔g〕、両面がキツネ色になるまで揚げる〔h〕。

nota
● 生シラスを使ってもいい。
● 半分くらい浸る量のオイルで揚げるように焼くと、ふんわりとしたできあがりになる。

ツェッポリーネ ディ アルゲ
Zeppoline di alghe

生海苔を入れた発酵生地を一口大に揚げた、
もちもちと弾力のあるフライ。
ピッツェリア・トラットリアなどで前菜としてよく食べられる。
適度な塩味でビールがすすむ。

ingredienti　約80個分

ぬるま湯　500g
塩　20g
生イースト　16g
生海苔　50g
小麦粉　550g
揚げ油　適量
塩　適量

preparazione

● 生イーストはあらかじめ小麦粉の分量のうち少量をまぶし、両手ですり合わせて粉末状にして混ざりやすくしておく。

ricetta

1 大きめのボウルにぬるま湯と塩を入れ、手で混ぜて溶かす。
2 生イーストを加え、均一になるまで混ぜる〔a〕。
3 生海苔〔b〕も加えて混ぜる。
4 小麦粉を加え〔c〕、手で空気を含ませるようにかき立てながら混ぜる〔d〜f〕。全体が均一になり、粘りがでるまで練り混ぜる。
5 暖かいところで1.5〜2倍の大きさに膨らむまで1〜2時間発酵させる〔g〕。
6 手に水をつけ、ボウルの縁のほうから生地を一口大ずつ指にとり、ボウルの縁と指先で丸く形を整えながらつまみとる〔h〜n〕。
7 180℃のオイルで軽く色づく程度に揚げる〔o・p〕。
8 熱いうちに塩を軽くふる。

nota

● 生地はかなりの粘りがでるまで、しっかり練り混ぜること。生地の水分が多く手ですくえないくらいゆるい状態の生地を揚げると、揚げあがりがスカスカの食感になり、ツェッポリーネの持ち味であるもちもちした弾力がなくなってしまう。
● 揚げおきはせず、オーダーのたびに揚げ立ての熱々を提供したほうがおいしい。
● 生海苔を入れないプレーンなもの、パルミジャーノやシラスなどを入れたバリエーションもある。
● 水で溶いてゆるい状態にし、野菜を揚げる衣として使うこともある。
● 前日の余った生地や発酵しすぎてピッツァには使えなくなった生地（下写真）を、ツェッポリーネの生地に混ぜ込んでもいい。その場合は水で硬さを調整する。

モンタナリーネ *Montanarine*

ingredienti 6個分

ピッツァ生地　1玉（230g）　　揚げ油　適量
トッピングA
　ジェノヴェーゼ　15g/1個
　パルミジャーノ　1つまみ/1個
トッピングB
　トマトソース　15g/1個
　パルミジャーノ　1つまみ/1個
　バジル　小さめ1枚/1個

preparazione
- トマトソースはP46と同様に準備する。
- バジルはP48と同様に準備する。

ricetta
1 生地をスケッパーで6等分にカットする〔a〕。
2 カットした角同士をつまんでくっつけて丸くし〔b〕、中央を指先で押して丸く形を整える〔c〕。
3 210～220℃のオイルで両面をキツネ色に揚げ〔d〕、アバカント（→P83）にのせて油を切る〔e〕。
4 トッピングA。3の揚げた生地にジェノヴェーゼをのせ、パルミジャーノをふる。
5 トッピングB。3の揚げた生地にトマトソースをぬり、パルミジャーノをふり〔f〕、バジルをのせる。

nota
- P80の揚げピッツァ「モンタナーラ」のミニ版。

ジェノヴェーゼ　Genovese
玉ネギ1kgは繊維に沿ってスライスし、パンチェッタ100gは刻む。鍋にオリーブオイルとパンチェッタを入れて炒め、玉ネギも加えて弱火で炒める。玉ネギがくたくたになるまで焦がさないようにじっくりと炒める。

カルゾンチーニ フリッティ　*C*alzoncini fritti

ingredienti　4個分
ピッツァ生地　1玉（230g）
リコッタ　15g／1個
サラミ　10g／1個
揚げ油　適量

preparazione
● サラミは5mm幅にカットする。

ricetta
1 生地を4等分にカットする。
2 カットした角同士をつまんでくっつけて丸く形を整えてから、丸く延ばす。通常の延ばし方とは違い、中央は気持ち厚めにし、指先で押して縁をつぶして薄くする〔**a**〕。
3 縁を2cmあけ、奥側半分にリコッタをぬる。サラミものせる〔**b**〕。
4 生地を少しずらして半円に折りたたんで成形する（→P77「ピッツァ フリッタ」**4**）〔**c**・**d**〕。
5 生地の両端をつまんで持ちあげて余分な粉を落としてから、210〜220℃のオイルで揚げる〔**e**〕。表面が固まったらひっくり返し、返した側は少し長めに揚げる。スキウマローラ（→P83）で押さえながら、生地の半円の頂点から1cmのあたりをスピローネでさして油から取りだし〔**f**〕、アバカントにのせて油を切る。

nota
● 小さいサイズの「ピッツァ フリッタ」。生地の延ばし方や成形などはP77「ピッツァ フリッタ」と同様。
● スピローネで刺して油から取りだした跡が残るので、ナポリのピッツァ フリッタの縁には穴があいている。縁までリコッタをぬらないのはこのため。

ANTICO MOLINO
NAPOLI
1924
ANTIMO CAPUTO
The Chef's Flour
"00"
ANTICO MOLINO
CAPUTO
1924
La Farina di Napoli

ピッツァ生地の活用
Con la pasta della pizza

　ピッツァイオーロはけっして生地を捨てない。

　ピッツァ生地の配合は「小麦粉、水、塩、酵母」。これは使い勝手のいいリーン（シンプル）なパン生地ともいえ、このことをピッツァイオーロはよく知っているからだ。

　だから生地が余れば、成形し直して大きなパンをつくってテーブルパンとして提供したり、もしくは賄いにしたり、前菜がわりになるようなストゥッツィキーニStuzzichiniを焼いたり、ランチメニューになるようなパニーノを焼いたり…と自由自在に生地をアレンジする。絶対に生地を無駄にしないのだ。

　実は生地の有効活用は、薪窯の熱を無駄にしないことにもつながる。

　窯の温度は営業中にピッツァを焼く時には400℃以上になるが、営業が終わって火を落としたあとも余熱が残っている。しかもナポリピッツァの薪窯は石を大量に使用した石窯。石の輻射熱による遠赤外線効果で速くよく、内側から火が入り、小麦粉の味わいを十分に引きだしてくれる。余った生地をうまく使うリチェッタでは、このような余熱が残った最高の石窯を利用して焼くのだ。

　生地はすでに仕込んだものを活用するわけだし、窯は余熱だけで十分に200℃くらいはあるので、あらたに薪は燃やさないから燃料コストはかからない。まさにピッツァイオーロの知恵であり、生地も薪窯も使い尽くすのだ。それはナポリのピッツァイオーロがケチだからではない。こうして無駄を省く地道な努力を積み重ねているからこそ、ピッツァを大衆食として安価で販売できるのだ。

　この姿勢は日本のピッツァイオーロもぜひとも学びとりたい。

パーネ *P*ane

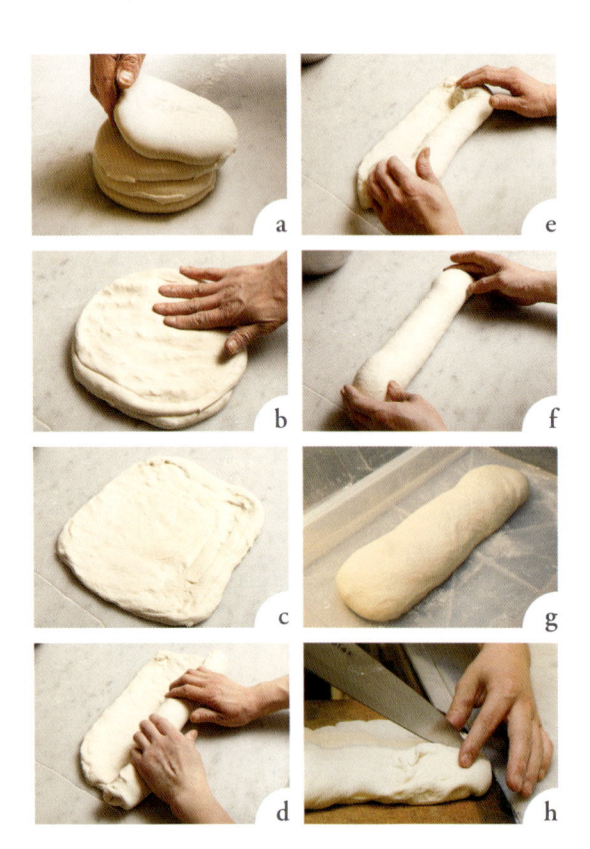

ingredienti 1個分

ピッツァ生地　4玉（920g）

ricetta

1 生地4玉を重ね〔**a**〕、両手で押してガスを抜く〔**b**〕。両面を返しながら、四隅を引っ張って丸形から角をだして縦30cm×横35cmくらいの長方形に延ばす〔**c**〕。
2 ガスを抜きながら手前から巻く〔**d**〕。巻き終わりが近くなったら両端を内側に丸め込み〔**e**〕、フィローネ形（バゲット形）に整える〔**f**〕。巻き終わりをしっかりとくっつけて下側にする。
3 番重に入れてフタを少しずらしてかぶせ、常温で約8時間発酵させる。表面が少し乾くので、中は柔らかく、外側はガリガリとした焼きあがりになる。大きいパーネの場合は、この食感がアクセントになる。
4 発酵後〔**g**〕、形をくずさないように、打ち粉をした木製パーラに移す。ナイフで1/4くらいの深さまで縦にクープを1本入れる〔**h**〕。
5 200～250℃の窯に入れ、向きを変えながら20～30分焼く。

nota

● その日に余った生地を営業後の夜11時くらいに成形し、室温で発酵をとると、およそ翌朝7時くらいに2倍の大きさに膨らんで発酵している。これを朝一番の余熱が残った低い温度の窯に入れて焼いている。ピッツァの生地はイーストの量が少なく、発酵の力を抑える塩の量も多いので、ゆっくりと発酵をとることができる。

ロトリーノ *Rotolino*

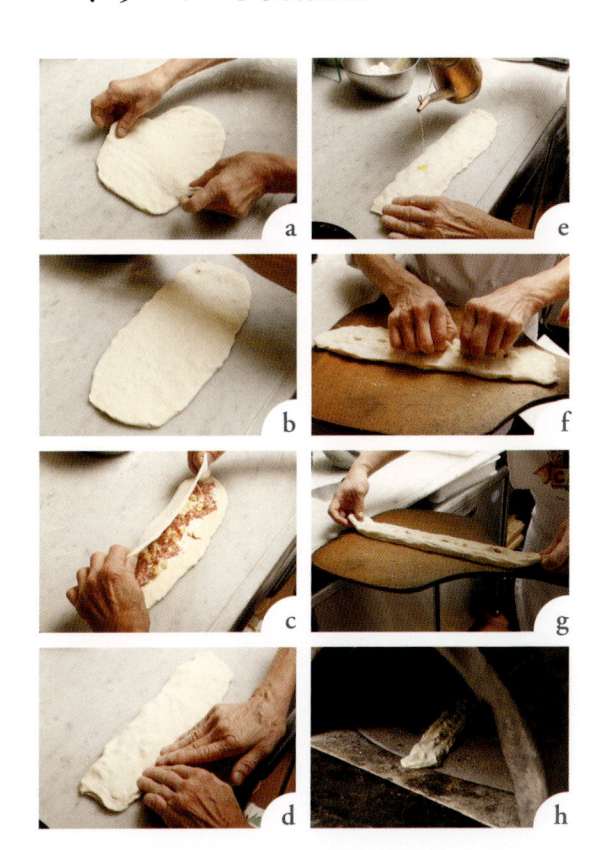

ingredienti　**1本分**
ピッツァ生地　1玉（230g）　　リコッタ　適量
プローヴォラ（P71）　適量　　サラミ　適量
エクストラバージンオリーブオイル　適量
パルミジャーノ　3つまみ

preparazione
● プローヴォラは1cm大にカットする。
● サラミは5mm幅にカットする。

ricetta
1 生地を通常通りに丸く延ばしてから、四隅を引っ張って丸形から角をだして縦10cm×横35cmの四角形にする。縁は指で押して薄くする〔a・b〕。
2 手前を約1cmあけ、手前半分にリコッタをぬる。プローヴォラ、サラミをのせる。
3 奥から手前に折りたたみ〔c〕、縁を重ねる。指先で押してしっかりとくっつける〔d〕。オリーブオイルをかけて手でのばし〔e〕、パルミジャーノをふる。
4 木製パーラに移し、上面を8ヵ所ほど指でつまみ、小さな穴をあける〔f〕。両端を引っ張って長さ約45cmに形を整える〔g〕。
5 窯の入口を入ったあたりに縦向きにして入れる〔h〕。向きを変えながら、低い温度帯で焼き色がつくまで3分～3分半焼く。

nota
● ピッツァ生地でリコッタやプローヴォラ、サラミを包んで細長く成形し、窯でカリッと焼きあげたパン。
● 具材をアレンジしてピッツァの一品としている店もある。

トルタノ　*Tortano*

もとはパスクア（復活祭）の時季に食べられていた
ゆで卵やサラミなどを入れたナポリの伝統的なパン。
今ではそうざいパンの感覚で一年中食べられている。
カザティエッロ Casatiello と呼ばれる
卵を殻ごとのせて焼きあげるものもある。

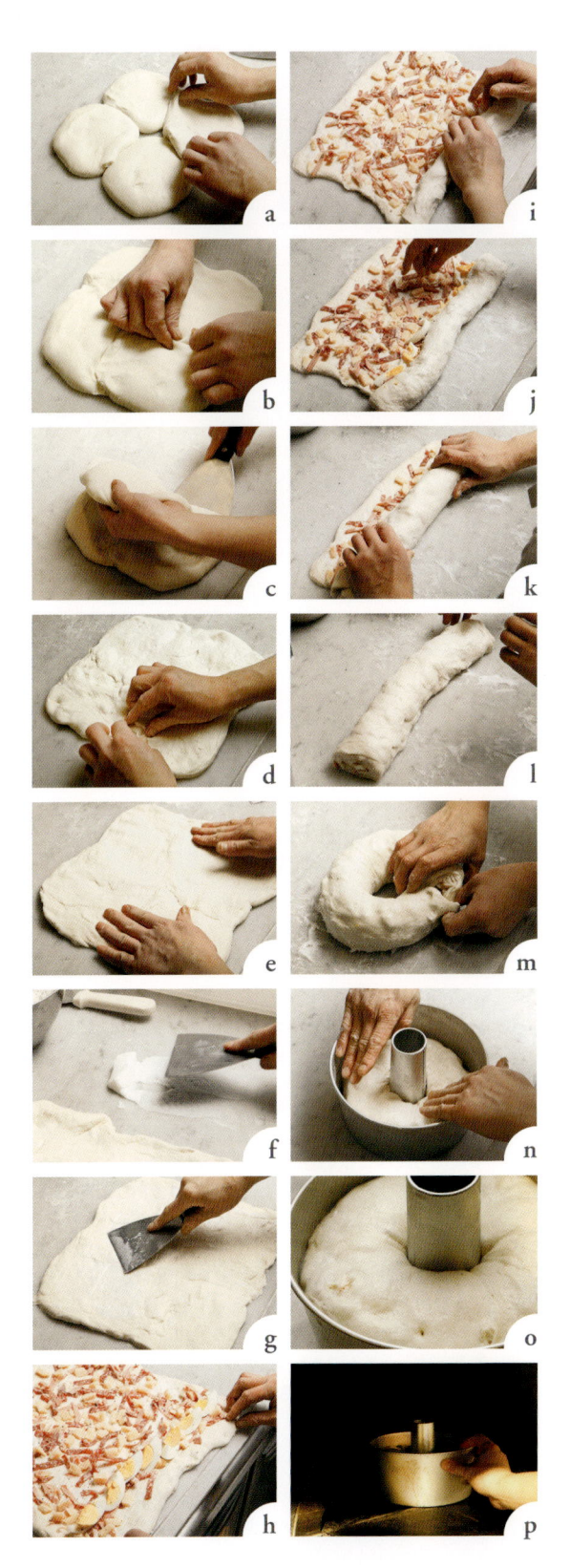

ingredienti　直径21cmリング型1台分

ピッツァ生地　4玉（920g）
ゆで卵　2個
サラミ　50g
モルタデッラ　50g
プローヴォラ（P71）　100g
粗挽き黒コショウ　2つまみ
ラード　70g

preparazione
● ゆで卵は縦8つにカットする。
● サラミは5mm幅にカットする。
● モルタデッラも5mm幅にカットする。
● プローヴォラは1cm大にカットする。

ricetta

1 生地4玉を少しずつ縁を重ねながら並べ〔a〕、生地のつなぎ目をくっつけて1枚にする〔b〕。ひっくり返し〔c〕、裏も継ぎ目をきれいにくっつける〔d〕。これを麺棒で縦30cm×横40cmの長方形に延ばす〔e〕。

2 ラードを台上におき、スケッパーで練って柔らかくしてから〔f〕、**1**の両面にぬる〔g〕。ラードをリング型と型の中心部分にもしっかりとぬる。

3 サラミとモルタデッラ、プローヴォラをまんべんなくのせ、黒コショウをふる。

4 手前から3cmくらいのところに、ゆで卵の半量を一列に並べる〔h〕。

5 手前からひと巻きし〔i〕、残りのゆで卵を一列に並べ〔j〕、最後まで巻く〔k・l〕。巻き終わりをくっつける。

6 リング形にし、片端の生地の中にもう一方の端を入れ込み〔m〕、継ぎ目をきれいにくっつける。

7 リング型に入れ〔n〕、表面を平らに整える。

8 ラップをふんわりとかけ、生地が2倍に膨らむまで、暖かいところで3〜4時間発酵させる〔o〕。

9 200℃の窯で約40分焼く〔p〕。型ごと冷ます。

nota
● 提供する時はカットして、まず窯の入口外で少し温めてから、低温度のところで両面を焼いて切り口に焼き色をつける。

ロゼッテ *Rosette*

ingredienti　8個分
ピッツァ生地　1玉（230g）
チャンフォッタ（P116）　適量
塩　少量
パルミジャーノ　適量

preparazione
● チャンフォッタはP116と同様に準備しておく。

ricetta
1 生地を通常通りに丸く延ばしてから〔a〕、奥側の両端をつまんで持ちあげ〔b〕、生地の重みを利用して広げる。手前側も同様にして延ばし、丸形から角をだして縦18cm×横25cmの四角形にする〔c〕。縁は指で押して薄くする。
2 チャンフォッタを全体にのせ、塩とパルミジャーノをふる〔d〕。
3 手前から巻き〔e〕、巻き終わりをくっつける。とじ目を下にし、スケッパーで8等分にカットする〔f〕。
4 パイ皿に切り口を上にして並べる〔g〕。
5 窯のちょうど入口あたりに入れ、回転パーラでパイ皿を回転させながら均等に焼き色をつける〔h〕。

nota
● ロゼッテは小さなバラという意味。ピッツァの前に小腹を満たすために、前菜やおつまみとして食べられる。
● そのつど焼くのではなく、営業前に焼いておく。

ボッコンチーニ ディ ダーマ　*B*occoncini di dama

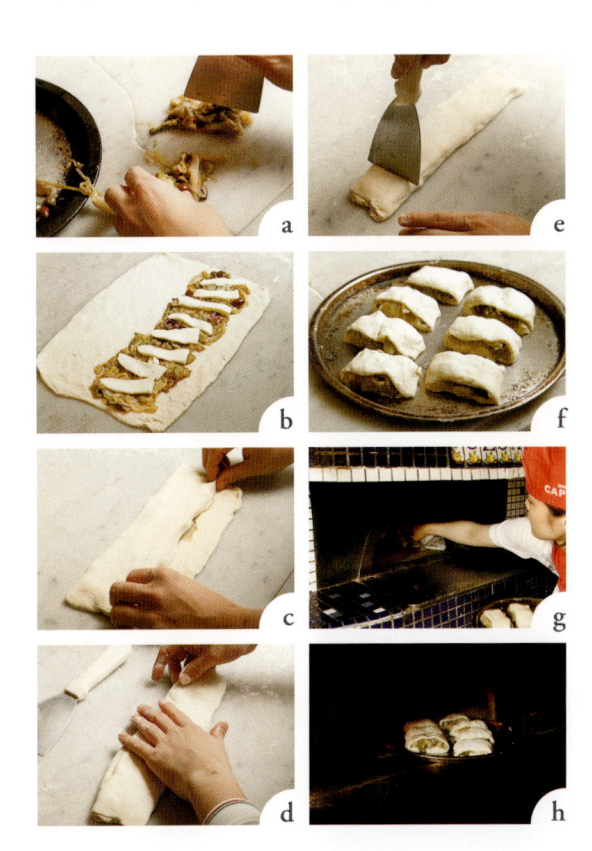

ingredienti　6個分
ピッツァ生地　½玉（115g）
スカローラ アッフォガータ（P116）　適量
フィオル・ディ・ラッテ　適量

preparazione
● スカローラ アッフォガータはP116と同様に準備する。
● フィオル・ディ・ラッテはP44と同様に準備する。

ricetta
1 P104「ロゼッテ」**1**と同様に成形し、生地を縦18cm×横25cmの長方形に延ばす。
2 手前を約3cmあけ、手前半分にスカローラ アッフォガータをスケッパーで食べやすい長さにカットして〔**a**〕のせる。フィオル・ディ・ラッテものせる〔**b**〕。
3 奥側から生地を手前に折りたたみ〔**c**〕、手前からも折りたたみ、生地を延ばしながらとじ目をよくくっつける〔**d**〕。
4 ひっくり返してとじ目を下にし、スケッパーで7等分にカットする〔**e**〕。
5 パイ皿に並べる〔**f**〕。
6 窯の入口あたりに入れ〔**g**〕、パイ皿を回転させながら、途中裏返して軽く色づくまで焼く〔**h**〕。

nota
● バールなどでもよくみかける人気メニュー。これも営業前に焼いておくといい。

パニーノ　*P*anino

ピッツァ生地と窯があれば、
ものの数分でパンも焼くことができる。
ピッツェリアのパニーノサンドは
別名「ジンガラ Zingara」と呼ばれ、
ランチタイムの営業があるピッツェリアでは
手軽に食べられるジンガラのランチが定番だ。

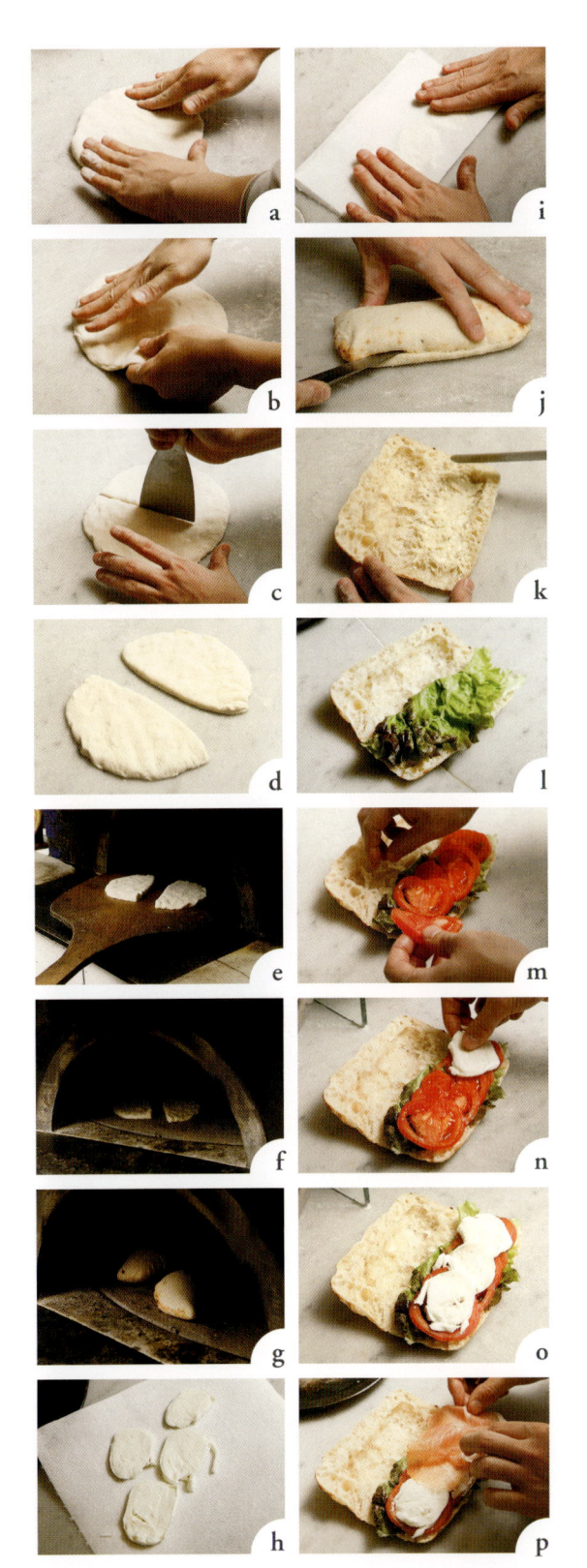

ingredienti　2個分

ピッツァ生地　1玉（230g）
フィリング
　マヨネーズ　適量
　サニーレタス　1枚/1個
　トマト　40g/1個
　モッツァレッラ　40g/1個
　プロシュット・クルード　2枚/1個

ricetta

1 生地を縁まで薄めに延ばす〔**a・b**〕。ただし薄くなりすぎないように、指先を上のほうに反らせた状態で縁のほうまで延ばす。
2 スケッパーで半分にカットする〔**c・d**〕。
3 窯の入口を入ったあたりに入れ〔**e・f**〕、途中一度裏返し、軽く焼き色がつくまで焼く〔**g**〕。冷ましておく。
＊生地の焼成までは営業前の余熱が残った温度の低い窯でしておき、オーダーが入ったらフィリングをはさむ。

preparazione

● サニーレタスは適当な大きさに切る。
● トマトはスライスする。
● モッツァレッラは3〜4mm厚さにカットし、ペーパーで軽くはさんで水気をふきとる〔**h・i**〕。

servizio

4 オーダーが入ったら、**3**のパーネをナイフで切り離さないように上下に切り開く〔**j**〕。
5 マヨネーズをぬり〔**k**〕、サニーレタス〔**l**〕、トマト〔**m**〕、モッツァレッラ〔**n・o**〕、プロシュット・クルードをサンドする〔**p**〕。

nota

● P100の大きな「パーネ」とちがい、この小さなパニーノは発酵をとらずにすぐに焼くことができる。テーブルパンとして焼きたてを提供してもいい。
● ボッカ・デル・フォルノ前の鉄板にしばらく置き、少し温めてから提供してもいい。

サルティンボッカ *Saltimbocca*

フォカッチャ *Focaccia*

マサニエッリ *Masanielli*

結び目をつくって揚げたピッツァ生地と
チェリートマト、ルーコラをオリーブオイルで和えた、
ナポリのピッツァイオーロの創造力あふれる一品。

サルティンボッカ　Saltimbocca

ingredienti　2個分
ピッツァ生地　1玉（230g）
フィリングA
　パルミジャーナ ディ メランザーネ（P131）　適量
　モッツァレッラ　適量　　パルミジャーノ　適量
フィリングB
　フリアリエッリ　適量　　プローヴォラ（P71）　適量
　サルシッチャ（P135）　適量

preparazione
● フィリングAのパルミジャーナ ディ メランザーネはP131、モッツァレッラはP44と同様に準備する。
● フィリングBのフリアリエッリはP71と同様に準備する。プローヴォラはP44「モッツァレッラ」と同様に準備する（水切りは不要）。サルシッチャはゆでるか素揚げして火を通し、薄くカットする。

ricetta
1　生地を半分にカットし、角と角を合わせてつなぎ目を指でつまんでしっかりとくっつけ、丸く形を整える。それぞれ少しだけ延ばす〔a〕。
2　窯に入れ〔b〕、軽く焼き色がつくまで焼く〔c〜e〕。
3　あら熱がとれたら、ナイフで奥側を5cmほど残して切り目を入れる〔f〕。上側はフタになるので、下側よりも少し薄めにする。切り離さずに上下を開く〔g・h〕。
4　フィリングA。3にパルミジャーナ ディ メランザーネ〔i〕、モッツァレッラをのせ〔j〕、パルミジャーノをたっぷりとふる〔k〕。生地を開いたまま窯の入口前の鉄板の上で温めてモッツァレッラを溶かす〔l〕。
5　フィリングB。3にフリアリエッリ〔m〕、プローヴォラ〔n〕、サルシッチャをのせる〔o〕。生地を開いたまま窯の入口前の鉄板の上で温めてプローヴォラを溶かす〔p〕。
6　上側を閉じ、窯入口を入ったあたりで表面をカリッと焼いて提供する。

nota
● 「口に飛び込む」という名のナポリ風ホットサンド。アレンジは自由自在でバリエーションは豊富。
● 成形で生地の空気をなるべく抜かずに、ふっくらと焼きあげる。

フォカッチャ Focaccia

ingredienti 1枚分
ピッツァ生地　1玉（230g）
エクストラバージンオリーブオイル　3g
塩　1つまみ
オレガノ　2つまみ
パルミジャーノ　6g

ricetta
1 生地を延ばす。空気を抜きながら、指先で縁まで押して薄く延ばす〔a〜c〕。
2 オリーブオイルをかけ〔d〕、手でぬり広げる〔e〕。塩、オレガノ〔f〕、パルミジャーノをふる。
3 木製パーラに移し、膨らまないようにスケッパーの角でさして全体的に空気穴をあける〔g〕。
4 窯に入れ、ピッツァと同じ要領で回転パーラで向きを変えながらこんがりと焼く〔h〕。
5 ピッツァカッターでカットしてサービスする。

nota
● パンのかわりや、おつまみとして提供する。
● しっかりめに焼いてサクサクした食感にする。
● 同様に生地を延ばし、ラード、バジル、ペコリーノをトッピングして焼けば、最古のピッツァ「マストゥニコーラ Mastunicola」となる。

マサニエッリ Masanielli

ingredienti 1皿分
ピッツァ生地　½玉（115g）
ルーコラ　10g
塩、黒コショウ　各適量
チェリートマト　10個
エクストラバージンオリーブオイル　適量
パルミジャーノ　適量
揚げ油　適量

preparazione
● チェリートマトは4等分にカットする。

1 生地を半分にカットし、それぞれスケッパーで8等分に細長くカットする〔a〕。
2 1個ずつ両端を持って細長く延ばし〔b〕、軽くねじりながら結ぶ〔c・d〕。
3 両端を持って引っ張って延ばしながら〔e〕、180℃のオイルに入れて素揚げする。すぐにキツネ色に揚がる〔f〕。
4 皿に揚げたての3、ルーコラをのせ〔g〕、塩、コショウをふる。チェリートマトをのせ、オリーブオイルをかける〔h〕。パルミジャーノを削りかける。

nota
● 生地を結ばずにそのまま揚げ、パルミジャーノなしで仕上げると「アンジョレッティ Angioletti」と名が変わる。

CESARI

ナポリの定番アンティパスト
*A*ntipasti napoletani

　本来、ピッツェリアはピッツァと揚げ物数品の簡素な店だったが、今ではナポリでもよほど伝統的なアンティカ・ピッツェリアを謳う店以外は、アンティパストを置いている店が多くなった。メニューの数は店によりさまざま。つくりおきできる簡単なアンティパスト数品だけの店もあれば、よりレストランとしての要素が強いピッツェリア・トラットリアやピッツェリア・リストランテでは、アンティパストもかなり充実している。

　ここではピッツァイオーロでもつくれるような、あまり手のかからないアンティパストを取りあげた。営業中はピッツァを焼くことに集中するため、仕込みおきができ、常温で提供する料理がほとんどで、生地やトッピングの準備の合間に片手間でもつくれるものばかりだ。

　ナポリは漁港がある町で天候にも恵まれているので、日本のように食材がよく、野菜も魚介類も鮮度のいいものが手に入る。だからこそあれこれ手をかけなくても、シンプルな調理で素材を生かしたおいしい料理がつくれる土地柄なのだ。アンティパストの中心は野菜料理で、ナス、パプリカ、ズッキーニなどのごくありふれた野菜をさまざまにアレンジする。日本では野菜の歯ごたえを生かすために火入れを浅くすることが多いが、イタリアの野菜料理はしっかり火を通すことにより、その持ち味を引きだすのが特徴だ。魚介料理はタコやイカ、ムール貝、アサリなどを極力余計な味つけは加えずに、シンプルにビネガーとオリーブオイルで味つけしている。リチェッタの味つけは日本向けにアレンジせず、ナポリの味のままである。

　ピッツェリアで人気のあるアルコールはビールだが、前菜をある程度メニューにとり入れるのならば、カンパニア州産のワインをリストに入れるといいだろう。同じ土地のものは相性がいいから、アンティパストをさらにおいしくしてくれるにちがいない。

ペペロンチーニ ヴェルディ
イン パデッラ

*P*eperoncini verdi in padella

スカローラ アッフォガータ

*S*carola affogata

ズッキーネ アッラ スカペーチェ

*Z*ucchine alla scapece

チャンフォッタ

*C*ianfotta

ププァロール *Puparuol*	フリット ミスト ディ ヴェルドゥーレ *Fritto misto di verdure*
インサラータ ディ カボルフィオーレ *Insalata di cavolfiore*	カルチョフィ イン パデッラ *Carciofi in padella*

ペペロンチーニ ヴェルディ イン パデッラ
Peperoncini verdi in padella

ingredienti　つくりやすい量
シシトウ　200g　　チェリートマト30個
オリーブオイル　30g　　ニンニク　2かけ
バジル　4枚　　塩　適量
揚げ油　適量

preparazione
● シシトウは200℃の油で2分ほど素揚げする。
● チェリートマトは縦半分にカットする。
● ニンニクは厚めにスライスする。

ricetta
1　フライパンにオリーブオイルとニンニク、チェリートマトを入れ、火にかけて軽く煮る。
2　チェリートマトに火が入って煮くずれてきたら、シシトウとバジルを加えて軽く火を通し、塩で味をととのえる。

ズッキーネ アッラ スカペーチェ
Zucchine alla scapece

ingredienti　つくりやすい量
花つきズッキーニ　250g
白ワインビネガー　35g
エクストラバージンオリーブオイル　20g
ニンニク　½かけ　　ミント　6枚
塩　適量　　揚げ油　適量

preparazione
● ズッキーニは5mm厚さに斜めにスライスし、200℃のオイルで素揚げする＝A。揚げすぎず、適度な食感を残す。
● ニンニクはスライスする。

ricetta
1　白ワインビネガー、オリーブオイル、ニンニク、ちぎったミントを合わせる。
2　Aのズッキーニのあら熱がとれたら、1に漬ける。塩で味をととのえる。

nota
● ナポリではズッキーニの花の根元についている小さなズッキーニを使うが、手に入らなければふつうのズッキーニでつくる。その場合は厚さ3～4mmの輪切りにする。

スカローラ アッフォガータ
Scarola affogata

ingredienti　つくりやすい量
スカローラ　1kg　　オリーブオイル　100g
ニンニク　2かけ　　ケッパー（塩漬け）　50g
松の実　20g　　レーズン　20g
ガエタオリーブ　90g　　塩　適量

preparazione
● スカローラはため水で洗いながら、葉を分ける。お湯を沸かして4、5分ゆでてから、塩（分量外）を加え、透明感がでるまでゆでる。
● ニンニクはスライスする。
● ケッパーは浸るほどの水に半日漬けて塩抜きする。
● 松の実は窯の温度の低いところで軽くローストする。
● ガエタオリーブは種を抜く。

ricetta
1　フライパンにオリーブオイル、ニンニクを入れて炒めて香りをだし、ケッパー、松の実、レーズンを加える。
2　スカローラを加え、水分を飛ばしながら炒め煮する。オリーブを加え、塩で味をととのえる。

nota
● スカローラはイタリア料理ではポピュラーな葉野菜で、チコリの一種。下ゆでしていろいろな料理に使える。

チャンフォッタ *Cianfotta*

ingredienti　つくりやすい量
ナス　1本　　ズッキーニ　1本
赤パプリカ　½個　　黄パプリカ　½個
揚げ油　適量

preparazione
● 材料すべてを1cm角にカットする。

ricetta
1　野菜をそれぞれ180℃のオイルで素揚げする。
2　ザルにあげて油を切る。
3　油が切れたら、すべてを混ぜ合わせる。

nota
● カポナータやラタトゥイユに似ているが、別物の料理で、野菜を同じ大きさに切って素揚げしたもの。このまま食べず、いろいろな料理の材料として使うことが多いのであえて塩で調味しない。

ププァロール
Puparuol

ingredienti つくりやすい量
赤・黄パプリカ 各3個　ニンニク 3かけ
エクストラバージンオリーブオイル 100g
ケッパー（塩漬け） 20g　ガエタオリーブ 40g

preparazione
● パプリカは種と白ワタ部分を取りのぞき、乱切りにする。
● ニンニクはつぶす。
● ケッパーは浸るほどの水に半日漬けて塩抜きする。
● ガエタオリーブは種を抜く。

ricetta
1 フライパンにニンニクとオイーブオイルを入れ、火にかけて香りをだす。パプリカ、ケッパーを入れてフタをし、中火で火を入れる。途中焦げそうになったら、水を少し足す。
2 パプリカに火が通ったら、オリーブを加え、フタをして少し煮てなじませる。

nota
● ププァロールはナポリの古い言い回し。正式なイタリア語ではペペローニ ア コローリ イン パデッラ（Peperoni a colori in padella）という。
● 塩などの調味料は入れずに、ケッパーとオリーブの塩分だけでパプリカの甘みを引きだす。

フリット ミスト ディ ヴェルドゥーレ
Fritto misto di verdure

ingredienti つくりやすい量
ズッキーニ 1本
ナス 1本
ニンジン 1本
玉ネギ 1個
小麦粉 適量
揚げ油 適量

preparazione
● ズッキーニ、ナス、ニンジンは10cm長さ×5mm角にカットする。玉ネギは輪切りにしてほぐす。これらをそれぞれ強めの塩水に6時間漬ける＝A。

ricetta
1 Aをザルにあげて水気をよく切る。
2 1に小麦粉をまんべんなくまぶす。
3 180℃のオイルでそれぞれカラリと揚げる。

nota
● オーダーのたびに野菜の水気を切って揚げ、揚げ立てを提供する。

インサラータ ディ カボルフィオーレ
Insalata di cavolfiore

ingredienti つくりやすい量
セロリ 1本　ニンジン ½本
カリフラワー 1個　レモン ½〜1個
エクストラバージンオリーブオイル 25g
白ワインビネガー 100g　ニンニク 2かけ
塩 適量

preparazione
● セロリは長さ5cm、幅5mmにカットする。ニンジンは長さ5cm、幅3mm位にカットする。それぞれ水にさらしておく。
● カリフラワーは小房に分け、塩（分量外）を入れたお湯で約1分ゆでる。氷水にとりだして水を切り、一口大にさく。
● ニンニクはスライスする。

ricetta
1 レモンを絞り、オリーブオイル、白ワインビネガー、ニンニク、塩と合わせる。
2 1でセロリ、ニンジン、カリフラワーを和える。

カルチョフィ イン パデッラ
Carciofi in padella

ingredienti 10個分
カルチョフィ 5個
ニンニク 1かけ
オリーブオイル 30g
ケッパー（塩漬け） 20g
ガエタオリーブ 30g

preparazione
● カルチョフィは生を下処理して素揚げするか、オイル漬けの市販品を使う。
● ニンニクはみじん切りにする。
● ケッパーは浸るほどの水に半日漬けて塩抜きする。
● ガエタオリーブは種を抜く。

ricetta
1 フライパンにニンニクとオリーブオイルを入れ、弱火にかけて香りをだす。ニンニクに色がついてきたら、ケッパーとカルチョフィを入れ、フタをして中火で煮る。
2 3分ほど煮たら、カルチョフィの上下を返し、オリーブを入れ、フタをしてさらに煮る。

インボルティーニ ディ メランザーネ
Involtini di melanzane

メランザーネ ア スカルポーネ
Melanzane a scarpone

カルチョフィ リピエニ
Carciofi ripieni

ズッキーネ リピエネ
Zucchine ripiene

インボルティーニ ディ メランザーネ
Involtini di melanzane

ingredienti 10個分
ナス　6本　　プローヴォラ（P71）　80g
プロシュット・コット　60g　　バジル　10枚
パン粉　適量　　揚げ油　適量

preparazione
● ナスは皮をむかずにをピーラーで縦にスライスし、海水程度の塩水に入れ、ペーパータオルをかぶせて30分アク抜きする。180℃のオイルで素揚げする。バットにザルを逆さにおき、重ならないように並べて1日おき、油をしっかりと切る（→P131「パルミジャーナ ディ メランザーネ」）＝A。
● プローヴォラはP44と同様に準備する。
● プロシュット・コットは長さ2cm×幅3mmに切る。

ricetta
1 Aのナス3枚を少しずつ重ねて縦に並べ、バジル1枚、プローヴォラ、プロシュット・コットを順にのせる。手前から巻く。
2 天板に巻き終わりを下にして並べ、パン粉を少量ふる。
3 窯の入口を入ったあたりに入れて約10分焼く。

メランザーネ ア スカルポーネ
Melanzane a scarpone

ingredienti 6個分
ナス（太め）　3本　　揚げ油　適量
フィリング
　ナス　1本　　ズッキーニ　1本
　赤パプリカ　1/2個　　黄パプリカ　1/10個
　プロシュット・コット　100g　　全卵　1個
　パルミジャーノ　40g　　塩　適量

preparazione
● ナス3本は縦半分に切り、皮から約5mmを残して内側をくりぬく。海水程度の塩水に入れ、全体が浸かるようにペーパータオルをかぶせて30分アク抜きする。
● 上記のナスのくりぬいた部分、フィリング用のナス、ズッキーニ、赤・黄パプリカを1cm角にカットする。これらを素揚げする＝A。チャンフォッタ（P116）を使ってもいい。ナスの外側も素揚げする＝B。
● プロシュット・コットはみじん切りにする。

ricetta
1 A、プロシュット・コット、全卵、パルミジャーノ、塩を混ぜ合わせてフィリングをつくる。
2 Bに1を80gずつのせ、天板に並べる。
3 窯の入口を入ったあたりに入れて約10分焼く。

nota
● "大きな靴 Scarpone"に入ったナスの料理。バルケッテ Barchette（小舟の意味）ともいう。

カルチョフィ リピエニ
Carciofi ripieni

ingredienti 10個分
カルチョフィ　10個
フィリング
　リコッタ　200g　　プロシュット・コット　30g
　パルミジャーノ　40g　　全卵　2個
　塩　適量

preparazione
● カルチョフィは生を下処理してからボイルするか、もしくは水煮の市販品を使う。下部をカットして平らにし、芯の柔らかい部分を取りはずし、フィリングを詰めやすいように広げておく。取りだした芯部は細かく刻む。
● プロシュット・コットは3mm角にカットする。

ricetta
1 リコッタ、プロシュット・コット、パルミジャーノ、全卵、塩、カルチョフィの芯を混ぜてフィリングをつくる。
2 1を丸口金をつけた絞り袋に入れ、カルチョフィに35～40gずつ絞り入れる。
3 天板に並べ、窯の入口を入ったあたりに入れて焼き色がつくまで約10分焼く。

ズッキーネ リピエネ
Zucchine ripiene

ingredienti 20個分
ズッキーニ　5本　　揚げ油　適量
フィリング
　リコッタ　200g　　全卵　2個
　パルミジャーノ　40g　　プロシュット・コット　30g
　塩　適量

preparazione
● ズッキーニを横半分、さらに縦半分に切る。皮から3mmを残して内側をナイフかくりぬき器でくりぬく。鍋に水と塩少量を入れ、このズッキーニを水から5分ゆでる。お湯を切り、ひとつずつ手で握って水気を絞り、ペーパーの上でしっかり水気を切る＝A。
● くりぬいたズッキーニを5mm角に切り、素揚げする＝B。
● プロシュット・コットは3mm角にカットする。

ricetta
1 リコッタ、全卵、パルミジャーノ、プロシュット・コット、Bを混ぜ合わせ、塩で味をととのえてフィリングをつくる。
2 丸口金をつけた絞り袋に入れ、Aに20gずつ絞り入れる。
3 天板に並べ、窯の入口を入ったあたりに入れて焼き色がつくまで約8分焼く。

サルモーネ *Salmone*

ペッシェ スパーダ *Pesce spada*

ペッシェ マリナート *Pesce marinato*

トンノ *Tonno*

アリーチ *Alici*

ポリペッティ アッフォガーティ
Polipetti affogati

ポリポ アル インサラータ
Polipo all'insalata

インサラータ ディ マーレ
Insalata di mare

フリットゥーラ ディ ペッシェ
Frittura di pesce

サルモーネ マリナート
Salmone marinato

ingredienti 6〜8切れ分
サーモン　140g
下漬け
　白ワインビネガー　適量　　塩　適量
マリネ液
　レモン　1個
　エクストラバージンオリーブオイル　150㎖
　ニンニク　1かけ　　塩　3g
　玉ネギ　¼個　　イタリアンパセリ　適量

ricetta
1 サーモンは厚さ5mmくらいに6〜8枚切る。
2 平らな容器にサーモンが浸るくらいの白ワインビネガーと塩を入れ、1のサーモンを漬ける。表面が白くなったら取りだし、ペーパータオルで汁気をふきとる。
3 レモンを絞り、オリーブオイル、スライスしたニンニク、塩を合わせてマリネ液をつくる。
4 3で2のサーモンをマリネする。
5 皿に盛りつけ、マリネ液をかけ、玉ネギのスライス、刻んだイタリアンパセリで仕上げる。

nota
● 2の下漬けは、すぐ用意したい場合は上記の通りだが、時間がある場合は水を加えて薄め、3時間ほど漬ける。

ペッシェ スパーダ マリナート
Pesce spada marinato

ingredienti 6〜8切れ分
メカジキ　140g
下漬け、マリネ液　「サルモーネ」と同じ
黒コショウ　20粒　　イタリアンパセリ　適量

ricetta
1 「サルモーネ」1〜4と同様にし、黒コショウ、刻んだイタリアンパセリで仕上げる。

トンノ マリナート *Tonno marinato*

ingredienti 6〜8切れ分
マグロ　140g
下漬け、マリネ液　「サルモーネ」と同じ
ピンクペッパー　20粒　　イタリアンパセリ　適量

ricetta
1 「サルモーネ」1〜4と同様にし、ピンクペッパー、イタリアンパセリの葉で仕上げる。

アリーチ マリナーテ
Alici marinate

ingredienti 14尾分
イワシ　14尾
下漬け、マリネ液　「サルモーネ」と同じ
イタリアンパセリ　適量　　レモンスライス　適量

ricetta
1 イワシは頭を取り、内臓や血合いをきれいに取りのぞき、開く。
2 「サルモーネ」2〜4と同様にし、刻んだイタリアンパセリ、レモンスライスで仕上げる。

ポリペッティ アッフォガーティ
Polipetti affogati

ingredienti つくりやすい量
イイダコ　6杯
玉ネギ　30g
ニンジン　20g
セロリ　20g
ニンニク　5g
オリーブオイル　10g
白ワイン　20g
トマトソース　90g
ガエタオリーブ　6個

preparazione
● イイダコは墨袋や目、クチバシを取りのぞいて下処理し、たっぷりの塩でしごくようにしてもんでぬめりをきれいにとる。塩を洗い流す。
● 玉ネギ、ニンジン、セロリ、ニンニクはみじん切りにする。
● トマトソースはP46と同様に準備する。
● ガエタオリーブは種を抜く。

ricetta
1 鍋にニンニクとオリーブオイルを入れて火にかけ、香りが立ってきたら、イイダコと野菜を入れ、野菜からでてくる水分を飛ばしながらしっかり炒める。
2 野菜の水分が少なくなったら、白ワインを加えてアルコール分を飛ばす。
3 白ワインが煮詰まったら、トマトソースとオリーブを加え、イイダコが柔らかくなるまで煮る。

nota
● 通称"溺れダコ"と呼ばれるトマト煮込み。ナポリの名物料理のひとつ。

インサラータ ディ マーレ
*I*nsalata di mare

ingredienti　つくりやすい量
イカ　300g　　タコ　170g
エビ　7尾　　ムール貝　7個
アサリ　17個
マリネ液
　レモン　2個
　エクストラバージンオリーブオイル　100㎖
　ニンニク　2かけ　　塩　8g
　イタリアンパセリ　適量　　レモンスライス　適量

preparazione
● イカは内臓を取りだして掃除し、皮をむき、1cm幅に切る。
● タコは食べやすい大きさにカットする。
● エビは背ワタを抜きとり、ヒゲをはずす。
● ムール貝とアサリは砂抜きする。

ricetta
1 たっぷりの水に塩（分量外）を入れて沸かし、イカ、タコ、エビ、ムール貝、アサリをそれぞれゆで、氷水にとりだして熱をとる。
2 レモンを絞り、オリーブオイル、スライスしたニンニク、塩を合わせてマリネ液をつくる。
3 1のイカ、タコ、エビを2で和え、皿の中央に盛る。
4 ムール貝とアサリはひとつずつマリネ液にくぐらせ、3のまわりに盛りつける。
5 マリネ液を回しかけ、イタリアンパセリ、レモンスライスを飾る。

nota
● 魚介類をゆでるお湯は、しっかり塩味を感じる塩加減にする。

ポリポ アル インサラータ
*P*olipo all'insalata

ingredienti　つくりやすい量
タコ　500g
マリネ液
　レモン　1個
　エクストラバージンオリーブオイル　50㎖
　ニンニク　1かけ　　塩　4g
イタリアンパセリ　適量　　レモンスライス　適量

preparazione
● タコの下処理をする。タコの目とクチバシ、内臓を取りのぞく。たっぷりの塩でもんでぬめりやよごれをしっかり落とし、水で洗い流し、さらに塩を使わずにもむ。これを何回かくり返し、ぬめりがとれたらザルにあげる。

ricetta
1 たっぷりのお湯を沸かして塩（分量外）を入れ、タコを柔らかくなるまでゆでる。
2 冷ましてから、7mm幅くらいにカットする。
3 レモンを絞り、オリーブオイル、スライスしたニンニク、塩を合わせてマリネ液をつくる。
4 3で2のタコを和える。
5 マリネ液をかけ、レモンスライスを飾り、刻んだイタリアンパセリをふる。

フリットゥーラ ディ ペッシェ
*F*rittura di pesce

ingredienti　つくりやすい量
イカ　½杯　　エビ　2尾　　イワシ　2尾
衣
　全卵　1個　　小麦粉　100g
　塩　少々　　水　適量
揚げ油　適量　　レモン　適量

preparazione
● イカは内臓を抜いてきれいにする。胴は1cm幅の輪切りにし、脚は5等分にカットする。
● エビは背ワタとヒゲを取りのぞく。
● イワシは頭を落とし、内臓を取りだしてきれいにする。

ricetta
1 全卵と小麦粉、塩を合わせて衣をつくり、手ですくうと流れ落ちる硬さになるように水を適宜加えて調節する。
2 イカ、エビ、イワシを1の衣にくぐらせ、180℃に熱したオイルで揚げる。
3 レモンを添える。

フリッタータ ディ マッカルン
Frittata di maccarun

トリッパ サーレ リモーネ
Trippa sale-limone

トルタ ルスティカ　Torta rustica

イタリアの塩味トルタの定番。田舎風という名の通り素朴で、リコッタ、ハム、サラミのリピエノを詰めて焼く。パスタ・フロッラという甘いタルト生地と、塩味のフィリングの組合せが病みつきになる。

フリッタータ ディ マッカルン
Frittata di maccarun

ingredienti　直径30cm 1台分
スパゲッティ　500g
全卵　6個
パルミジャーノ　100g
塩　少々
オリーブオイル　適量

ricetta
1 スパゲッティをゆでる。
2 全卵、パルミジャーノ、塩を混ぜる。
3 2に1を入れて混ぜる。
4 直径30cmのフライパンにオリーブオイルを1cm弱入れて火にかける。3を流し入れ、フタをして弱火にする。
5 底が固まるまで焼けたら、ひっくり返す。フタをかぶせてフライパンごとひっくり返して中身をフタに移し、そのままフタからすべらせるようにフライパンにもどすといい。
6 裏面もカリッとするまで焼く。
7 皿にとりだし、表面の余分なオイルをペーパーでふきとる。

nota
● ナポリで生まれたクチーナ・ポーヴェラ Cucina povera（貧乏人の料理）なので、伝統的に卵はスパゲッティが固まるギリギリの最小量だけを使う。
● フリッタータ ディ スパゲッティ Frittata di spaghetti やフリッタータ ディ マッケローニ Frittata di maccheroni ともいう。

トリッパ サーレ リモーネ
Trippa sale-limone

ingredienti　1皿分
牛ハチノス　25g　　牛センマイ　25g
牛アキレス腱　25g　　豚胃　25g
豚ミノ　25g
香味野菜　適量
（ニンジンの皮、セロリの葉、イタリアンパセリの軸など）
黒粒コショウ　適量　　塩　適量
イタリアンパセリ　適量　　ラディッキオ　適量
エクストラバージンオリーブオイル　適量
レモン　適量　　塩　適量

ricetta
1 まず臓物を下ゆでする。鍋にたっぷりの水を入れ、それぞれ水からゆでる。
2 沸いたら取りだし、原塩（分量外）と水でもみ洗いしてよごれやぬめりをしっかりと落とす。
3 別の鍋にたっぷりの水、香味野菜、黒粒コショウ、塩を入れて沸かし、2の臓物を入れて1時間半～2時間かけて柔らかくなるまでゆでる。アキレス腱は硬いので4時間を目安にゆでる。
4 お湯を切って冷ましてから、3cmほどのざく切りにする。
5 イタリアンパセリ、ラディッキオを飾り、オリーブオイルをふりかけ、レモンと塩を添える。

nota
● シンプルにゆであげた臓物に塩とレモン汁をふりかけて紙で包み、そのまま手でつまんで食べるナポリの定番屋台料理。これをアンティパストにアレンジした一品。

トルタ ルスティカ *Torta rustica*

ingredienti　直径25cmマンケ型1台分
パスタ・フロッラ（P147）　550g
フィリング
　リコッタ　300g
　フィオル・ディ・ラッテ　50g
　パルミジャーノ　60g
　プロシュット・コット　150g
　サラミ　50g
　全卵　2個
　塩　1g
　黒コショウ　1g
ぬり卵
　全卵　1個
　水　20ml

preparazione
● パスタ・フロッラをP147と同様に準備する。350g（型に敷き込む用）＝Aと、200g（上にかぶせてフタにする用）＝Bに分ける。使用する30分前に冷蔵庫からだして室温にもどしておく。

ricetta
1 Aのパスタ・フロッラを麺棒で直径35cm、厚さ5mmに延ばし、型に敷き込む〔**a**〕（→P147「パスタ・フロッラ」**5**、**6**）。冷蔵庫で1時間以上やすませる。
2 フィリングの材料を混ぜ合わせる〔**b**・**c**〕。フィオル・ディ・ラッテは1cm大にカットし、プロシュット・コットは1cm幅、サラミは5mm幅に切る。
3 **1**に**2**を縁から1cm下まで入れ〔**d**〕、平らに均す〔**e**〕。
4 Bのパスタ・フロッラを麺棒で直径27cm、厚さ3mmに延ばす〔**f**〕。麺棒で巻きとり〔**g**〕、**3**にかぶせる〔**h**・**i**〕。
5 手で軽く押さえてフィリングと生地をなじませてから〔**j**〕、指で押さえつけて縁に生地を貼りつける。
6 余分な生地をナイフで切り落とす〔**k**〕。
7 フォークの腹を縁に押しつけ〔**l**〕、生地と型を密着させながら、模様をつける。
8 上面にフォークでまんべんなくピケする〔**m**〕。
9 焼き縮みしないよう、冷蔵庫で最低30分やすませる。
10 ぬり卵の材料を合わせ、**9**の上面全体にハケでぬる〔**n**〕。
11 窯の250℃くらいのところに入れ〔**o**〕、まず約5分焼く〔**p**〕。
12 表面に色がつきはじめたら、ホイルをかぶせる。300℃くらいのところに移し、さらに約40分焼く。
13 焼きあがったら、型ごと冷ます。

nota
● 朝の余熱が残った低温の窯で焼く。
● 他に塩味系のトルタには、ほうれん草とリコッタを詰めた「トルタ スピナッチ Torta spinacci」もある。

128

薪窯で焼く料理
Piatti da forno a legna

　薪窯が活躍するシーンは、ピッツァを焼くだけではない。ナポリのピッツェリアでは、窯を料理にもよく利用している。

　薪窯は火を落としても、余熱の蓄熱で温度が急激には下がらない。P99のように石窯特有の輻射熱は素材の中から速くよく火を通し、素材の持ち味を引きだしてくれるのだ。要は朝の営業前の時間帯、ランチと夜の間の時間帯、夜の営業後の時間帯と、薪窯は余熱で何を焼いてもおいしくなる"万能オーブン"状態になる。そんなすばらしいオーブンがあるのに、空っぽで中に何も入れずに遊ばせておくのはもったいない。ならば肉や魚を焼こう、野菜を焼こう、煮込みをつくろう、賄いを調理しよう…と考えるのが、ナポリのピッツァイオーロの気質というもの。そのための「あれこれ使う」創造力はとどまるところを知らない。

　だが「ピッツァ用の薪窯ではピッツァ以外を焼いてはならない」というマエストロもいる。その理由は、料理の液体が炉床にこぼれると、炉床が割れる原因になることがひとつ。これは調理に使う容器（鍋やバットなど）は深さがあるものを使い、けっして液体を窯内にこぼさないように十分に注意することで防ぐことができる。また、肉などの脂が多い食材を料理すると、その脂が煙突の煤に付着して火災を引き起こす原因になりかねない。そのため窯で料理をするのならば、通常は半年に1回の頻度で行なう煙突掃除を、こまめに3ヵ月に1回にするなどの配慮が必要となる。

　こういったマエストロの注意を理解して窯を使いこなせば、薪窯料理は"ピッツェリアならでは"の魅力あるメニューになりうる。

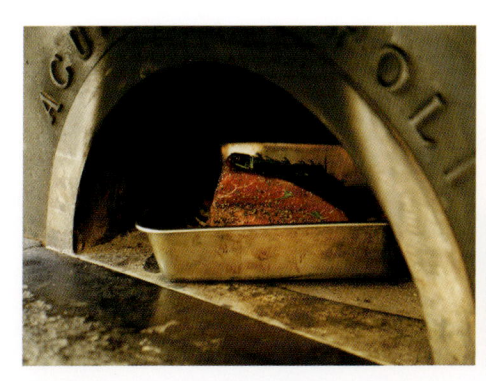

パルミジャーナ ディ メランザーネ
*P*armigiana di melanzane

ナスとトマトソース、モッツァレッラの重ね焼き。
"パルマの"と名づけられているが、ナポリ発祥の名物料理。
パルミジャーノ・レッジャーノを多用するためこの名がついた。

ingredienti　つくりやすい量
ナス　5本
トマトソース　480g
全卵　1個
フィオル・ディ・ラッテ　250g
パルミジャーノ　50g

preparazione
● ナスは皮をむき、海水程度の塩水に入れ、全体が浸かるようにペーパータオルをかぶせて30分アク抜きする〔a〕。縦に3〜4mm厚さにスライスし、180℃のオイルで素揚げする。バットにザルを逆さにおき、重ならないように並べて1日かけて油を切る〔b〕。
● トマトソースはP46と同様に準備する。これを全卵と混ぜる〔c〕＝A。
● フィオル・ディ・ラッテはP44と同様に準備する。

ricetta
1 耐熱皿（ステンレスやアルミなど）にAのソースを薄く広げる。
2 油を切ったナスを八の字に並べ、180度向きを変えて上にもう1段八の字に並べる。
3 ソースをぬり〔d〕、パルミジャーノをふり、フィオル・ディ・ラッテを並べる〔e〕。
4 さらにナスを斜め横に並べる〔f〕。
5 ソースをぬり広げ〔g〕、パルミジャーノをふり、フィオル・ディ・ラッテを並べる〔h〕。
6 皿の向きを縦向きに変え、さらにナスを横に並べる〔i〕。
7 最後にソースを多めにぬり〔j〕、パルミジャーノをたっぷりとふる〔k〕。
8 200℃の窯に入れ〔l〕、約20分かけて焼く。水分がかなりでてくるので、途中で窯からだし〔m〕、皿を傾けて水分を切る〔n〕。窯にもどしてしばらく焼き、もう一度だして水分を切り〔o〕、さらにこんがりと焼き色がつくまで焼く〔p〕。

nota
● 余熱が残っている低温の窯を利用して焼く。
● 焼き立ての熱々を食べる料理ではなく、一日おいて味がなじんでから常温で食べることが多い。窯で少し温めてもいい。
● ナスに卵を入れたパステッラ（P85）をつけて揚げ、ボリューミーな一品に仕上げることもある。
● ナスのかわりにズッキーニでつくるものや、アマルフィ地方の伝統菓子パルミジャーナ ディ メランザーネ アル チョッコラート Parmigiana di melanzane al cioccolato などバラエティーが豊富にある。

アクア パッツァ
*A*cqua pazza

チチニエッリ アル フォルノ
*C*icinielli al forno

コッツェ エ カペサンテ グラティナーテ
*C*ozze e capesante gratinate

スペッツアティーノ
コン パターテ
*S*pezzatino con patate

ロンツァ ディ マイアーレ
*L*onza di maiale

サルシッチャ
*S*alsiccia

アッロスト ディ マンゾ
*A*rrosto di manzo

アクア パッツァ
Acqua pazza

ingredienti 1尾分
鮮魚　1尾
（セイゴ、スズキ、タイ、ホウボウなど）
チェリートマト　15個　　水　適量
エクストラバージンオリーブオイル　約30g
塩　8g　　イタリアンパセリ　適量

preparazione
● 魚はウロコをひき、腹を開いてエラを取りのぞき、内臓などを取りだして掃除する。
● チェリートマトは半分にカットする。

ricetta
1 バットに魚を入れ、あいているところにチェリートマトも入れる。水をチェリートマトが浸るくらいまで入れ、オリーブオイルも入れ、塩をふる。尾ビレは焦げやすいのでアルミホイルで包む〔a〕。
2 窯に炎からなるべく離して入れて約10分火を入れる（魚の大きさにより加減）。
3 汁ごと盛りつけ、刻んだイタリアンパセリをふる。

nota
● パーネのスライスをカリカリに焼いて添える。

チチニエッリ アル フォルノ
Cicinielli al forno

ingredienti つくりやすい量
白魚　100g
エクストラバージンオリーブオイル　10g
ニンニク　1かけ　　イタリアンパセリ　適量
塩　3g　　白ワイン　15g
パン粉　1つまみ　　レモン　1/4個
イタリアンパセリ　適量　　レモンスライス　適量

ricetta
1 耐熱皿（ステンレスやアルミ）にオリーブオイルをひき、白魚を広げる。みじん切りにしたニンニクとイタリアンパセリをのせ、塩をふり、白ワインを全体に回しかける。
2 窯の入口を入ったあたりに入れ、白魚に少し火が入る程度に約2分焼く。
3 いったん取りだして全体にパン粉をふり、さらに約2分焼く。
4 焼きあがったら、レモンを絞る。イタリアンパセリ、レモンスライスで飾る。

コッツェ エ カペサンテ グラティナーテ
Cozze e capesante gratinate

ingredienti つくりやすい量
貝付ホタテ　4個　　ムール貝　6個　　黒コショウ　10粒
香草パン粉
　オリーブオイル　30g　　ニンニク　20g
　パン粉　100g　　塩　適量
　イタリアンパセリ　適量

ricetta
1 鍋にホタテ、ムール貝、ひたひたの水、黒コショウを入れてフタをして火にかける。貝が開いたら取りだす。残った汁は黒コショウを取りのぞいておく。
2 ホタテは貝柱をはずし、横半分にスライスする。貝殻を器にして貝柱をのせる。ムール貝は身がある側だけを残す。
3 フライパンにオリーブオイル、みじん切りにしたニンニクを入れて火にかけ、ニンニクが色づきはじめたら、パン粉、塩、刻んだイタリアンパセリを入れて炒め、1の汁で硬さを調節する。軽くまとまる程度のしっとりとしたパン粉にする。
4 2の上に3をそれぞれ身をおおうようにのせる。
5 窯に炎からなるべく離して入れ、パン粉の縁に焼き色がついてカリッとするまで焼く。

スペッツァティーノ コン パターテ
Spezzatino con patate

ingredienti つくりやすい量
牛バラ肉　1kg　　ジャガイモ　600g　　セロリ　100g
玉ネギ　100g　　ニンジン　65g
オリーブオイル　30g　　赤ワイン　150g　　塩　10g
ローズマリー　1/3本　　ナツメグ　1g弱
トマトソース　250g

preparazione
● 牛バラ肉、ジャガイモは3cm角に切る。セロリ、玉ネギ、ニンジンはスライスする＝A。
● トマトソースはP46と同様に準備する。

ricetta
1 バットにオリーブオイルをひき、トマトソース以外の材料を入れる。
2 200～250℃の窯に入れて約1時間火入れする。途中30分たったら、一度全体を混ぜる。水分が飛びやすいので、野菜が焦げないように注意する。
3 全体に火が入ったらいったんとりだし、トマトソースを回しかけ、さらに30～40分火を入れる。

サルシッチャ
Salsiccia

ingredienti 7本分
サルシッチャ
  豚肩ロース肉　500g
  豚モモ肉　300g
  豚首肉　200g
  塩　10g
  黒コショウ　2g
  フェンネルシード　2g
  ニンニク　5g
  イタリアンパセリ　適量
豚腸　約1.5m
フリアリエッリのソテー（P71）　適量

preparazione
● 豚肉はすべて粗挽きにする。
● ニンニク、イタリアンパセリはみじん切りにする。

ricetta
1 ボウルにサルシッチャの材料すべてを入れ、手で肉と肉をすり合わせるようにしてなるべく短時間で練り混ぜる。時間がかかると脂が溶けだして作業しにくくなるので、暑い時季などはボウルを氷水にあてる。
2 冷蔵庫でひと晩やすませる。
3 豚腸を水洗いし、水気を切っておく。
4 ソーセージメーカーで**3**に**2**を150gずつ詰めてはねじって成形する。
5 すべて成形が終わったら、それぞれを編むようにしてひとかたまりにする。
＊この状態で冷蔵で6日保存できる。

servizio
6 サルシッチャをボイルして中まで火を通す。
7 仕上げに窯に入れて表面をこんがりと焼く。
8 フリアリエッリのソテーを添える。

nota
● ソーセージメーカーがない場合は、絞り袋で絞り入れる。
● ボイルせずに、ナイフで縦に切り開いて焼いてもいい。

アッロスト ディ マンゾ
Arrosto di manzo

牛モモ肉2kgで、「ロンツァ ディ マイアーレ」と同様につくる〔**a**・**b**〕（白ワインを赤ワインにかえる）。焼き時間はロンツァ ディ マイアーレよりも短くし、ロゼに焼きあげる。

ロンツァ ディ マイアーレ
Lonza di maiale

ingredienti つくりやすい量
豚ロース肉　2kg　　玉ネギ　100g
ニンジン　100g　　セロリ　65g
ニンニク　30g　　塩　20g
黒コショウ　20g　　ローズマリー　10g
白ワイン　250g
フォンド・ブルーノ
  肉の焼き汁　全量　　水　適量
  小麦粉　15g

preparazione
● 玉ネギ、ニンジン、セロリ、ニンニクはスライスする＝A。
● バットにAを敷く。豚肉をおいて両面に塩、コショウをふってもみ込む。ローズマリーの葉も摘んでちらす。このまま1日マリネする〔**a**〕。

ricetta
1 250℃の窯にバットごと入れて約1時間半焼く。途中、30分たったら上下を返す。さらに30分たったら上下を返し、白ワインを入れ〔**b**〕、さらに20〜30分焼く。
2 焼き汁と野菜をバーミックスで撹拌して〔**c**・**d**〕漉し、水と小麦粉を加えて濃度を調整して温める。このソースを添えてサービスする。

nota
● 焼き時間は肉1kgに対して約45分が目安。
● 白ワインのかわりにビールでつくる、ロンツァ ディ マイアーレ アッラ ビッラ Lonza di maiale alla birra もある。

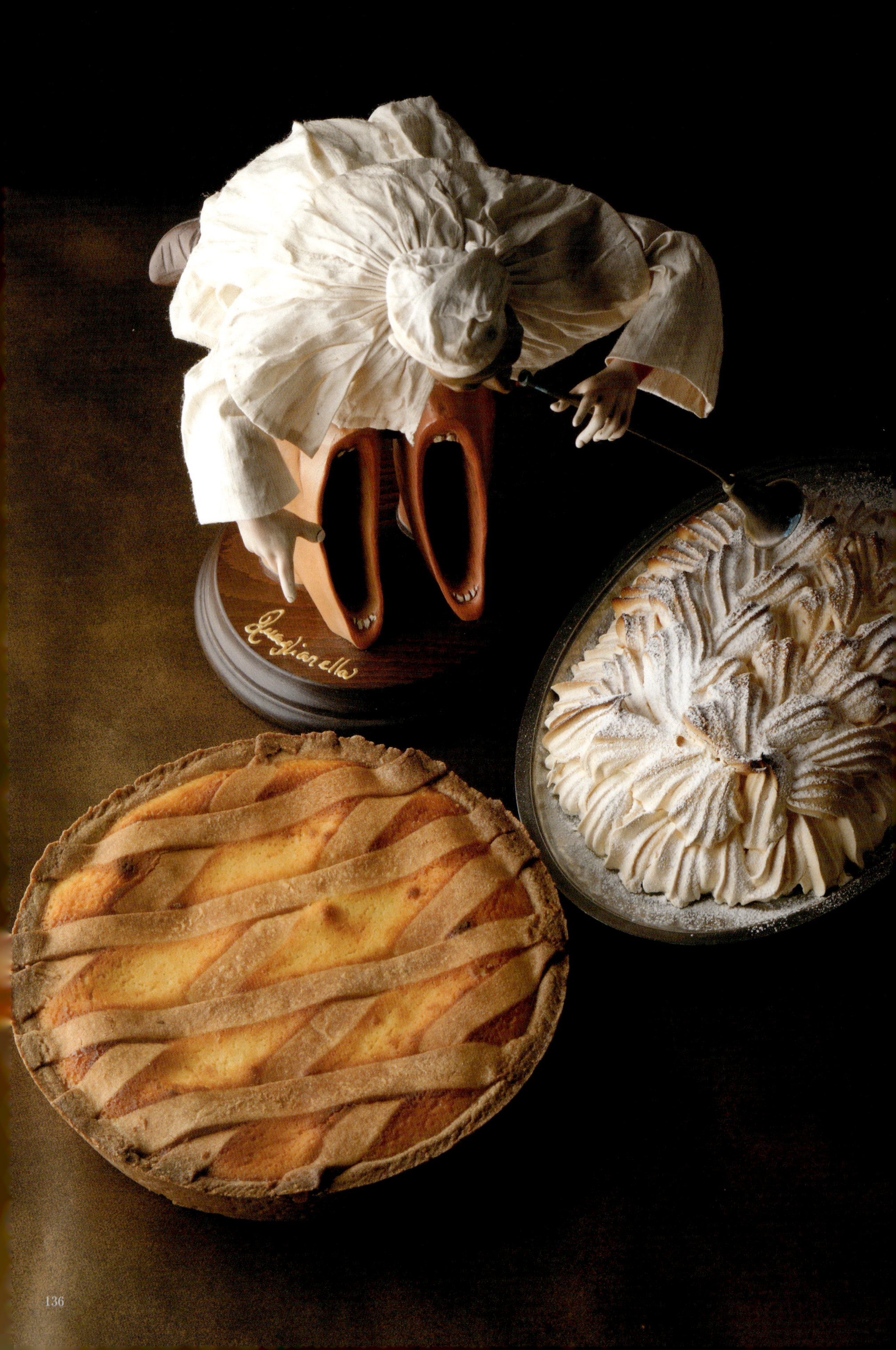

ドルチェ
Dolci

　ナポリでよく食べられている伝統的なドルチェのリチェッタを紹介する。ドルチェでもぜひ利用したいのは、余熱が残った薪窯。200℃前後の温度帯の場所を選べば、トルタもスポンジ生地もビスケットも、何でも万能に焼くことができる。しかも窯の遠赤外線効果でスポンジ生地はきめ細かく、しっとりとした最高の焼きあがりになる。

　ピッツァイオーロはドルチェは専門外の人が多いので、それぞれのドルチェを少し説明しよう。ババとツェッポレはナポリを代表するドルチェで、パスティッチェリアやバールでもかならずショーケースに並んでいる。ババは発酵生地を型に入れて窯でしっかりと芯まで火を入れる。ツェッポレはドーナツのような揚げ菓子だが、窯でいったん焼いてから揚げると、サクッとした歯ごたえに仕上がる。このひと手間の工夫は窯があるピッツェリアならではのアイデアだ。

　ズッパ イングレーゼはイタリア全土で食べられるドルチェだが、スポンジ生地にたっぷりと染み込ませるシロップの風味が地方により異なる。ナポリでは地元カンパニア産のストレガというハーブ系リキュールを使うのが特徴だ。パスティエラは春の復活祭にはナポリで欠かせないドルチェで、オレンジフラワーウォーターの香りが独特だ。他にもドルチェ ミモザも春のパスティッチェリアの店頭を飾る有名な菓子で、デリツィオーザはジャンドゥーヤ（ヘーゼルナッツチョコレートクリーム）の濃厚な味わいがいかにもイタリアのドルチェらしい。これらのドルチェのスポンジ生地、トルタのパスタ・フロッラ（タルト生地）、ビスケットはどれも窯の余熱を利用して焼いている。

ババ ナポレターノ
Babà napoletano

きのこ形に焼いた発酵生地に、
ラム酒がきいたシロップをたっぷりと含ませた
ナポリの代表的なドルチェ。

ingredienti　40個分

ババ生地
　小麦粉（マニトバ→P152）　500g
　グラニュー糖 50g　　塩　5g
　無塩バター　150g　　生イースト　20g
　全卵　9個
シロップ
　グラニュー糖　500g　水　1ℓ　ダークラム　300㎖
クレーム・シャンティイ
　生クリーム　1ℓ　　グラニュー糖　110g
粉糖　適量
フルーツ（イチゴ、ブルーベリーなど）　適量

preparazione
● 口径4.5cmのババ型にポマード状の無塩バター（分量外）をぬり、小麦粉（分量外）をふって余分を落とす。天板に並べ、冷蔵庫に入れておく。
● バターは小さめにカットする。
● 小麦粉をふるう。

ricetta
1 ババ生地をつくる。ミキサーボウルに小麦粉、グラニュー糖、塩、バター、生イースト、全卵の半量を入れ〔**a**〕、ビーターを装着して高速で練り混ぜる。生地の温度が上がったほうがグルテンが形成されやすくなるので、ミキサーは高速にする。まずは硬い生地をつくってしっかりとグルテンを形成する〔**b**〕。このグルテン網にあとから加える卵がたっぷりと入り、柔らかい生地となる。
2 ミキサーに生地がつかなくなったら、残りの卵を1個ずつ加える〔**c**〕。しっかり混ざってから次を加える。
3 卵を加え終えてからもしっかり練り、強い弾力がついたら、ミキサーを止める〔**d**・**e**〕。
4 型に手でちぎりながら20gずつ入れる〔**f**・**g**〕。
5 暖かいところで30～40分発酵させる。型の縁から生地が少し盛りあがればいい。
6 200℃の窯に入れて〔**h**〕約15分焼き、向きを変えてさらに5～10分焼く。型から生地をとりだしてみて、側面にも焼き色がついていればいい〔**i**〕。冷ます。
＊この状態で冷凍保存もできる。常温で自然解凍30分、もしくは電子レンジで約1分加熱してもどしてから使う。もどしすぎると水分が抜けて硬くなるので注意を。
7 シロップをつくる。グラニュー糖と水を火にかけて溶かす。冷ましてから、ダークラムを加える。
8 **6**の生地に縦に切り込みを入れ、軽く開く〔**j**〕。
9 **7**に**8**を40分ほど浸してたっぷりと含ませる〔**k**・**l**〕。
10 バットに逆さまにして3分おき、余分なシロップを切る〔**m**〕。

servizio
11 生クリームとグラニュー糖を8分立てに泡立ててクレーム・シャンティイをつくる。星口金をつけた絞り袋に入れる。
12 **11**を**10**の生地の切り込みに絞り〔**n**〕、上にも絞る。
13 粉糖をふり、フルーツを飾る。

nota
● ババ生地の小麦粉はカプート社のマニトバを使用。タンパク質が多く強いグルテンが形成されるので、日本で強力粉にあたる小麦粉として使っている。
● リング型で大きいボウルサイズに焼くこともあり、大人数のテーブルでサービスすると喜ばれる。

ツェッポレ *Zeppole*

ナポリのドルチェの定番、揚げドーナツ。
本来はキリストの養父であるサン・ジュゼッペ（聖ヨゼフ）の
ゼッポレ Zeppole di San Giuseppe として
3月19日のサン・ジュゼッペの祝日に食べられていた。
シュー生地を揚げた軽い口当たりのドーナツに、
濃厚なクレーマ・パスティッチェーラをたっぷりと絞る。

ingredienti　約30個分

シュー生地
　水　500g
　マーガリン　350g
　塩　5g
　小麦粉　500g
　全卵　9個
　揚げ油　適量
クレーマ・パスティッチェーラ（P147）　60g/1個
粉糖　適量
アマレーナ　30個

preparazione
● クレーマ・パスティッチェーラはP147と同様に準備する。
● マーガリンは小さめにカットする。
● 小麦粉をふるう。

ricetta
1 シュー生地をつくる。鍋に水、マーガリン、塩を入れて強火にかける〔**a**〕。マーガリンが溶けて沸騰したら〔**b**〕いったん火を止め、小麦粉を一度に加え〔**c**〕、木べらで全体を混ぜ合わせる〔**d**〕。
2 全体がまとまったら、再び中火にかけ、力を入れて練り混ぜる。生地にツヤがでて、鍋底に薄く膜が張るようになったら〔**e·f**〕、火からおろす。
3 すぐに熱い状態でミキサーボウルに移し、ビーターを装着し、全卵の2/3量を加えて〔**g**〕中速で練り混ぜる。ビーターやボウルについた生地をカードで落としながら均一に練り混ぜる。
4 残りの卵は生地の状態をみながら、少しずつ加えていく。できあがりの生地の硬さ〔**h**〕は、ゴムベラですくうとゆっくり落ち、木べらに残った生地が逆三角形で先端のほうが薄く透けるようになればいい。この状態になったら、卵を入れるのをやめる。
5 4つ切りの星口金をつけた絞り袋に入れ、オーブンシートを敷いた天板に、直径6cmのリング形に2段重ねて絞る〔**i·j**〕。
6 200℃前後の窯に入れ〔**k**〕、ほんのり色づくまで約20分焼く〔**l**〕。窯焼きしてから揚げると、サクリとした食感になる。
＊この状態で冷凍保存できる。常温に30分おいて自然解凍してから使う。

7 窯からだし、すぐに200℃に熱したオイルで薄くキツネ色になるまで揚げる〔**m〜o**〕。揚げが弱いと生地がしぼむので、しっかりめに揚げる。油を切り、冷ます。
8 クレーマ・パスティッチェーラを星口金をつけた絞り袋に入れ、7の上にこんもりと60g絞る〔**p**〕。
9 粉糖をふり、アマレーナをのせる。

nota
● 窯で焼かずにそのまま揚げてもいい。
● 小麦粉、卵、ゆでたじゃがいもの生地をリング状に揚げ、砂糖をまぶしたグラッファ Graffa という伝統的な揚げドーナツもナポリでは人気だ。

ズッパ イングレーゼ
ナポレターナ
*Z*uppa inglese napoletana

ドルチェ ミモザ
*D*olce mimosa

デリツィオーザ
*D*eliziosa

パスティエーラ
*P*astiera

ズッパ イングレーゼ ナポレターナ　Zuppa inglese napoletana

ingredienti　1台分
スポンジ生地（P147）　18cm×10cm 1枚
　　　　　　　　　　　18cm×5cm 3枚
シロップ　175㎖
ストレガ　26㎖
クレーマ・パスティッチェーラ（P147）　300g
アマレーナ　120g
メレンゲ
　卵白　130g
　グラニュー糖　130g
粉糖　適量

preparazione
● スポンジ生地はP147と同様に準備し、焼き面を切り落としてスライスする。
● クレーマ・パスティッチェーラはP147と同様に準備する。
● シロップはグラニュー糖500gに対して水1ℓの割合で煮溶かし、冷ます。分量をとり分け、ストレガと合わせる。

ricetta
1 耐熱皿に18cm×10cmのスポンジをおく〔a〕。
2 シロップの半量を全体にかけて染み込ませる〔b〕。
3 クレーマ・パスティッチェーラの半量を全体にぬる〔c〕。
4 アマレーナをまんべんなくのせる〔d〕。
5 18cm×5cmのスポンジ3枚を上面と側面に貼りつけ〔e〕、カマボコ形に整える。
6 残りのシロップを全体にかけて染み込ませる〔f・g〕。
7 残りのクレーマ・パスティッチェーラを全体にぬる〔h・i〕。
8 卵白とグラニュー糖を10分立てに泡立てる〔j〕。
9 8のメレンゲを星口金をつけた絞り袋に入れ、7の全体にきれいに絞る。まず側面を絞り〔k・l〕、次に上面を絞っていく〔m・n〕。
10 粉糖を全体にたっぷりとふる〔o〕。
11 160℃前後の窯で約40分焼く〔p〕。表面の焼き色は薄いキツネ色にする。

nota
● ズッパ イングレーゼはスポンジ生地にたっぷりとシロップを染み込ませ、クレーマ・パスティッチェーラやアマレーナと層に仕上げた菓子。イタリア全土で食べられ、シロップにアルケルメスという赤いリキュールを使うことが多いが、ナポリではストレガをきかせるのが特徴。ストレガはカンパニア州産のハーブ系リキュール。
● アマレーナはイタリアのワイルドチェリーのシロップ漬け。
● お祝いの席などでは、メレンゲの上からブランデーをかけて炎をつけてプレゼンテーションすることもある。

ドルチェ ミモザ *D*olce mimosa

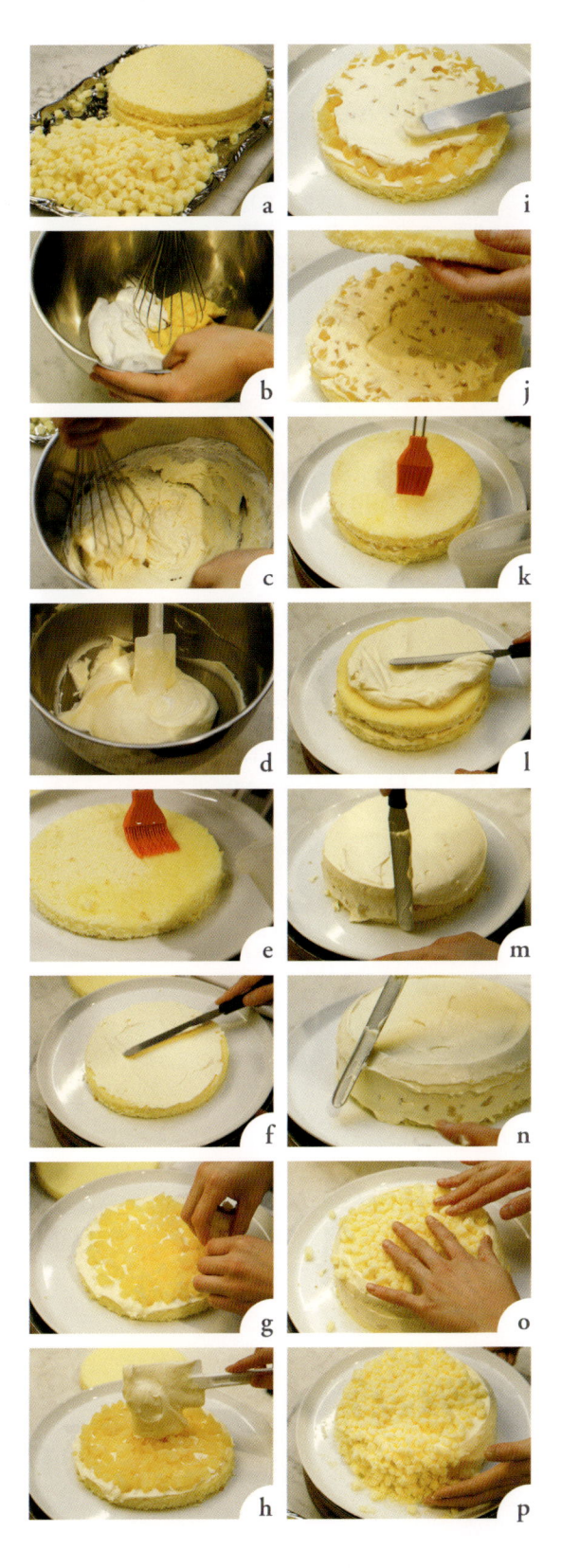

ingredienti　直径18cm 1台分
スポンジ生地（P147）
　　　　　　直径18cm×厚さ1.5cmスライス2枚
　　　　　　6mm角カット120g
パイナップル（缶詰）　170g
パイナップル缶詰のシロップ　10ml＋100ml
クレーマ・パスティッチェーラ（P147）　200g
生クリーム　100g
粉糖　適量

preparazione
● スポンジ生地はP147と同様に準備し、焼き面を切り落としてスライスする。6mm角のダイスもカットする〔a〕。
● クレーマ・パスティッチェーラはP147と同様に準備する。8分立てに泡立てた生クリームを混ぜ合わせ、パイナップル缶のシロップ10mlも混ぜる〔b〜d〕＝A。
● パイナップルは6mm角にカットする。

ricetta
1 回転台にスポンジ生地を1枚のせ、パイナップルのシロップを50ml打つ〔e〕。
2 Aを100gぬり広げる〔f〕。
3 パイナップルを全体にのせる〔g〕。
4 この上にさらにAを50gぬり、パイナップルのすき間を埋める〔h・i〕。
5 スポンジ生地をもう1枚重ねる〔j〕。
6 残りのシロップ50mlを打つ〔k〕。
7 残りのAをぬる。まず上面にAをのせて上面全体にぬり広げ〔l〕、側面にもぬる〔m〕。丸みのある形に仕上げるため、上面の角はなだらかにする〔n〕。
8 ダイスカットしたスポンジ生地を全体に貼りつける〔o・p〕。
9 粉糖をふる。

nota
● 3月8日のミモザの日はイタリアでは「フェスタ・デッラ・ドンナ Festa della Donna」（女性の日）と呼ばれ、2月下旬から3月初めにかけてはこのドルチェ ミモザが登場する。プチガトーサイズにつくることもある。

デリツィオーザ
Deliziosa

ingredienti　1個分
パスタ・フロッラ (P147)　50g/1個 (2枚)
クレーマ・パスティッチェーラ (P147)　19g/1個
ジャンドゥーヤ　6g/1個
ピスタチオ　5g/1個
粉糖　適量

preparazione
● パスタ・フロッラはP147 1〜4と同様に準備する。
● クレーマ・パスティッチェーラはP147と同様に準備する。
● ピスタチオは粗く砕く。

ricetta
1 ビスケットをつくる。パスタ・フロッラを麺棒で厚さ8mmに延ばし、直径6cmのセルクルでぬく。オーブンシートを敷いた天板に並べる。200℃の窯に入れ〔a〕、こんがりとキツネ色になるまで約10〜15分焼く。冷ます〔b〕。
2 クレーマ・パスティッチェーラとジャンドゥーヤを混ぜる〔c〕。
3 1のビスケット1枚に2のクリームをのせ、もう1枚を重ねる〔d〕。パレットで側面をきれいに均す〔e〕。
4 側面にピスタチオをつける〔f〕。
5 上面に粉糖をふる。

nota
● ジャンドゥーヤはヘーゼルナッツペースト入りのチョコレート。
● ビスケットをサンドする時は、焼き面を内側にして重ねると大きくみえる。ナポリ人のクチーナ・ポーヴェラ (貧乏人の料理) の知恵。

パスティエーラ
Pastiera

ingredienti　直径25cmマンケ型1台分
パスタ・フロッラ (P147)　350g＋150g
フィリング
A ┌ スペルト小麦 (冷凍水煮)　60g　大麦 (冷凍水煮)　60g
　│ 牛乳　200㎖　グラニュー糖　40g　塩　1g
　│ バニラ棒 (サヤのみでもいい)　1本
　│ シナモンパウダー　少々
　└ オレンジの皮のすりおろし　1個分
　水　100㎖
　リコッタ　250g　塩　1g　全卵　250g
　オレンジフラワーウォーター　20㎖

preparazione
● パスタ・フロッラはP147と同様に準備する。生地の延ばし方や型の敷き込みも参照。

ricetta
1 鍋にフィリングのAの材料を入れて火にかける。水分が少なくなったら、水を3回に分けて加えながら煮る。水全量を加えて水分がなくなったら、バットなどにあけて冷ます〔a〕。バニラのサヤは取りのぞく。
2 パスタ・フロッラ350gを麺棒で厚さ3mmに延ばし、型に敷き込む。150gも厚さ3mmに延ばし、1.5cm幅の帯状に8本カットする。ともに冷蔵庫で1時間やすませる。
3 ボウルに1とリコッタ、塩を入れて混ぜ、全卵を少しずつ加えて混ぜ、オレンジフラワーウォーターを加える。
4 2の型に3を縁から1cm下まで入れ〔b〕、10分おいて表面を乾かす。こうすると5で帯がフィリングに沈まない。
5 帯状の生地を4の縁と縁の間にたるませ気味に渡し、指で縁を押して生地を切りとる〔c〕。格子状にする〔d〕。
6 230℃の窯で45〜50分焼く。型ごと冷ましてから、冷蔵庫で保管する。

nota
● 麦のフィリングを詰めた、ナポリの復活祭の伝統的なトルタ。ビターオレンジを蒸留したオレンジフラワーウォーターの香りが南イタリアらしい。

スポンジ生地
*P*an di spagna

ingredienti 直径18cm 3台分
全卵 500g　グラニュー糖 250g　薄力粉 250g
溶かし無塩バター 50g　水 50g

preparazione
● 薄力粉をふるう。

ricetta
1 ミキサーボウルに全卵とグラニュー糖を入れて混ぜ、約50℃の湯煎にかける。人肌くらいになるまで混ぜながら温める。
2 1をミキサーにセットし、ホイッパーを装着し、もったりとしたリボン状になるまで高速で泡立てる。
3 薄力粉を加えてゴムベラで混ぜ、粉がまだ残っているうちに、溶かしバターを加えて混ぜる。
4 紙を敷いた天板や型に流し入れる。天板の場合は200℃前後の窯で約10分、直径18cm丸型の場合は220℃前後の窯で約30分焼く。
5 焼きあがったら〔a〕、すぐに網をかぶせて裏返して天板や型をはずし、紙をはがして冷ます。

クレーマ・パスティッチェーラ
*C*rema pasticciera

ingredienti できあがり約1500g分
卵黄 200g　グラニュー糖 240g　強力粉 100g
牛乳 1ℓ　バニラ棒 ½本　レモン ½個

preparazione
● 強力粉をふるう。
● バニラ棒は縦に切り目を入れる。
● レモンは4等分に切る。

ricetta
1 ボウルに卵黄とグラニュー糖を入れて泡立て器ですり混ぜ、強力粉も加えてなめらかになるまで混ぜる。
2 鍋に牛乳とバニラ棒、レモンを入れ、沸騰直前まで加熱する。
3 2を1に加えて混ぜる。
4 3を漉しながら鍋にもどし、強火にかける。泡立て器でたえず混ぜながら、とろみがでるまで炊く。沸騰したら、中火にして、さらに2、3分炊いて濃度をだす。
5 バットにとりだし、腐敗を防ぐためになるべく早く冷めるように薄く広げる。ラップを表面に密着させ、冷凍庫で急冷する。冷えたら冷蔵庫で保管する。
6 使う時にはゴムベラで練り混ぜて柔らかくもどす。

nota
● クレーム・パティシエールにあたるイタリアのカスタードクリーム。

パスタ・フロッラ
*P*asta frolla

ingredienti 生地できあがり約1050g分
無塩バター（室温にもどして柔らかくする） 250g
グラニュー糖 200g　塩 2g　卵黄 2個分
全卵 1個　小麦粉 500g　ベーキングパウダー 8g

preparazione
● 小麦粉とベーキングパウダーは合わせてふるう＝A。

ricetta
1 ミキサーボウルにバターを入れ、ビーターを装着して低速で撹拌する。グラニュー糖と塩を加え、白っぽくなるまで混ぜる。途中、ビーターやボウルについた生地をこまめに落としながら、均一に混ぜる。
2 卵黄と全卵を少しずつ加えて均一に混ぜ合わせる〔a〕。
3 Aを加え〔b〕、まとまったらミキサーを止める〔c〕。グルテンを形成したくないので、混ぜすぎないように。
4 大理石の台上にとりだし、平らにまとめる。ラップで包み〔d〕、冷蔵庫で最低3時間、できれば1日やすませる。
＊この状態で冷蔵で1週間保存できる。
5 生地を延ばす。手で少しこねて柔らかくもどしてから、俵形にする。立てて置いて上から手のひらで押しつぶし、さらに麺棒である程度叩いてから〔e〕、延ばす〔f〕。
6 型に敷き込む。生地を麺棒に巻きつけ、型にゆったりとかぶせる。底角に生地を押し込んでから、側面に生地を押しつけて貼りつける。余分な生地をナイフで切り落とす。焼き縮みしないよう、冷蔵庫で最低30分やすませる。

nota
● パート・シュクレにあたる甘いタルト生地。
● 塩味のトルタにも使うなど（→P127）、ピッツェリアでの汎用性が高く、ナポリのピッツァイオーロならば誰でもつくれる生地といわれている。

細長い形状のチェリートマト、コルバーラ（左写真）。コルバーラ種の畑は支柱栽培で、肩の高さくらいまで木を伸ばす。ヴェスヴィオの火山性土壌で栄養価が高く、水はけもよく、気候にも風にも恵まれているエリアで栽培される。

ピエンノロ種のトマトは伝統的に房状にまとめて日陰に吊るして保存する。畑はヴェスヴィオ火山の麓にあり、18の地区のみで栽培されている。左写真のように木の高さは腰くらいで、鬱蒼と生い茂る草がトマトを強い日差しから守っている。

capitolo 4

ピッツァイオーロの知識

*C*onoscenza per pizzaiuoli

素材の知識
*C*onoscenza degli ingredienti

ピッツァ ナポレターナSTGの生地とトッピングの素材に関して、本項ではとくに「小麦粉」「酵母」「エクストラバージンオリーブオイル」「モッツァレッラ」「トマト」に関して解説する。他の素材に関しては下記の各ページを参照のこと。

生地の素材	トッピングの素材		
水→P33	チェリートマト→P47	ニンニク→P48	塩→P48
塩→P33	バジル→P48	オレガノ→P48	

小麦粉　*F*arina　→P33も参照

小麦粉は原料である小麦（原麦）を挽いたもの。小麦の外側には外皮があり、その中に胚乳（小麦全体の約8割を占める）と胚芽がある。小麦粉はこの胚乳を製粉したものだ。

小麦粉は通常、数種の小麦をブレンドして製造される。農作物ゆえ毎年収穫される小麦には差が生じるわけだが、そのブレをなくして品質を安定させるために、メーカーのブレンド技術が発揮されるのだ。原料小麦の生産地や国、小麦の品種、製粉工程…といった複雑な要素により小麦粉のキャラクターは決まる。

イタリア産の小麦粉は、軟質小麦Grano teneroを挽いてつくられるが、精製度の違いにより、「ティーポ・ゼロゼロTipo00」（タイプ00）や「ティーポ・ゼロTipo0」（タイプ0）と分類される。ティーポ00のほうが、ティーポ0よりも精製度が高い。ちなみに他にも市場にはほとんど出回らないがティーポ1、2、全粒粉Farina integraleがある。また、硬質小麦Grano duroを挽いたものはセモリナ粉などになる。

対して、日本の小麦粉はタンパク質の含有量（＝グルテン形成の量）により、「強力粉」「中力粉」「薄力粉」に分類される。

小麦粉を選択する時に重要なのは、タンパク質量と

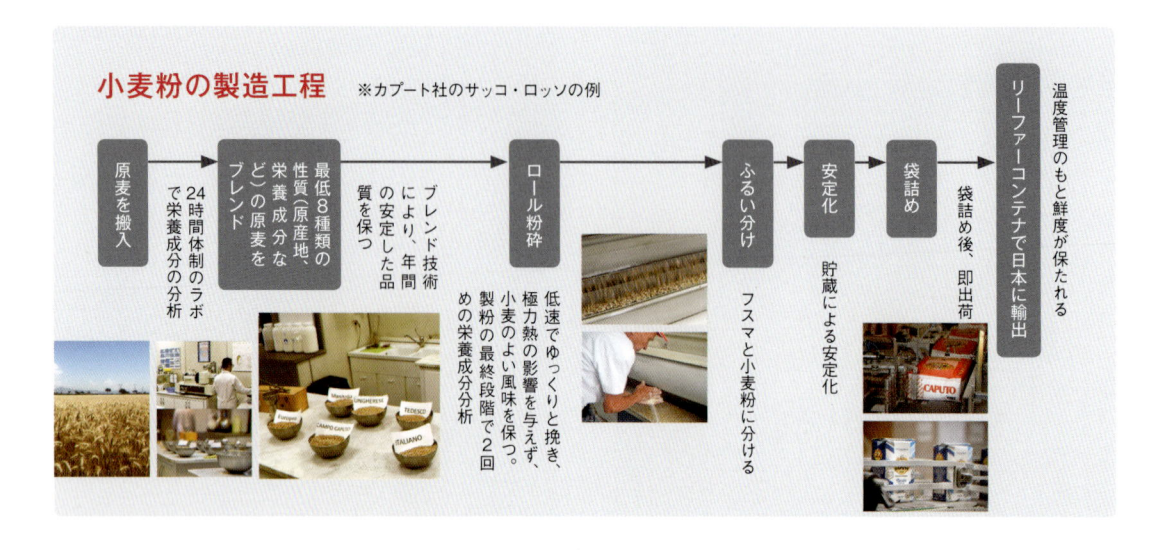

小麦粉の製造工程　※カプート社のサッコ・ロッソの例

原麦を搬入 → 最低8種類の性質（原産地、栄養成分など）の原麦をブレンド　24時間体制のラボで栄養成分の分析 → ブレンド技術により、年間の安定した品質を保つ → ロール粉砕　低速でゆっくりと挽き、極力熱の影響を与えず、小麦のよい風味を保つ。製粉の最終段階で2回めの栄養成分分析 → ふるい分け　フスマと小麦粉に分ける → 安定化　貯蔵による安定化 → 袋詰め → リーファーコンテナで日本に輸出　袋詰め後、即出荷　温度管理のもと鮮度が保たれる

灰分の含有量である。灰分はリン、カリウム、マグネシウム、カルシウム、鉄などのミネラルにより決まり、一般に灰分量の少ない小麦粉はきれいな白色で、灰分が多いと灰色っぽくすんだ色になるが、風味は増す傾向がある。

では、ピッツァ ナポレターナSTGのために使える小麦粉はというと、規約では「タンパク質11〜12.5%」と記されており、灰分に関してはとくに規定はない。

ちなみに日本の小麦粉の分類では、このタンパク質量は強力粉（タンパク質含有量約11.5〜13%）と準強力粉（同約10.5〜12.5%）が相当する。イタリア産小麦粉はタンパク質量による分類はないので、00タイプも0タイプも使ってかまわない。産地はどこのものを使ってもいいが、選ぶ際のポイントのひとつとしては、先述の理由から、ブレンド技術が確かで、毎年同一銘柄の品質にブレがでないメーカーを選ぶことだ。

本書で使用した小麦粉は、ナポリのカプート社の「サッコ・ロッソ・ティーポ00 SACCO ROSSO TIPO "00"」。ナポリピッツァの専用粉として、ピッツァイオーロの信頼も厚く、ナポリのピッツェリアで8割というシェアを誇っている。イタリア産小麦を中心に、北ヨーロッパ産の小麦など約8種類をブレンドし、昔ながらの製粉所の技法を尊重して小麦をゆっくり挽き、小麦中のタンパク質やデンプンにダメージを与えないように製造されている。柔軟性と伸展性がある生地に練りあがり、高タンパクで吸水性が高く、グルテンの質がよくもちがいいので、ピッツァ生地の特徴でもある長時間発酵に最適といわれている。

もうひとつ、同社のピッツェリア専用粉で高い指示を得ているのが「ピッツェリア PIZZERIA TIPO "00"」。サッコ・ロッソと成分的にはほぼ同じだが、吸水率が高いため、より発酵が早く進む。そのため朝生地を練り、夜使うようなタイムスケジュールの店に向いている。だが発酵が早い分、いい発酵状態のストライクゾーンは狭くなるため、タイミングを外さないよう扱いには注意が必要となる。

ちなみにピッツァイオーロの中には、サッコ・ロッソと同社

サッコ・ロッソTIPO 00。"赤い袋"の名称でナポリのピッツァイオーロに圧倒的に支持される。パンやドルチェ全般にも使え汎用性が高い。タンパク質含有量12.5%、灰分0.5%。

通称"ブルー"と呼ばれる、ピッツェリアTIPO 00。吸水率が高いため、発酵が早く進む。タンパク質含有量12.5%、灰分0.5%。

カプート社の小麦粉には"耳"がついている

ナポリにあるカプート社ANTICO MOLINO CAPUTOは、1924年創業の老舗製粉メーカー。ナポリピッツァ職人世界選手権、通称カプート杯のスポンサーでもあり、世界的なナポリピッツァ用小麦粉の大手メーカーであるにもかかわらず、創業者から現四代目のアンティモ・カプートAntimo Caputo氏にいたるまで一貫して、ナポリのピッツァイオーロとともに歩む姿勢を貫いている。僕が10年前にはじめてアンティモと出会う機会を得られたのも、アンティモがピッツァイオーロの声を聞くことを大切にしていたからだ。まったく無名の日本人のピッツァイオーロの話を、何時間も一生懸命に聞いてくれたアンティモの人間性に僕は強く惹かれた。「アンティモ・カプートがつくる小麦粉ならば、心から信頼して使うことできる」と確信を得た。

いま日本では小麦粉の選択肢は多様だが、「ナポリのピッツァの味」を求めるのならば、カプートの小麦粉が一番というのが僕の持論。なぜなら、同社の小麦粉のブレンドには、ナポリのピッツァイオーロたちの意見が長年にわたって取り入れられているからだ。ピッツァイオーロの声には、ピッツァを食べるお客様の声が反映されている。つまり、同社の小麦粉は常にナポリで「一番喜ばれる」ピッツァができるようにアップデートされているのだ。それは同社の綿密な情報収集と、計算し尽くされたブレンド技術の賜。カプートの小麦粉には"耳"がついていて、いつでもどこからでもピッツァイオーロの声が集まってくるのだ。ピッツァイオーロとの絆の深さが同社をナンバーワンたらしめている、だから僕は心から信頼を寄せている。

協力／モンテ物産㈱

マニトバMANITOBA TIPO "0" はタンパク質が多く、生地のダレ防止などに効果がある。サッコ・ロッソ、ピッツェリアともにマニトバがブレンドされている。グルテンが強いので発酵菓子にも最適。タンパク質含有量14%、灰分0.5%。

のマニトバを8:2や9:1で混ぜて使う人も多いのだが、これはサッコ・ロッソが開発される以前に前身の製品が流通していた当時、タンパク質を補うためにマニトバをブレンドしていた習慣の名残だ。現在はサッコ・ロッソ、ピッツェリアともに製造段階でマニトバがブレンドされてピッツァ生地に最適なタンパク分に調整されているので、マニトバをあえて加える必要はない（あくまで例外的に、夏の非常に暑い日にはタンパク質を上げてダレにくい生地を練るために、マニトバを1割弱混ぜることなどはある）。

なお、品質を安定させるためには、決まった銘柄1種類のみの小麦粉を使うことをすすめるが、自分で複数の小麦粉をブレンドするとしても、かなりのキャリアを積んで小麦粉とピッツァ生地を熟知してからにしたほうがいい。

小麦粉の保管は、床に直に置くと湿気などの影響を受けてしまうため、床にパレットを敷き、その上に置くこと。もしくは密閉できる大型の容器に入れる。においを吸収しやすいので、冷蔵庫に入れるのは厳禁だ。

仕入れに関しては、商品の回転がいい卸しを選び、常に新しい小麦粉を納品してもらえるようにしたほうがいい。小麦粉は常温商品ではあるが、酸化しやすく、鮮度が命の素材なのだ。

酵母、イースト　*Lievito*　→P33も参照

ピッツァ ナポレターナSTGでは、使える酵母を「ビール酵母」としている。その理由はナポリではビール酵母が一般的に出回っているからだ（ビール酵母の風味を生地に求めているわけではない）。だが日本ではビール酵母は入手しにくいため、製パン用の「生イースト」を使うことが認められている。また、天然酵母の使用も認められているが、天然酵母は起こし種により風味や香りに差があるので、すべてが使用できるというわけではない。また現状では、ドライイーストは発酵の瞬発力が強すぎて長時間発酵に向かないため、使用不可とされている（ヨーロッパタイプのドライイーストなどは検討中）。

ビール酵母
Lievito di birra

日本で入手できるビール酵母は、ナポリからの輸入品。写真のビール酵母の生イーストは、冷蔵で輸入後に日本で急速冷凍し、冷凍品として流通している。

ビール酵母の生イースト「サッカロミセス・セレビジエ」。

生イースト　Lievito fresco

ビール酵母の代用品として、日本では使用が認められている。製パン用の生イーストであればとくに規制はない。発酵力が落ちないよう、開封後は密封して冷蔵庫で保存する。

天然酵母　Lievito naturale

もっともトラディショナルな製法では、小麦粉から自然発酵させた天然酵母を使う（→右記）。気温や湿度により状態が変わりやすく管理が非常にむずかしいが、小麦粉の自然な風味が強く感じられる生地になる。本書ではより手間をかけずに確実につくれるよう、ピッツァ ナポレターナSTGでも使用が認められた「ホシノ天然酵母パン種」（粉末状）を使用した。

小麦粉からおこす天然酵母

❶ ボウルで小麦粉400gと水400mlを手で混ぜ合わせ、ゆるくラップをかける。26℃のところに24時間おく。
❷ ①に小麦粉800gと水800mlを加えて①と同様にし、26℃のところに8〜12時間おく。
❸ どろどろに液状化し、発酵により発生したガスが表面からポコポコと噴きだすようになったら使い頃。

小麦粉と水のみでできた粉末状のリエビト・マードレ「クリシトCriscito」をカブート社が開発し、ナポリではピッツェリアのみならず、製菓・製パン業界でもユーザーが増えている。古生地や老麺に相当するもので、これだけでは発酵力は持たないが（イーストではなく、イーストの発酵を助ける材料）、生地の配合に一部加えると、たとえイーストでつくった生地でも、天然酵母でつくったような風味になり、小麦の味が増し、冷めてもいい風味で硬くなりにくくなる。そもそも昔は小麦粉からおこした天然酵母で生地をつくり、半分を残しては継ぎ足していた伝統手法を現代に復活させた製品といえる。配合量は通常のピッツァ生地の酵母を半量に減らし、生地1kg当たり30〜50gのクリシトを加えるのが目安（クリシトを入れる分、小麦粉の分量は減らす）で、生地練り工程で小麦粉と一緒に加える。

ホシノ天然酵母パン種

協力／モンテ物産㈱　㈲ホシノ天然酵母パン種

エクストラバージンオリーブオイル　*O*lio extra vergine d'oliva　→P48も参照

オリーブオイルはイタリア全土でつくられ、主な産地は北イタリアではリグーリア州、中部ではトスカーナ州とウンブリア州、そして南部はプーリア州、カラブリア州、シチリア州などがあげられる。オリーブの品種も豊富で、各地の気候や土壌、ブレンドなどにより、ワインのように多彩なテイストがある。

その分類は大きくバージンオリーブオイルとピュアオリーブオイル（もしくは単にオリーブオイルと表記）の2つに分けられる。バージンオリーブオイルはオリーブの果実を搾り、濾過しただけで他の一切の処理を行なわないオイル。なかでも酸度が0.8％以下のものが最高級とされ、エクストラバージンオリーブオイルに分類される。一方、ピュアオイルはバージンオリーブオイルと化学的に精製されたオリーブオイルをブレンドしたものだ。

ピッツァ ナポレターナSTGの規約で使用できるのは、「エクストラバージンオリーブオイル」のみ。オリーブオイル、しかもとくにエクストラバージンは熱酸化に強い油で、400℃以上になる高温の窯で焼くピッツァに使うのは、とても理がかなっているといえる。

さて、エクストラバージンオリーブオイルといえば、料理では香りや風味が個性的なものを選ぶことが多い。しかしピッツァにおけるオリーブオイルは、主役のトマトやモッツァレッラ、小麦粉の生地などの持ち味を覆い隠さないものを選んだほうがいい。つまり、個性が強くなく、やさしい香りと味わいのエクストラバージンオリーブオイルが良しとされている。

このようにピッツァ用のオリーブオイルのセレクトは、個性を追求しなくてよいようで、実は最適なものに出会うのがむずかしい。そこでピッツァイオーロの要望に応え、ピッツェリア専用のエクストラバージンオリーブオイルがカンパニア州のミラ・スッド社で開発された。同社は1800年代後半に、有数のオリーブオイル産地であるカンパニア州のソレントでラニエリ家が創業。イタリア産オリーブ100％、手摘み収穫、低温圧搾など、伝統製法にこだわり続けている。

市場に登場するピッツェリア専用のエクストラバージンオリーブオイルは、収穫年によって配合を調整し、エクストラバージンとしての上質さを追求しつつ、小麦粉やトッピングの味や香りを妨げないように仕上げられている。本書のリチェッタでは揚げ油まですべてこのオイルを使用している。

ピッツェリア専用のエクストラバージンオリーブオイル「Olio per Pizzeria ORO DI NAPOLI」（サンプルボトル）。

オリーブオイルの製造工程　※ミラ・スッド社の例

すべて手摘みで収穫 → 香りを逃さないよう収穫後24時間以内に製造 → 洗浄　枝葉の除去 → 粉砕　カッターマシンで皮をはずし、実をつぶしてペースト状にする → 抽出　コールドプレス（低温圧搾）し、2段階の遠心分離をかけてオイルを抽出 → 濾過　コットンフィルターで濾す → ボトリング

協力／（株）佐勇

モッツァレッラ *Mozzarella* →P44も参照

モッツァレッラの正式名称は「モッツァレッラ・ディ・ブファラMozzarella di bufala」。ブファラは水牛のことで、本来、モッツァレッラといえば、水牛乳100%でつくられるチーズを指す。

だが、水牛はもともと野生で繁殖していたので、家畜化後も神経質で飼育がむずかしいとされ、搾乳量も多くない。生産量が限られるので、価格が高い。そのため、同じ製法で牛乳で代用してつくったものが出回っている。それが「フィオル・ディ・ラッテFior di latte」、もしくは「モッツァレッラ・ディ・ヴァッカMozzarella di vacca」(vaccaは牛の意味)と呼ばれる。

モッツァレッラ・ディ・ブファラとフィオル・ディ・ラッテを比べると、水牛乳の脂肪分は約8%で、牛乳は3～3.5%。水牛乳のほうがはるかに乳脂肪が高いため、ミルキーな味がひと際濃厚になる。

ちなみに、ピッツァ ナポレターナSTGでは、「マルゲリータ エクストラ」には「カンパニアDOP認定のモッツァレッラMozzarella di bufala Campana DOP」のみしか使うことが認められていない。カンパニアDOP認定とは、DOP (保護指定原産地呼称) の認定を受けた7地区 (カゼルタ、サレルノ、ベネヴェント、ナポリ、フロジノーネ、ラティーナ、ローマ) のみで製造されるモッツァレッラ・ディ・ブファラのことである。一方、「マルゲリータ」には日本ではフィオル・ディ・ラッテを使うことができる (→P55)。

モッツァレッラの製造工程をみてみよう。伝統的かつモッツァレッラ独特の質感や形状を生みだすのは、凝固させたカード (凝乳) を熱湯で再度溶かし、ゴム状になるまで練りあげる工程。

この工程でモッツァレッラ特有の弾力のある食感が生まれ、カードが何重にも折り重なって繊維状になり、

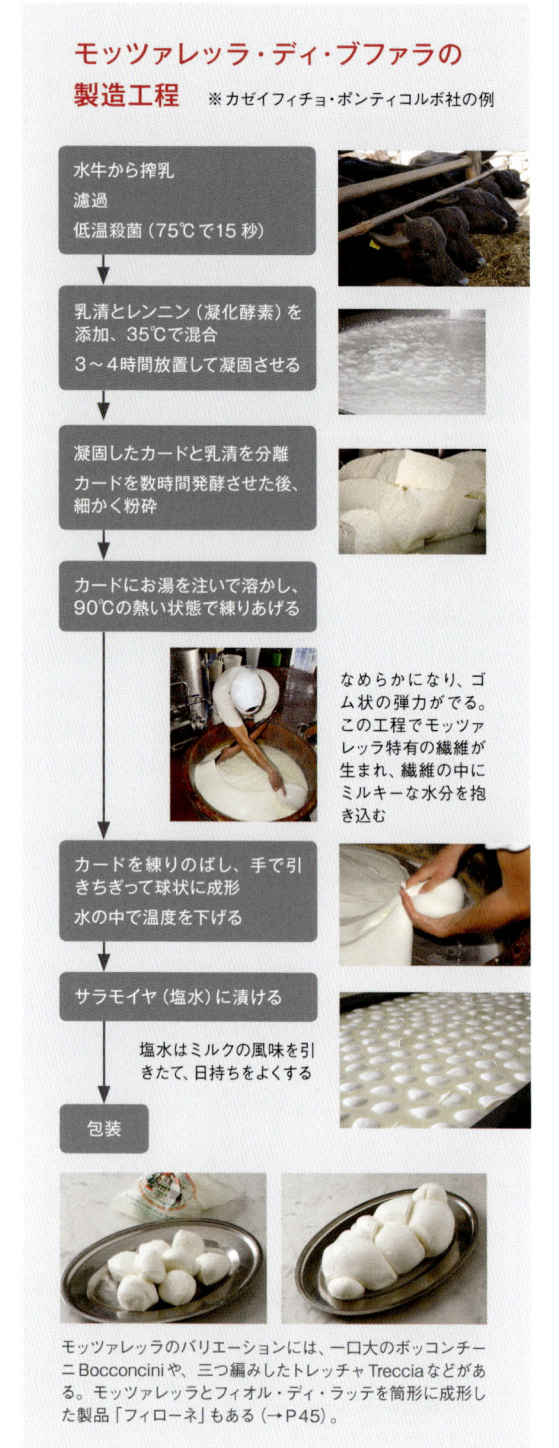

モッツァレッラ・ディ・ブファラの製造工程
※カゼイフィチョ・ポンティコルボ社の例

- 水牛から搾乳
- 濾過
- 低温殺菌 (75℃で15秒)

↓

- 乳清とレンニン (凝化酵素) を添加、35℃で混合
- 3～4時間放置して凝固させる

↓

- 凝固したカードと乳清を分離
- カードを数時間発酵させた後、細かく粉砕

↓

- カードにお湯を注いで溶かし、90℃の熱い状態で練りあげる

なめらかになり、ゴム状の弾力がでる。この工程でモッツァレッラ特有の繊維が生まれ、繊維の中にミルキーな水分を抱き込む

↓

- カードを練りのばし、手で引きちぎって球状に成形
- 水の中で温度を下げる

↓

- サラモイヤ (塩水) に漬ける

塩水はミルクの風味を引きたて、日持ちをよくする

↓

- 包装

モッツァレッラのバリエーションには、一口大のボッコンチーニBocconciniや、三つ編みしたトレッチャTrecciaなどがある。モッツァレッラとフィオル・ディ・ラッテを筒形に成形した製品「フィローネ」もある (→P45)。

その間に水分を抱き込む。だからモッツァレラはカットすると、断面からミルキーでかすかに酸味のある水分がにじみでるのだ。この水分にはモッツァレラのうまみが含まれているが、ピッツァのトッピングとしては水分が多すぎると水っぽくなってしまうため、適度な水切りの下準備が必要となる。ただし、水分を切りすぎるとモッツァレラの味を逃してしまうので、その加減には注意が必要だ。

また、モッツァレラを球状にする成形工程では、弾力がでたカードを手で引きちぎる。引きちぎることをイタリア語では「モッツァーレMozzare」というため、モッツァレラという名前がついたといわれている。ちなみに、ピッツァの分割工程をモッツァトゥーラというのも、生地を引きちぎる動作からだ（→P38）。

モッツァーレして丸く成形したものは、味つけと保存のために塩水（サラモイヤ）に漬けられるのだが、この塩水によってモッツァレラの味は変わる。とくにカゼルタとサレルノは塩味の傾向が顕著で、カゼルタ産は塩味が強めで、サレルノ産は塩気がマイルドでさわやかな味わい。どれを選ぶかはピッツァイオーロの好みでもあるが、著者はピッツァにはカゼルタの塩気が強いモッツァレラを選んでいる（カプレーゼなどアンティパストなどで提供するモッツァレラはマイルドな塩味がいいので使い分けている）。

モッツァレラを選ぶ時は、ゴムボールのような弾力があり、カットした内側も弾力に満ちていて形がくずれず、繊維の間からゆっくりと水分がにじみでてくるものがいい。断面がゆるく、水っぽいものは鮮度が落ちている。

ナポリでは保存は乳脂肪分を固めないように、室温（発泡スチロールの箱に入れる）におくことが多い。乳脂肪分が固まると、モッツァレラ本来の味わいを発揮できないからで、カゼイフィチョ（モッツァレラの工房）からも冷蔵せずに納品される。

また、できたては弾力がありすぎて硬いので、室温に1日おいて繊維が少し柔和になったくらいが一番ともいわれている。

こだわり貫く職人と最強のインポーター

僕は週に3回カンパニア州のカゼルタCasertaから空輸される、モッツァレラとフィオル・ディ・ラッテを使っている。つまり2日に1回の頻度で、現地とほとんどタイムラグがない。僕が使っているのは、カゼイフィチョ・ポンティコルボCaseificio Ponticorvoのモッツァレラとフィオル・ディ・ラッテ。日本に輸出しているくらいだからさぞかし大規模なのだろうと思い現地を訪ねたら、そこは家族経営の地元に密着したカゼイフィチョだった。マッシモMassimoと息子のアントニーノAntonino（同じ名前）とともに、地元で搾乳された乳のみを使い、朝早くから毎日モッツァレラをつくっている。しかもその製法は機械に頼らず、代々受け継いできた伝統的な技法を用い、桶と棒で弾力がでるまで練りあげるというものだ。

いまカゼイフィチョはどこも機械化が進んでいる。でもポンティコルボはモッツァレラはもちろんのこと、ブファラのフィローネもこの道40年のマッシモ自らが手で形を整えて筒型にひとつずつ入れていた。驚いて聞くと、「乳脂肪分が高いブファラは、機械成形だと思ったものができない」とのこと。この人の職人根性は本物なのだ。だが、なぜそこまでするのか？と疑問がわいた。するとマッシモは「伝統的な製法をぜひ守ってほしい、そこにこそ『本物』の価値がある」と、インポーターのSAYUの社長に諭され共感したと答えた。そう、海外の製品はインポーターの扱いひとつで著しく差がでる。同社はもう何年も前から、モッツァレラは新鮮でなければならないというポリシーを貫き、空輸でモッツァレラを輸入している。それだけでない、現地でも生産者との間に信頼関係を築きあげている。『本物』を生みだす現地の生産者と、それを『本物のまま』日本に届けるインポーターのガッチリした強い絆があるからこそ、僕はありがたくもおいしいモッツァレラでピッツァを焼けるのだ。

協力／㈱佐勇

トマト *Pomodoro* →P46も参照

イタリアは年間約600万tのトマトを生産する、ヨーロッパ一のトマト産地（2011年FAO統計資料）。トマトの品種は生食用と加工用に大きく分かれ、そのどちらも栽培している。ピッツァ ナポレターナSTGでトマトソースとして使えるのは、「ホールトマト」及び「フレッシュなチェリートマト」である。

ホールトマトPomodori pelatiとは、皮をむいた丸ごとのトマトと、トマトを搾汁したジュース（もしくはピューレ）を缶詰にしたもの。果肉とジュースをおよそ6.5対3.5の割合とするのが一般的だ。ちなみにイタリアでは、ピッツァ用のトマトソースもPomodori pelatiといわれる（Salsa pomodoroはラウンドトマトをジュース状にしたものをイメージする）。

ホールトマトは加工用トマトから製造されるが、加工用トマトの品種は数知れぬほどあるといわれ、大きく分けると細長いロングトマト（ポモドーロ・ルンゴ）と、丸いラウンドトマト（ポモドーロ・ロトンド）がある。ロングトマトはホールトマトに加工されることが多く、ラウンドトマトはおもにダイスカットやジュースに加工される。ロングトマトがホールトマトの加工に適している理由は、果肉が厚く、水分が少なめで、しっかりとした噛みごたえがあり、甘みもうまみも濃いとされるためだ。

イタリアのトマトは露地栽培なので、収穫は7月〜9月中旬の盛夏。トマト農家が栽培し、畑ごとに熟し具合をみながら収穫を順次進め、収穫後はトマトのフレッシュなおいしさを生かすために即座に加工場へと輸送する。そして、ここから先は加工メーカーの仕事となり、各畑のトマトの味を分析し、毎年の最適なブレンドのホールトマトを製造する。

ホールトマトの味の目安としてよく記載されるのが、ブリックス（Brix%）。これは果肉とジュースを粉砕して全体の値を計測したもので、ブリックス6.5%程度が標準的。ブリックスは一般的に物性としては糖度、もしくは水溶性固形分の量を指すが、ホールトマトを選ぶ上でのブリックスの指標は、味の濃厚さ、濃縮度ととらえればいいだろう。トマト自体のブリックスは最高でも5%程度なので、より高い濃度に調整するためにジュースを濃縮してブリックスを上げるなど、加工メーカーごとにノウハウがあるといわれている。

そのノウハウのひとつが、加熱処理の温度帯。比較的低温で加熱処理するコールドブレイクは、トマトのフレッシュな味わいがより保たれ、鮮やかな赤い色になるといわれている。一方、より高い温度帯で加熱処理するホットブレイクは、濃度感がでて、オレンジ系の色になる傾向がある。

ピッツァのトマトソースは、ホールトマトに塩を加えるだけのシンプルな仕込み。ピッツァの味の要ともいえるだけに、ホールトマト選びにはピッツァイオーロはとくに慎重になるべきである。缶詰といえども、トマトは農作物。多少の個体差がでるのは当然のことで、毎年の差や、同じ生産ロットでも大きな差が生じることもある。ひとたび銘柄を選んで安心せず、こまめに味見をして、味や色、濃度などをチェックすることが大切だ。

最後にチェリートマトについてだが（P47も参照）、カンパニア州にはコルバーラとピエンノロという2つの土着の品種がある。コルバーラはソレント半島のつけ根の山の裾野にあるコルバーラ地区で生産され、風味やうまみが強く、柔らかい酸味があるのが特徴。ピエンノロはヴェスヴィオ火山の山麓で栽培されるDOP認定品種。缶詰の加工技術がなかった昔から続く手法で、収穫後に房状にまとめて日陰に吊るし、翌年の春まで保存するナポリの伝統的なトマトだ。これらの品種は近年とくに注目を集めている。

カンパニア州のブランドチェリートマト、コルバーラとピエンノロの瓶詰めもイタリアから輸入されている。左／インセルボ ポモドリーニ・ディ・コルバーラ、右／同スキアッチャータ・ディ・ポモドリーノ・デル・ピエンノロ・デル・ヴェスヴィオD.O.P.。

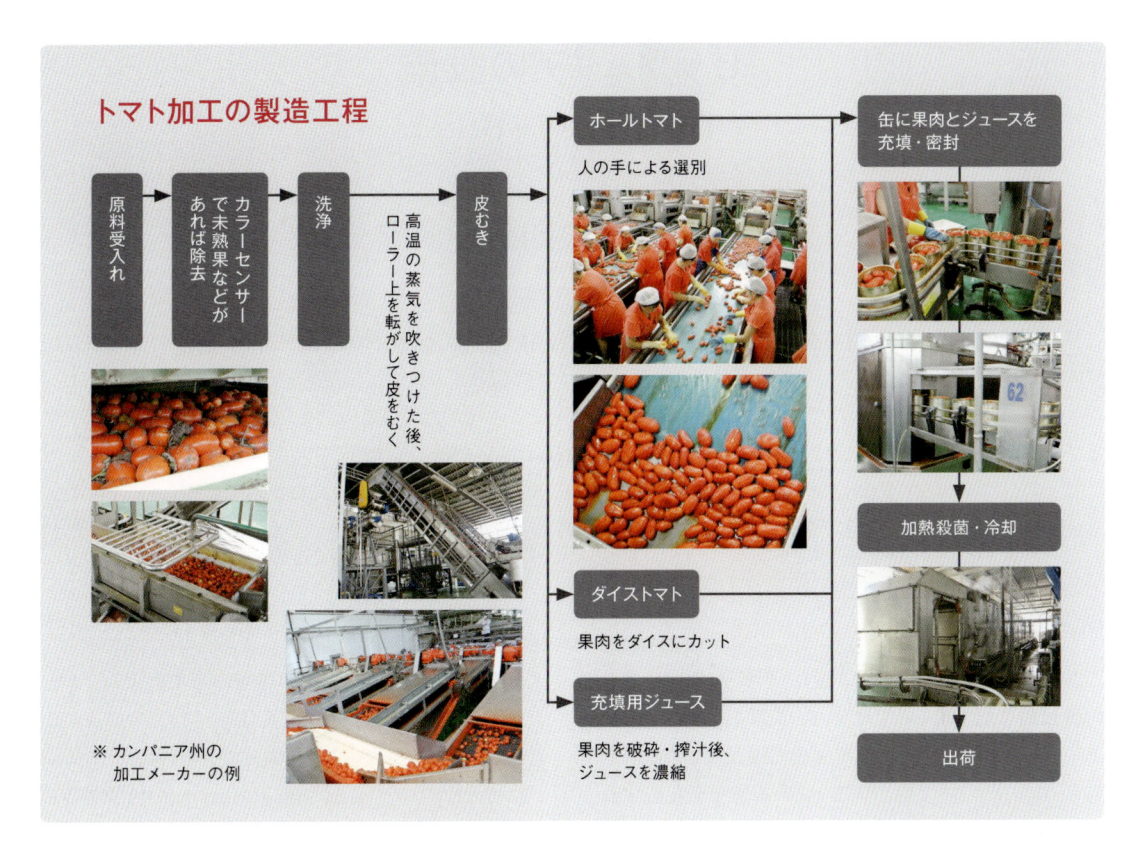

トマト加工の製造工程

原料受入れ → カラーセンサーで未熟果などがあれば除去 → 洗浄 → 高温の蒸気を吹きつけた後、ローラー上を転がして皮をむく → 皮むき →

- ホールトマト（人の手による選別）
- ダイストマト（果肉をダイスにカット）
- 充填用ジュース（果肉を破砕・搾汁後、ジュースを濃縮）

→ 缶に果肉とジュースを充填・密封 → 加熱殺菌・冷却 → 出荷

※ カンパニア州の加工メーカーの例

僕の理想をかなえるオリジナルのトマトソース缶

"ナポリ・ミア"
グランマエストロ
ダイストマト
（ティーポ・ルンゴ）

　よりフレッシュでトマトが香り立つようなピッツァを焼きたい。僕はソースの「鮮度」を追究して試行錯誤を重ねてきた。ソースは営業がはじまるギリギリに仕込みをし、ホールトマトの缶を開けてから、とにかく短い時間のうちに使うことにした。少量ずつ仕込みをし、営業中も随時つくり足していきたいところだが、1日にピッツァを何百枚も焼く僕の店ではそれは非現実的だ。こんな思いをあれこれめぐらしていた時、ナポリのポンペイにある一族経営の名門トマト加工メーカーが、僕の思いをかなえてくれるかもしれないと聞き、真夏の収穫期に僕はイタリアに渡った。僕の希望は「甘みが強い最高品質の完熟ロングトマトを使い、ピッツァのトマトソースに必要な塩分を加えたピッツァソース缶をつくる」こと。前例のないことにはじめは驚かれたが、説明を聞いてもらいながらプロジェクトがスタートした。

　そして、案内されたイタリアーのトマト産地レーズィナ Lesina。海と海水湖にはさまれた一帯すべてがトマト畑で、潮風のおかげで土の塩分とミネラル分が高く、イタリアでもっとも甘いトマトがとれる。

　もっとも完熟した一番コンディションのいい畑を選んでもらい、ほぼすべてのトマトを手摘みしてもらった。畑で食べたトマトはそれは甘く、濃厚だった。トラックとともにそのトマトを工場に持ち帰り、試作を経て完成したのが、僕の希望通りのオリジナルのピッツァソース缶「ナポリ・ミア」。充填するジュースは78℃以下で加熱処理するコールドブレイクなので、色も鮮やかでフレッシュなトマトの持ち味がそのまま味わえる。缶を開けるだけで、そのままピッツァのソースとして使えるので、仕込みからのリードタイムがなく、一番"新鮮な"状態でピッツァにトッピングすることができる。僕の念願がかなった。

協力／モンテ物産㈱

ピッツェリアの設備
Attrezzature per pizzerie

薪窯の知識
Forno a legna

　ピッツァ　ナポレターナSTGを焼く窯は「薪窯」のみ、さらにナポリの伝統的な材質や規格に基づいてつくられ、窯内の温度が485℃に達するものだけが認められる。ピッツァ専用のガス窯や電気窯もあるが、伝統的なナポリピッツァの焼きあがりを得ることはできないという理由により今のところ使用はできない。また薪窯でもローマやミラノタイプのピッツァを焼くための窯は構造が違うため使用が認められていない。

　ピッツェリアにとって薪窯は"顔""トレードマーク"であり、50年は使える一生もの。窯を熟知せずして、いいピッツァは焼けない。窯を取り巻く設備も含めて豊富な知識を得た上で選択したい。

薪窯の構造

　薪窯の性能を決めるのは「石」。ナポリピッツァは炎の直接的な熱で焼くのではない。炎はあくまで熱源であり、窯全体に蓄熱した熱で窯内の温度を450℃以上にも上げ、その熱で焼くのだ。この蓄熱量を左右するのが、石の材質であり、量だ。下の製造工程は土台から組み立てる固定式の窯のつくり方だが、土台から天井のドームにいたるまで、各種の石や耐火レンガを合わせて組みあげ、その重量は5〜7tにもなる。これほどの石があるからこそ、蓄熱できるのだ。

　ナポリピッツァの薪窯の構造は、ピッツァを直置きして焼く炉床、それよりも下部の土台、それよりも上の窯部から成り立っている。薪は炉床の奥（店の構造に

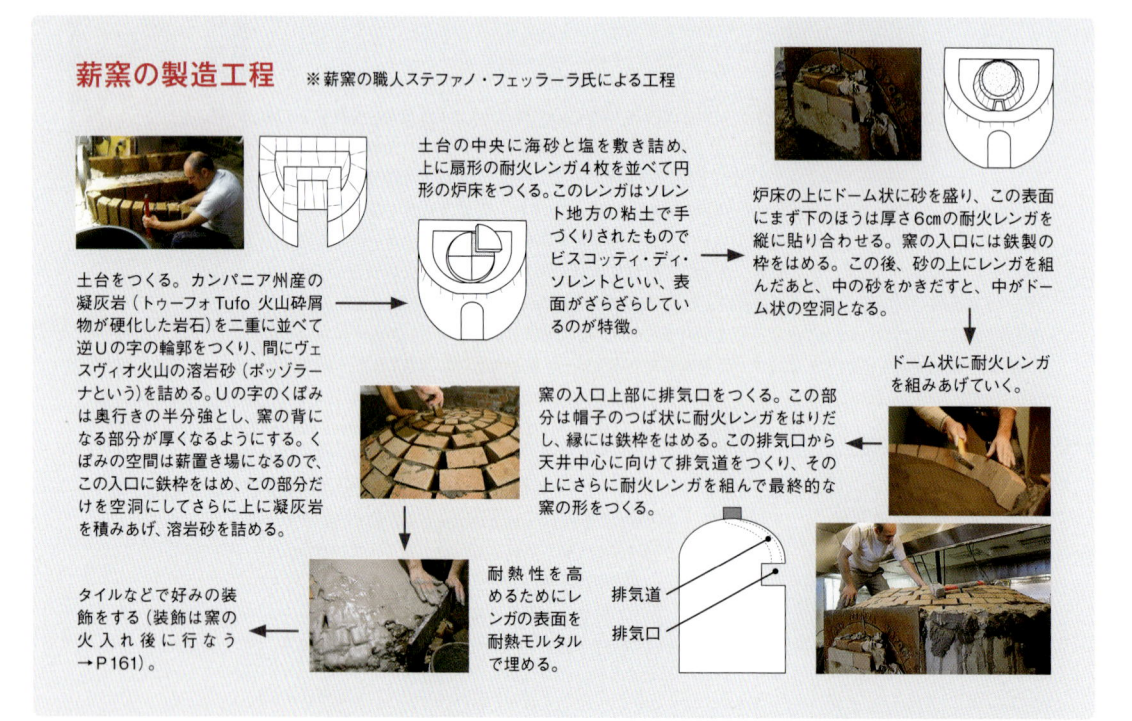

薪窯の製造工程　※薪窯の職人ステファノ・フェッラーラ氏による工程

土台をつくる。カンパニア州産の凝灰岩（トゥーフォ Tufo 火山砕屑物が硬化した岩石）を二重に並べて逆Uの字の輪郭をつくり、間にヴェスヴィオ火山の溶岩砂（ポッゾラーナという）を詰める。Uの字のくぼみは奥行きの半分強とし、窯の背になる部分が厚くなるようにする。くぼみの空間は薪置き場になるので、この入口に鉄枠をはめ、この部分だけを空洞にしてさらに上に凝灰岩を積みあげ、溶岩砂を詰める。

タイルなどで好みの装飾をする（装飾は窯の火入れ後に行なう→P161）。

土台の中央に海砂と塩を敷き詰め、上に扇形の耐火レンガ4枚を並べて円形の炉床をつくる。このレンガはソレント地方の粘土で手づくりされたものでビスコッティ・ディ・ソレントといい、表面がざらざらしているのが特徴。

窯の入口上部に排気口をつくる。この部分は帽子のつば状に耐火レンガをはりだし、縁には鉄枠をはめる。この排気口から天井中心に向けて排気道をつくり、その上にさらに耐火レンガを組んで最終的な窯の形をつくる。

耐熱性を高めるためにレンガの表面を耐熱モルタルで埋める。

炉床の上にドーム状に砂を盛り、この表面にまず下のほうは厚さ6cmの耐火レンガを縦に貼り合わせる。窯の入口には鉄製の枠をはめる。この後、砂の上にレンガを組んだあと、中の砂をかきだすと、中がドーム状の空洞となる。

ドーム状に耐火レンガを組みあげていく。

排気道
排気口

より右奥のことも、左奥のこともある）に組んで火を焚くが、この炎からでる熱は、ドーム状の天井の奥側をつたい、一部は天井に滞留し、一部は天井をぐるりと対流したあとに、窯の入口（ボッカ・デル・フォルノ）の上にある排気口から排出されて天井の煙突へと流れでる。

これらの蓄熱と熱の対流は、窯の内径とドームの高さが3対1だともっとも燃焼効率がよいといわれており、ナポリの窯職人はこの比率を遵守して窯を組みあげる。燃焼効率がよいということは、薪の消費量を無駄に増やさず、コストを抑えることができる。また窯内の温度が安定しやすいので、ピッツァの焼きあがりも安定する。ピッツァイオーロやフォルナイオの腕ももちろんだが、窯自体の良し悪しはピッツェリアにとって重要だ。

窯を選択する視点

窯は店の中心となる存在であり、開業を見据えて購入するにあたっても、それだけで本が一冊書けるほどポイントがたくさんある。ここでは大きさを決めるための基本的な知識をまとめておきたい。

窯の大きさを決めるにあたっては、1日に何枚のピッツァを焼くのかを想定し、そのために必要な大きさを割りだす必要がある。先に述べたように、薪窯は蓄熱で焼くものであり、その中で炉床の蓄熱が8割を占める。

仮に直径90cmと直径120cmの窯では、直径90cmのほうが炉床が小さい分、蓄熱力が弱い。そのため何枚も連続して焼き続けると、温度が下がりやすく安定しない。直径120cmの窯ならば一度に5枚のピッツァを焼き続けることができるが、直径90cmではむずかしいのだ。そのためよほどの問題がない限りは、直径120cmの窯を最小サイズとして選ぶことを強くすすめる。このサイズを選んでおけば、あとはフォルナイオの技術でどれだけ店が繁盛しようが対応することができる。

また、窯の炉床面の高さに関しては、床から115〜125cmの高さがあると、かがまずに窯の中がみえるので腰に負担がかからない。ちなみに著者は身長175cmなので、炉床の高さは1m20cmがちょうどいい。長年ピッツェリアを続けていくためには、体への負担が少ない高さにすることも大切だ。

排気口
窯入口上のフード内にあり、天井内部の排気道から煙突に排出。

装飾
見た目の装飾だけでなく、タイルにも窯の蓄熱効果がある。熱いモルタルが表面に直接でないようにもしている。

窯入口の両サイドは大理石

窯入口の前は鉄板

薪置き場
窯の下は常に温かく乾燥しているので、薪がよく乾燥して温まり燃えやすくなる。入口のまわりは薪が当たって壊れやすいので鉄枠をはめてガードする。

灰入れ
耐熱性のフタつき容器。窯の近くに常備。

窯内径とドームの高さは3対1
ナポリピッツァの薪窯の理想かつ必須の比率。この比率だと最高の燃焼効率を得られるとされる。ちなみに職人は両手の親指と小指を広げたサイズで窯の大きさを計る。単位はパルモPalmo（手ひらの意味）。だから窯の大きさには多少の誤差もある。それほど職人技から生まれるものなのだ。

煙突
窯の天井がドーム状なので熱が滞留する

窯の入口
ボッカ・デル・フォルノ Bocca del forno。鉄枠がはずれる構造になっていて、ここから炉床取替えのメンテナンスができる。

炉床
炉床はおよそ直径80〜130cm。直径80cmはピッツァ2枚、直径90cmは3枚、直径130cmは6枚以上焼ける大きさ。

耐火レンガ
炉床には薪を組む台として、耐火レンガ（もしくは薪用の鋼製の台キャバレット）を置く。薪を組むのは窯内の右でも左でもかまわないが、途中でかえるのは窯内の熱のバランスが崩れるのでよくない。

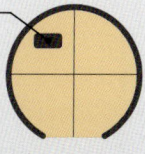

窯は一生ものだが、炉床は消耗する。パーラで叩いたり傷つけたりしない、薪を放り入れないなど、大事に扱いたい。年数がたつと消耗した炉床を取り替えてメンテナンスするのが一般的。

薪窯のタイプ

固定式 フォルノ・フィッソ Forno fisso	モバイル式（移動式） フォルノ・モビレ Forno mobile	ハイブリッド式 フォルノ・ハイブリッド Forno hybrid
● 窯を置く位置にナポリの職人が設置 ● 移動不可 ● 土台も耐火レンガを組み立てた構造 ● 総重量5～7t	● ナポリで組んだ窯を輸入 ● 移動できる（店舗移転も可能） ● 土台は鉄製の脚4本の架台 ● 総重量2～2.5t	モバイル式と同じ
ナポリから職人（ナポリでも数人しかいない）を招聘して一から組み立てるため、大きさや高さ、石の厚さなどを100％リクエストできるのが利点。通常、ナポリでは1ヵ月かけて組み立てるが、日本では最短で1週間、およそ10日～2週間見込み。その期間の滞在費なども発生するため、コストはモバイル式の2～2.5倍になる。モバイル式との大きな違いは土台部分。土台部分の石にも蓄熱効果があるため、炉床の温度が安定する。そのため焼く枚数が多い場合には、より安定した状態を保てる。 ※上写真はステファノ・フェッラーラStefano Ferrara氏製作の窯。同社はモバイル式、ハイブリッド式も製造している。	日本で使われている薪窯の主流。土台部分は耐火レンガを組まずに重量を軽減している構造なので、固定式よりは若干放熱しやすい。そのため複数枚を連続して焼く場合は、ピッツァを入れる位置を少しずつ変え、炉床を順次蓄熱するなど、炉床の温度維持のために工夫をするといい。また営業後に熾き火をためておくと、庫内に余熱が残りやすい。基本的に装飾なしの状態で船で2ヵ月以上かけて輸送されるので、設置後に火入れ（→P161）をした上で、日本の左官職に装飾を依頼する。 ※上写真のモバイル式、ハイブリッド式の窯はマリオ・アクントMario Acunto社製。	ガスと薪を併用するタイプ（固定式、モバイル式ともにあり）。炉床の片側にガス源があり、営業前の窯の温度を上げる時だけガスを使うことにより、高コストの薪の使用量を抑えることができるのが利点。また煤は温度が上昇する時にもっともでやすいが、この温度帯でガスを使うことにより煤の量を低減できる。ただし、ピッツァ ナポレターナSTGの規約ではガス窯の使用は認められていないので、ハイブリッドタイプでもピッツァの焼成時にガスを使うのは不可。 ガスと薪の同時併用は火力が強くなりすぎて火災の原因になるので厳禁

　ナポリピッツァの薪窯には、「固定式」「モバイル式」「ハイブリッド式」の3タイプがある。立地やコストなどの条件により、これらの選択肢から選ぶことになるが、ピッツァ窯は炉床の良し悪しで決まるので、固定式が圧倒的に優れているといえる。

　「固定式」はもっとも蓄熱力が強いが、実際に設置する場所に一から組みあげないとならず、職人の滞在費もかさむのがネック。またかなりの重量になるので、物件が限られたり、床補強の工事費がかかったりすることもある。これらの点を解消したのが「モバイル式」で、ナポリで組み立てた窯が輸送される。ただ窯の構造自体は固定式となんら変わりはないが、土台部分を石やレンガではなく鉄製の脚にして軽量化しているため、固定式と比べると土台部分の蓄熱が弱くなる。近年モバイル式は改良が進んで高品質だが、1日にかなりの枚数を連続して焼くピッツェリアの場合は、少しでも蓄熱力をアップするため、土台の脚部分をレンガで囲って保熱するなどの工夫をするといいだろう。

　「ハイブリッド式」は、薪の価格が高い日本では、ガスとの併用ができるためメリットは大きい。最近導入店が増えているが、ひとつだけ厳重注意を喚起したいことがある。それはガスと薪を同時に燃やすのはNGだということだ。ガスと薪を併用すると500℃をゆうに超え、容易に火災を引き起こしかねない。ガスは窯の温度を上げる時に使い、薪はピッツァを焼く時に使い、かならず使い分けることを固守しなければならない。

　他、ピッツァ ナポレターナSTGでは使用が認められていないが、高層ビルや商業施設内などのテナント条件により、薪窯を設置できない場合には、ガス窯か電気窯を使うことになるだろう。その際には薪窯の構造に近いもの、つまり炉床や壁面にしっかり蓄熱する構造や材質の窯を選ぶといい。

新しい窯の火入れ

薪窯はすぐに使うことはできない。窯を構成するレンガや砂には水分が含まれていて、ナポリから日本に輸送する際にも湿気を吸収するため、この水分を蒸発させる必要がある。吸収している水分量にもよるが、最低でも1週間かけて「火入れ」する（窯のタイプによって差がある）。もし火入れをせずに窯を使うと、かならず表面に亀裂が入り、炉床の一部が反りあがったりして、窯の寿命を極端に縮めてしまう。

以下、およその火入れのスケジュールを紹介する。最低1週間を要し、このあとにタイル貼りなどの装飾のためにも日数が必要なため、これらの日数をあらかじめ開業までのスケジュールに組み込んでおかなければならない。火入れには薪用パーラを使うので、事前に入手しておくことを忘れずに。

❶ 炉床の中央より少し手前に耐火レンガ（もしくはキャバレット）を置き、細い薪を数本組む。新聞紙に火をつけて薪の下に入れて点火する。なかなか火がつかず難儀するので、はじめだけ空気（酸素）を取り込みやすい手前で点火し、火がついたら徐々に中央に移動させるといい（窯全体に均一に火入れするため、薪は中央で燃やす）。煙突に強制ファンの設備がある場合は、ファンをつけると空気が窯にとり込まれるので火がつきやすくなる。

❷ 1日めはゆっくりと3時間をめどに火を焚き続ける。新聞紙やオガクズをどんどん足して火が消えないようにする。

❸ 2、3日めは5時間火入れする。1時間に数本の薪を目安にゆっくりと。連日燃やして窯が温まると火がつきやすくなる。

❹ 4、5日めになると、天井のドームの煤が切れて白っぽくなりはじめる。こうなったら、中くらいの薪や太い薪も入れて火を強め、中火で8時間をめどに火入れする。このあたりから窯の至るところから水分がたれはじめる。

❺ 6日め。太い薪を使い、強火で10時間めどで火入れする。中央にたまった熾き火を炉床全体に広げ、窯の温度を均一にする。窯の側面に亀裂ができはじめ、この亀裂からさらに内側の水分が完全に蒸発する（亀裂は装飾時に埋めるので問題ない）。天井の煤がさらに切れて白っぽくなる。

❻ 7日め以降も、窯全体に薪を入れ、最強火で半日燃やす。これを窯のどこからも水分がでなくなるまで続ける。最後に、実際に営業で薪を組む位置に耐火レンガを置いて薪を組み、しばらく焚いてならす。このあと窯内の掃除を念入りにして、火入れが完了。ただし窯が本調子になって安定するまでには、モバイル式でだいたい1、2ヵ月、固定式は半年かかるといわれている。この期間の窯は人間でいうと赤ん坊なので、鉄製パーラで炉床を叩いたり、薪を投げ入れたりするなど、少しでも乱暴な扱いはしないこと。子供を育てるように大切に扱えば、将来は力強いパートナーに成長するだろう。

煙突 Canna fumaria

薪窯と煙突は切り離せない関係。窯だけがクローズアップされがちだが、ピッツァイオーロやフォルナイオには煙突に関する知識も必要だ。

煙突は窯の天井にある排気口からつながり、建物の壁や天井を通り、屋外に煙を排出する。だが煙突の役割は外に煙を排出するだけでなく、窯の排気と吸気のバランスをとり、燃焼効率をよくする役目もある。窯は煙突次第といわれるほど重要なのだ。

だが煙突の設置は立地条件などにより千差万別で、とても素人の手には負えない。設置にあたっては、ピッツァ窯の煙突設置を熟知した専門業者のアドバイスを得るのが懸命だ。初期費用が割高になったとしても、最適な煙突工事をすればランニングコストを著しく低減することも可能だ。以下、煙突のごく初歩の構造のみを説明しておこう。

Aは窯からまっすぐに上げた煙突で、これが構造上もっともシンプルに自然排気ができて理想的。しかし、これを実現できる物件はそう多くはない。そこで、Bのようにまずは窯から壁に向かって横に引き、建物の外部にだしてから上に上げる構造がとられる。この際にかならず守らなければならないのは、横1対縦2以上の比率。縦の比率が長いほど、排気はスムーズに行なわれる。

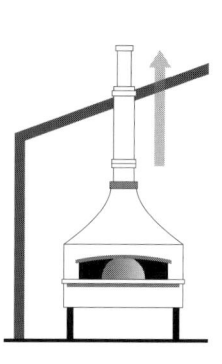

A：もっともシンプルな煙突の構造

窯から垂直に煙突を上げるのが、排煙効率が一番よく（煙突は曲がり角が少ないほどスムーズに排煙できる）、工事費も安価。

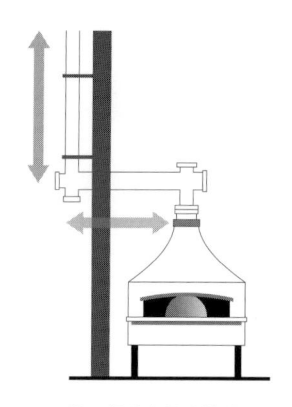

B：壁に煙突を通す構造

窯から壁に向かって横に煙突を引き、壁を貫通して外部で垂直に煙突を上げる構造。現実的にはこの構造がもっとも多い。この煙突構造では横部分の長さ1に対して、縦部分の長さが2以上の比率にすることが不可欠で、これ以下では自然排気されなくなる。縦部分が長いほど排気効果は高くなる。

さらに天井の梁などを避けて煙突を通さないとならない場合もあるが、それがCの例だ。煙突は1ヵ所でも下向きの部分があると排気がなされないので、機器による強制排気が必要となる。

また、これら以外にも煙突にからむ要素は多く、店舗全体の吸気と排気のバランスが悪いと（店舗全体の気密性や空調、厨房ダクトのバランスなどが関係する）、煙突がうまく排気しなかったり、店内に煙が逆流して煤で真っ黒になってしまったりすることもある。こういったアクシデントの実例は数知れずあるので、最低限、煙突に関わる排気と吸気の知識は得ておこう。

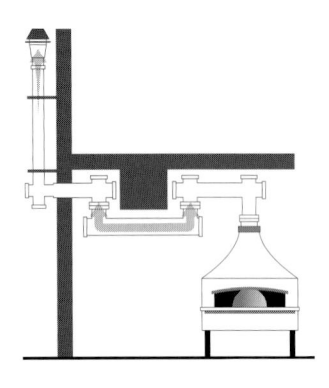

C：自然排気不可の場合の煙突構造
店舗の構造によっては、天井の梁などを避けて煙突を曲がりくねらせて設置しなければならない場合もある。煙突に下向きの部分があると、自然排気はできないので「強制排気システム」を設置する必要がある。これは煙突の先端に耐火ファンを施工するもので、窯から外に向かって強制的に排気を促す装置。

煙突掃除

煙突を設置する際に、あらかじめ注意をしたいことは、「煤掃除をしやすい」構造にしておくことだ。

通常、煙突は内部に煤がたまると、窯の燃焼効率が下がるだけでなく、火災の原因にもなりうるので、ピッツァの薪窯の場合は3ヵ月～半年に1回は煤掃除をしなければならない（窯を利用して肉を焼くと、煤にも油が含まれるため引火しやすくなるので、より多い頻度で掃除する必要がある）。

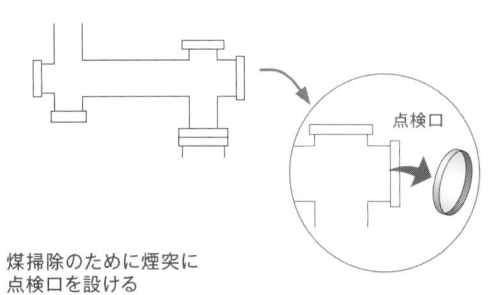

煤掃除のために煙突に点検口を設ける
煙突の曲がり角に点検口を設けておくと、そこから煙突内の煤掃除ができる。煙突の長さにもよるが、この点検口があれば大概の煙突は自分たちで煤掃除ができ、煙突掃除に関わるコストを軽減できる。掃除後は点検口を閉じ、上からテープを巻いてしっかり固定。こうしないと高熱の排気で口が吹き飛ぶことがある。

煙突掃除は専門業者に依頼することもできるが、煙突の設計が複雑だったり、高いビルの屋上まで伸びていたりしなければ、自分たちでこまめに掃除することができる。

では、どのような構造の煙突にすればよいのかといえば、煙突の曲がり角ごとに、開け閉めできる点検口を設けるのだ。この口を開け、そこから掃除用のブラシを入れて煤をかきだせば掃除できる。煙突掃除に関わるランニングコストは盲点になりやすいが、これを抑えることができるのは確実だ。

煤対策

窯を燃やせばかならず煤はでるもの。よほどの郊外立地でない限り、煙突から排出される煤が近隣への迷惑などにならないよう（洗濯物がよごれたりといったクレームの原因になる）、窯と煙突の排煙途中に煤を除去するためのフィルターを設置しなければならない。

煤取り用フィルターは「アクアフィルター」が主流になりつつあるが、これは窯と煙突の間に設置し、窯からの排気をアクアフィルターに吸引し、庫内で煤や粉塵に水分を噴霧するシステム。水にからめ取られた煤や粉塵は排水として下水に排出され、煤が除去された煙だけが煙突から外部に排気される。もとは無煙ロースター用に開発された機器だが、煙突から雨水をとり入れて利用するなど、ピッツァの薪窯用に近年かなり進化しているため、初期投資はかかるが設置したほうがいい。

最後に、薪窯の設置、煙突など周辺設備の設置ともに、専門のノウハウを持つ業者に依頼することを強くすすめる。薪窯という特殊な存在により、ピッツェリアの開業にあたっては、立地選びにはじまり、工事スケジュール、窯の搬入、設計、そして地方自治体ごとに条件が異なる消防法申請などまで、想像しえない事柄が山積みだ。無事に開業し、開業後もアクシデントがなく、さらに余計なランニングコストをかけない店舗をつくるためには、専門的な知識がかならず必要となることを頭に入れておこう。

煤取り用のアクアフィルターは、窯と煙突の中間に設置する。町中の立地ならば設置は必須。

協力／㈱ギルド　㈱宮村工作所　㈱佐勇

ピッツェリアの設備と道具の知識
$\mathcal{C}$onoscenza delle attrezzature

バンコ　　Banco (Banco di Marmo)

ピッツァを成形、トッピングなどするカウンターの作業台。ピッツァイオーロの舞台ともいえるバンコは、店のエントランスから一番目立つ位置にあることが多い。一段高くなっている場合もあり、これはお客から花形のピッツァイオーロがよく見えるようにするためであり、また店の指揮官であるピッツァイオーロが店内の様子を見渡せるためでもある。STG規約では材質の指定はないが、大理石が多い。それはナポリの近くにはイタリア有数の大理石の採掘地があったという歴史的背景もあるが、室温の影響を受けにくいので生地には最適。打ち粉がみえやすいため、黒や茶色、濃緑の石を使っている店も多い。バンコの下は生地や材料を保管するための台下冷蔵庫にすることが多い。台は営業の前後に、スポンジに水を含ませてこびりついた生地を柔らかくしてからふき取り、乾いたタオルでからぶきする。

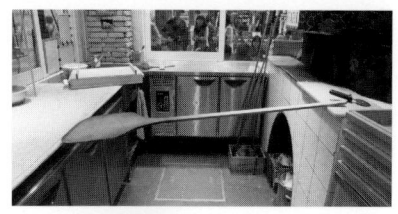

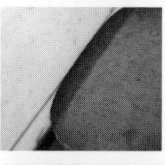

上／窯の前にバンコがある設計（最低1m20㎝の距離をとる）。左／バンコの上面縁には、挿入用パーラをセットできるように段差がある。下／バンコの横に窯がある設計。

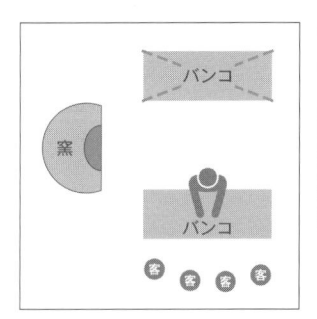

バンコはお客のほうに向けて設置するのが基本。背中を向けて作業するのは設計上よほどの理由がない限り稀。

バンコの高さ

台下冷蔵庫の高さが80〜85㎝として、その上に厚さ2㎝の大理石を置くと、計82〜87㎝の高さになる。これでは仮に身長170㎝の人は腰をかがめて作業しなければならず、かならず腰を痛めてしまう。平均的にはバンコの上面は高さ93〜95㎝を目安にするといい（そのためには台下冷蔵庫と大理石の間に、8〜10㎝くらいのすき間をつくり、生地を保管するスペースなどを設ける）。ちなみに著者は身長175㎝なので、バンコの高さは95㎝としている。

ガラスケース

食材を飾るショーケースなので、余計なものは置かず常に清潔に保つ。角が欠けやすいので、ガラスの縁は銅やスチールなどでガードする。ちなみに著者の店では下図のサイズのガラスケースを置いている。

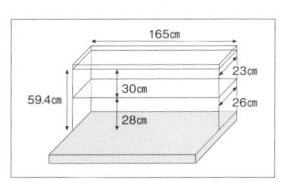

バンコの大きさ

バンコは台下冷蔵庫の上に設置することが多いので、サイズはこれに合わせて幅1m75㎝〜1m80㎝、奥行75〜80㎝が一般的。この幅だと2人のピッツァイオーロが同時に作業できる。

バンコと窯の配置

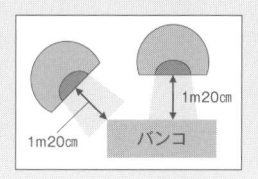

薪窯の口から熱が届くのは1m20㎝の範囲で、口から前方に向けて放射状に熱を発する。バンコに熱がくると生地やトッピングによくないので、窯とバンコの間には適切な距離をとることが大切。

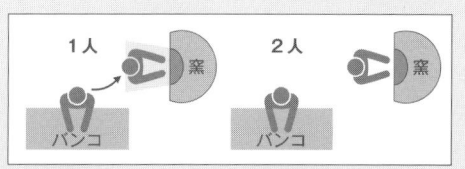

ピッツァイオーロがフォルナイオを兼任する場合は、窯はバンコの近くに設置すると無駄な動きがない。ピッツァイオーロとフォルナイオがいる場合は、それぞれの動きのためのスペース確保が必要なので、バンコと窯の間には少し距離をとる。ちなみに窯からの熱は放射状に発せられるので、距離やスペースがとれない場合、バンコの横に窯を設置するとバンコに熱が届かない。

ミキサー　Impastatrice

ナポリのピッツァイオーロは愛着の意を込めて、生地を練るミキサーのことをマッキネ・アユタブラッチャ Macchine aiutabraccia（腕を助ける機械）と呼ぶ。ひと昔前まで、ピッツァ職人の仕事は生地を手で練るため重労働だったが、1970年頃にミキサーが登場して以降、ピッツェリアは劇的に進歩した。ピッツァ ナポレターナSTGの生地づくりに使えるミキサーは、アームの形状により「ダブルアーム」「フォーク」「スパイラル」の3タイプのみが認められている。その理由は生地に余計なストレスを与えず空気を取り込めるためで、これにより生地の摩擦熱の上昇を抑え、また酵母の働き（呼吸）を活性化させることができる。ピッツァ生地には先述の順で適しているが、現状日本ではダブルアーム、フォークはあまり流通していないので、本書ではスパイラルを使用した。なお、製パンでよく使われるプラネタリータイプの縦型ミキサーは、ピッツァ生地に対しては撹拌力が強すぎてストレスがかかるため使用が認められていない。ミキサーは窯と同様、ピッツァづくりの要となる機器なので、コストを割いてでも理想のものを購入したほうがいい。仕込みの量に合わせた容量を選ぶことも大切だ。

ダブルアーム型　Braccia
人間の両腕の動きを模した動きをするミキサーで、やさしく練りながら、空気を十分に含ませることができる。昔ながらの手練りにもっとも近く、ストレスをかけずに早くよく練れるので、ピッツァ生地に最適。日本では製パンの工場用に大型のものは流通している。

フォーク型　Forcella
フォーク型のフックが斜めの角度で生地をこねる。イタリアで一番流通しているタイプで、ピッツェリアでももっともよく使われている。3タイプの中で練りあがりが一番遅く、その分生地へのストレスも少ない。

スパイラル型　Spirale
スパイラル状のフック。他の2タイプに比べれば多少生地にストレスがかかり、空気を抱き込ませる量も少ないが、十分にいいピッツァ生地を練ることができる。日本でも手に入りやすい。

冷蔵庫　Frigorifero

生地の冷蔵発酵をとる場合や材料の保管に必要。生地の乾燥を防ぐため、恒温高湿庫にするのが理想。生地はにおいが移りやすいので、専用の冷蔵庫を用意したほうがいい。番重を積み重ねて入れるので、仕込み量を考えた上で、冷蔵庫内のスペースの確保が必要。

バンコ下に設置でき、トッピング用の食材をすぐに出し入れできる台下型。番重が入る奥行が必要。幅1m80cmだとピッツァイオーロ2人が立って作業しやすい。

生地や食材を大量に保冷できる縦型。

店舗スペースに余裕がある場合は、内部に棚があり使い勝手がいいプレハブ式冷蔵庫を設置するといい。

フライヤー　Friggitrice

一般的なフライヤーは油槽の底が網になっていて、揚げカスが下に落ちる構造になっている。揚げピッツァ専用フライヤーのフォコーネ Focone（右写真）もあり、日本の天ぷら鍋に似た形で浅く、油温が高くなりやすい。フォコーネを使う場合は、油をなるべくよごさないように布の上で打ち粉なしでピッツァ フリッタを成形する店もある。ピッツェリアではピッツァ フリッタが210～220℃、クロッケ類が170～190℃と異なる温度帯で揚げることが多いので、ピッツァ フリッタにはフォコーネ、クロッケには一般的なフライヤーと2台を使い分けることもある。

テーブルと椅子　Tavola e Sedie

伝統的には大理石の天板に鉄製の脚のテーブルが多く、借金のかたに持っていかれにくいように重いものにしたという昔のエピソードもある。スポンジで洗えるため衛生管理しやすい面もある。

ピッツァ用皿　Piatto pizza

縁のラインが特徴で、コルニチョーネがきれいに見え、ナイフで切りやすい。直径29cm、31cmサイズが多い。生地玉230gのピッツァなら直径31cmの皿を使うピッツェリアが多い。

ピッツァ用ナイフ・フォーク　Coltello e Forchetta

ナイフはギザギザでよく切れ、先端がコルニチョーネを切りやすいような角度になっているものもある。

ピッツァカッター、カットボード　Rotella taglia pizza e Caccia pizza

基本的にピッツァは一人1枚食べるものなのであらかじめカットして提供はしないが、お客の要望に応じて必要なので準備しておく。スチール製の大きなボードは複数枚のピッツァを運ぶのにも使う。

テイクアウト用紙箱　Scatola pizza

簡単に組み立てられるものがいい。空気穴があいている構造だとピッツァが蒸れにくい。

ピッツァイオーロの道具の知識 *Accessori pizzaiuolo*

パーラ Pala
「木製パーラ」と「鉄製パーラ」。衛生上、床に直置きはせず、専用スタンドに立てるなどする。

木製（挿入用）パーラ Pala di legno
生地を窯入れする時に使う。伝統的には木製を使うが、一枚木が貴重で高価なこともあり、アルミやスチール製、フッ素樹脂加工もある。これらは軽くて使いやすいが、先端がシャープなため炉床を傷つけやすいので扱いに注意が必要。柄が長い状態で販売されているので、窯前のスペースや窯の奥行きに合わせて自分で切ってから使う。新品は生地がくっつきやすいので、粉を多少多めにふってならしていくといい。木製パーラは使うにつれて底や側面が削れるため消耗品。扱い方は→P59。

鉄製（回転用・薪用・掃除用）パーラ Pala di ferro
回転用パーラは、窯入れした生地の向きを変えるために使う。スチール製。サイズはいくつかあるが、複数枚のピッツァを同時に焼くピッツェリアでは、小さめのサイズのほうが使いやすい。直系27〜30cmのピッツァを焼くためには直系16〜18cm大、直系33cmくらいのピッツァを焼くためには直系20〜22cm大を目安にするといい。扱い方は→P60。

薪用パーラは、薪を組むために使う。スチール製。穴があいているものでも、あいていないものでもいい。直径があまり大きくないほうが薪を扱いやすい。窯を使って料理をする時に、重さのある天板やバットを出し入れするのにも使えるので、丈夫なものがいい。

掃除用パーラは、炉床の灰を掃除する時に使う。使い古したスチール製パーラ（穴なし）などを使うといい。

ウオモ・モルト
Uomo morto
パーラを置くためのスタンド。フォルナイオなしで、ピッツァイオーロが一人でピッツァを焼く時に使う。伝統的には鉄製で3脚。パーラがズレたりしても落ちないように、台の両側が少し上がっている。

ストゥファ Stufa
伝統的なピッツァの保温器。銅製の容器の底に炭を入れ、中ほどに鉄製のプレートを引っかけてその上に半分に折ったピッツェッタを20枚くらい重ね入れて持ち運ぶ（→P166）。

マルトラ Martora
生地を手練りする時に使う木製の容器。低めの作業台の上に置き、小麦粉を左側、その他の材料を右側に入れ、少しずつ混ぜながら練る。練りあがった生地をそのまま入れて発酵をとることもある。日本では入手困難なので本書では大きなボウルを使用。

スケッパー Spatola / Tagliapasta
ピッツァイオーロは三角状のスケッパー Spatolaを使いこなし、生地を切り分けたり、発酵した生地を番重から取りだしたり、トッピングの素材をカットしたりとさまざまに使う。一般的な三角ヘラと違い、柔軟性があってしなるのが特徴。四角いスケッパー Tagliapastaは生地をミキサーボウルから取りだす時に使うといい。

番重 Tavola
生地を分割後、発酵をとる時に使う。プラスチック製、木製のどちらを使ってもいい。木製は生地の湿度を適度に保ち、空気を通すのでよいといわれているが、重いのが難。使用後の木製番重には酵母菌が棲み着いているので、洗わずに粉などをふきとるだけにする。プラスチック製は透明なものを選ぶと、フタを開けなくても生地の発酵状態が確認できて便利。ピッツァ生地はそれほど高く膨らまないので、番重の高さは7〜8cmあればいい。著者は内寸53cm×34.5cm（木製は34cm）の番重に230gの生地は12個、200gの生地は15個入れている。

オイルさし Oliera
伝統的に銅もしくは錫製（内側はメッキ処理してある）を使う。ナポリの方言ではアリアーラ Agliaraという。250ml〜2ℓ容量までいろいろな大きさがあるが、1ℓ容量のものを選ぶと使いやすい。 

ボウル
Ciotola
トッピングの材料を入れてバンコに並べる。食材に合わせて直径15〜23cmを用意するといい。ソースを入れる場合はバンコをよごさないように下に皿を敷く。

ソース用スプーン Cucchiaio salsa
トマトソースをぬるための大きなスプーン。背が平らになっているので、ソースをぬり広げやすい。大中小サイズがあり、すりきり1杯で80gくらいのものが使いやすい。昔は木製が主流だった。

ナポリのピッツェリア
Pizzerie a Napoli

そもそもピッツェリアとは

ナポリのピッツェリアはもとは工房のみで、店内に食べる施設はなかった。買ったピッツァをその場で立ち食いしたり、広場で食べたりというファーストフードの元祖のようなスタイルがスタートだ。それが次第にその場で食べたいというお客の声から、簡易ベンチを置き、テーブルを置き…という具合に飲食店らしくなり、いまやピッツェリア専門店だけでなく、ピッツェリア・トラットリアやピッツェリア・リストランテといった業態まである。

テイクアウトが基本だった当時、ピッツェリアに欠かせなかった道具が、ピッツァ専用の保温器ストゥファ Stufa。直径35～50cmくらいの銅製の容器で、容器の底に炭を入れてその上に皿をのせ、ピッツァや小ぶりなピッツェッタを入れて保温した。これを右上写真のように頭にのせ（炭の熱で火傷するので頭にはフキンをのせた）、ナポリ弁をきかせた独特の売り口上とともに町々を売り歩いていた。この光景は1950年くらいまでナポリの街でみられたそうだ。ちなみにこの頃は1枚30リラ（＝0.3ユーロ）、1990年頃は3500リラ（＝1.7ユーロ）、2000年頃には2.5～3ユーロと、価格は時代とともに上がってはいるが、もとはといえばわずか0.3ユーロで食べられる庶民のための大衆食であった。

さて、ナポリのピッツェリア――とはいってもいろいろあるが、典型的な大衆ピッツェリアを例にすると――日本の飲食業ではおそらくラーメン店を例にするとその実態がわかりやすい。ナポリではマルゲリータは4ユーロ、マリナーラ3ユーロが大衆価格の相場。つまり、500円程度の食べ物で、物価が上がった現代でも1000円以下。まずビールを飲みながら、餃子（ピッツェリアの場合は揚げ物）をつまんで小腹を満たし、ラーメン（ピッツァ）ができるのを待つ。ラーメンは一人1杯食べるのと同様、ピッツァも一人で1枚食べるのが基本。そして、あまり長居はせず、アルコールもそれほどの量は飲まず、せいぜい15～30分ほどで食べ終えたら店をあとにする。単品ビジネスながら、店のウリ（○○系ラーメンなど）が明白で、人気店はウエイティングがでるほど大繁盛している、といった具合だ。

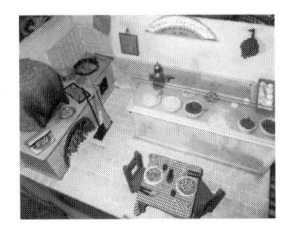

ピッツェリアでは、テイクアウトする場合は、まずビリエッテリア（レジ）で注文、支払いをしてチケットをもらう。バンコのピッツァイオーロにチケットを渡し、トッピングの増減や、焼き方の好みなどを伝え、バンコ付近で焼きあがりを待ち、紙箱に入れてもらい持ち帰る。揚げ物などをおいている店の場合は、これらも注文してテイクアウトすることができる。店内で食べる場合は、テーブルに着いてふつうにオーダーする。

ピッツァは庶民に愛されて発展した食べ物なので、それ一枚だけでお腹がいっぱいになるのが本来の姿。ゆえにナポリのピッツェリアには、ピッツァ以外のメニューは置いていない店も多い。ただし、ピッツェリアのサイドメニューとして欠かせない揚げ物だけは例外で、クロッケ ディ パターテやパッラ ディ リゾ（アランチーノ）、フリッタティーナなど数種類を揃えている店が一般的だ。これらの揚げ物は脇役なので、あらかじめ揚げたものを提供するのが大半。店頭にだしたガラスケースやホットケースに並べてそうざい店のように販売していることも多く、この業態はロスティッチェリア Rosticceriaと呼ばれる。

一方、「ピッツェリア・トラットリア」もしくは「ピッツェリア・リストランテ」という業態は、"メニューにピッツァがあるレストラン"という位置づけ。メニューの表のどの位置にピッツァが入るかは店によりさまざまだが、イタリアでは温かい前菜としてオーダーされ、カットして提供されたピッツァを取り分けて食べることが多い。

ピッツェリアのドリンクメニュー

　ピッツェリアではドリンクメニューもそれほど種類を置かないことが多く、カッフェ（コーヒー）もない店が多い。そのなかでノンアルコールではコーラ、ミネラルウォーター（ガス入り、ガスなし）、そしてアルコールではビールが圧倒的に飲まれている。粉もののピッツァには炭酸飲料が一番人気で、価格もリストランテとちがい低価格設定になっていることが多い。

　また最近ではワインを置くピッツェリアも多い。カジュアルなピッツェリアでは、グラスやカラッファ（デカンタ）で手頃なハウスワインを提供する。白ワインをスプライトなどのサイダーで割ってガブガブと飲むスタイルは若い女性を中心に人気だ。レストランタイプのピッツェリアならばボトルのワインも20種ほど品揃えしたり、ワインリストも用意している店も多い。ただしピッツァに合うワインであれば、どちらかといえば軽めのワインがいいだろう。カンパニア州の白ワインや、軽めの赤ワインがおすすめだ。

ナポリによくあるAntica Pizzeriaのメニュー例

Pizza Napoletana
- Marinara　3.5€
- Margherita　4€
- Margherita Extra　7€
- Siciliana　5€
- Capricciosa　6€
- 4 formaggi　6€
- Prosciutto e rucola　7€
- Ripieno al forno　5.5€
- Pizza fritta　5.5€

Fritture
- Crocchè di patate　1.5€
- Palla di riso　1.5€
- Frittatina　1.5€

Bibite
- Cola 33cl　2€
- Arancia 33cl　2€
- Birra Spina 40cl　3€
- Birra Moretti 33cl　3€
- 　　　　　　66cl　3€
- Vino della casa 25cl　3€
- 　　　　　　　　50cl　6€
- Acqua naturale o gassata 50cl　1.5€
- 　　　　　　　　　　　　　1L　2.5€

Amari
- Grappa　2€
- Amaro　2€
- Limoncello　2€

Birra Moretti
モレッティ社は1859年創業のイタリア最古のビールメーカー。麦芽の味が豊かでイタリアの"クラシックビール"として親しまれている。

Limoncello di Capri
食後酒によく飲まれる、カンパニア州産のレモンから造られるリキュール。

カンパニア州のワイン　Vini della Campania

　ナポリピッツァには、やはり同じカンパニア州のワインを合わせたい。イタリア全土でみるとワインの生産量は多くはないが、ギリシャ時代、ローマ時代から続く土着の品種があり、個性的なワインを産するのがカンパニア州の特徴。ワイン業界としては後発で、新興のワイナリーが多いが、高い評価を得ている生産者も多い。カンパニア州の土壌はヴェスヴィオ火山の火山灰が堆積しているため、ミネラル分が豊富で、水はけもよく、ブドウの根が土中深く張る。海側の畑は海風の影響もある。そのため総じてミネラル感が強く、このミネラルの味がブドウの甘味を増幅するようなワインが多い。赤と白では白ワインの生産量が多く、ブドウ品種でいえばファランギーナが多い。ファランギーナのワインは価格の幅が広く、手頃なものも多いので、ピッツェリアに向いている。世界的なナポリピッツァの浸透により、カンパニア州のワイン市場も活気づき、世界的に注目度が上がっている。

代表的な白ワインのブドウ品種

ファランギーナ　Falanghina
ほどよいボディと繊細な香り、少し甘味を感じるテイスト。栽培量が多く、価格幅が広い。

グレコ　Greco
爽やかなグリーン系の香りがし、ボディがある。

フィアーノ　Fiano
爽やかだが、バランスがよく、フルーツやハチミツを感じさせるような甘味。

左から、ファランギーナ・カンパニアI.G.P.、グレコ・ディ・トゥーフォ D.O.C.G.、フィアーノ・ディ・アヴェッリーノ D.O.C.G.（すべてヴィッラ・マティルデ社）

イスキア・ビアンコはイスキア島産。土着のブドウ品種ビアンコレッラとフォラステラから造られ、爽やかでキレがある（カーサ・ダンブラ社）。

代表的な赤ワインのブドウ品種

アリアニコ　Aglianico
渋味もあり、しっかりとしたボディ。カンパニア州の赤ワインのブドウ品種では圧倒的。アリアニコの名を世界に知らしめているのは、南イタリアのバローロとも評されるタウラージだ。

左から、アリアニコ・カンパニアI.G.P.、タウラージ D.O.C.G.（すべてヴィッラ・マティルデ社）

協力／モンテ物産㈱

ピッツァイオーロとフォルナイオ
Pizzaiuolo e Fornaio

ピッツェリアはチームワーク

ナポリのピッツェリアは仕事の分業が成されていて、チームワークのよさで店を盛り立てている。

チームの中心となるのは「ピッツァイオーロ」と「フォルナイオ」だ。それぞれの位置づけ、役割、両者の関係性を説明しよう。

ピッツァイオーロとフォルナイオは、

  ピッツァイオーロ＝バンコ（生地、トッピング）
  フォルナイオ＝薪窯（焼き）

で担当が分かれる。立場的にはピッツァイオーロのほうが上で指揮する側にあるが、双方の間には絶大な信頼関係があり、兄弟や長年組んでいるコンビが多いのはこのためだ。日本のピッツェリアは現状ではピッツァイオーロがフォルナイオも兼任していることが多いが、これはピッツァがより日常的なナポリではむしろ稀なパターン。一人で1日に焼けるピッツァの枚数には限界があるので、チームで回していくのだ。

いいピッツァイオーロがいる店では、腕のいいフォルナイオを育てるといわれる。優れたフォルナイオもまたいいピッツァイオーロを育てる。この連携がうまくいっている店は、ピッツァの味も安定して常においしく、顧客も長年通い続ける、という構図ができている。

ピッツァイオーロの仕事

ピッツァイオーロは営業時間以外には生地をつくり、トッピングを準備し、営業中は生地を延ばしてトッピングするのが仕事。成形では生地の状態を感じとりながら加減し、"生地に合わせて"窯のどの位置に入れるかなどの指示もフォルナイオにだす。生地の調整のみならず、トッピングの調節や作業のスピードも重要。ナポリではバンコに立つピッツァイオーロがお客から直接オーダーを聞き（トッピングの増減や焼き加減などの好みが伝えられる）、チームに指示をだして、お客が望むピッツァを焼きあげる。薪窯の知識や扱いも熟知していなければ、ピッツァイオーロは務まらない。

ピッツァイオーロは、上から、プリモ・ピッツァイオーロ、ピッツァイオーロ、アシスタント・ピッツァイオーロがいる。

トップに立つプリモ・ピッツァイオーロは、ピッツェリア全体の司令官であり、レストランでいえば総料理長的な存在で、オーナーピッツァイオーロであるケースが多い。プリモ・ピッツァイオーロともなると、ピッツァをつくるだけでなく、店全体のサービスまで含めて管理するのが仕事となる。ピッツェリアのバンコは店を入ってすぐの目立つ場所にあったり、一段高くなっていたりしてピッツァイオーロの顔がよくみえる設計が多いが、それはお客が花形のプリモ・ピッツァイオーロの顔を確認できるようにするためであり、またプリモ・ピッツァイオーロが店全体を見渡して指示をだすためでもあるのだ。

ピッツェリアの修業システムでは、新人はまずアシスタント・ピッツァイオーロとして、材料の準備やテイクアウトの箱折りをしながら仕事を覚える。慣れてくると、オーダーに合わせて発酵状態のいい生地を取りだすなど、ピッツァイオーロが段取りよく仕事できるように営業中のアシスタント業務もするようになる。そして次の段階では、フォルナイオを担当してかならず窯の仕事を学んだあと、ピッツァイオーロになることができる。

伝統的にピッツァイオーロは男性の職業だが、最近では女性のピッツァイオーラ（女性形になる）も増えてきている。ナポリのピッツェリアでもみかけるし、著者の店でもピッツァイオーラが活躍している。

フォルナイオの仕事

フォルナイオは窯の番人。朝の火入れにはじまり一日中窯の温度を管理し、薪の準備、営業中のピッツァの焼成をこなす。通常は1人で担当するが、オーダーが非常に集中する時間帯がある店では、パリスタと呼

ピッツァイオーロ、フォルナイオの1日 ※ランチ営業があるピッツェリアの例

ピッツァイオーロ	フォルナイオ
出勤:営業時間3～4時間前	
● 一番に前夜仕込んだ生地の状態を確認する（生地の仕込みに大きく関わるので、毎朝の天気予報のチェックも必須） ● ディナー分の生地を仕込む（生地を練るのは本来プリモ・ピッツァイオーロの役目） ● 揚げ物などサイドメニューの調理をする ● 営業直前にトッピングを準備する（前夜に水切りしておいたモッツァレッラのカット、トマトソース、バジル、ニンニクなど）	● 窯の余熱温度を確認する（休みの翌日は窯の温度が低いので通常よりも早く出勤して窯の状態をみて対応する） ● 窯の余熱でパンなどを焼く場合は、この時間帯を利用する ● パンなどサイドメニューの焼成後、窯の温度を上げてピッツァを焼く準備をする ● 当日使う分の薪を確認する ● その他のランチ営業の準備
ランチ営業	
ランチ営業後 ● ディナー用の仕込み、バンコの準備 ● 休憩	ランチ営業後 ● ディナー営業までは窯を余熱で維持する（窯の余熱でパンなどを焼く） ● 休憩
ディナー営業	
ディナー営業後 ● 翌日のランチ分の生地を仕込む ● 翌日のランチ分のモッツァレッラの水切りなどトッピングの準備をする ● バンコと作業場のあと片づけ ● 翌日のパンの成形など	ディナー営業後 ● 窯のあと始末をする ● 翌日分の薪を準備する ● 窯の余熱を利用して翌日のサイドメニューなどの下準備

ばれる担当が生地を窯に入れる作業だけを行なうこともある。ピッツァイオーロが次々と生地をトッピングし、パリスタが間髪入れずに生地を窯に入れ、フォルナイオが生地の向きを変えて焼けたピッツァを次々に取りだし……というめまぐるしい動きは、チームワークなしには成立せず、ピッツェリアの活気にもつながる。

フォルナイオはピッツァイオーロに比べると、黙々とピッツァを焼く職人肌の人が多い。どちらかといえばピッツァイオーロは目立つ存在で、フォルナイオは黒子であることが多いが、ピッツァイオーロとフォルナイオの関係は夫婦のようともいわれるほど信頼が厚い。

ズボンやシャツは白色が基本で（粉がついても目立たない）、エプロンとネッカチーフ、髪の毛の混入を防ぐため帽子を着用。これがピッツァイオーロの正装。

なぜなら、ピッツァイオーロが大切につくり、延ばし、トッピングした生地を、最後の最後に受けとって焼きあげるのがフォルナイオだからだ。リレーでいえば、アンカー的存在。ピッツァの生地は毎日同じ状態ではないし、薪窯の中の状態も一定ではない。ピッツァイオーロの指示とともにピッツァを窯に入れ、その日、その時のベストなピッツァを焼きあげるのは、フォルナイオの腕ひとつ。器用なだけではこなすことができない、豊富な経験値が必要な仕事だ。

ピッツァ ナポレターナSTGの規約でも、フォルナイオの仕事に関して「今日多くの人がピッツァのおいしさの秘密は生地のつくり方と最高の材料のクオリティに尽きると信じているが、それは違う。～中略～フォルナイオはピッツァイオーロと同じくらい重要である」と記されていることからも、ナポリピッツァにおいてフォルナイオの位置づけがいかに重要かがわかるだろう。ナポリには一生フォルナイオ一筋の職人もいる。それほどフォルナイオは専門的な職業なのだ。

欧州連合条約第 97/2010 条（2010年2月4日）
"Pizza Napoletana STG" 標章取得に関する国際規格定義の為の規約

第1頁においては、本規定が最終的に決定される（2010年2月4日）までに欧州委員会により検討された議論の流れが説明されている。ドイツとポーランドによって反対された点も含まれる。ドイツはイタリア産小麦粉の限定に対する不満を述べ、ポーランドからは Pizza Napoletana という名称と申請書における説明不足に対する不満が表示されていたという。

第2頁〈添付書類 I〉
欧州連合条約第 509/2006 条に規約された食品
クラス 2.3：菓子、パン、ビスケット等
ITALIA
PIZZA NAPOLETANA（STG、伝統的特産品保護）

第3頁〈添付書類 II〉
STG標章取得の為の申請書
欧州連合条約第 509/2006 条に規約された伝統的食品
"PIZZA NAPOLETANA"
N.CE:IT/TSG/007/0031/09.02.2005

1. 依頼者の名前と住所
名前：Associazione Verace Pizza Napoletana
住所：Via S. Maria La Nova 49, Napoli
Tel: 081/4201205
FAX: 081/4201205
E-mail: info@pizzanapoletana.org

名前：Associazione Pizzaiuoli Napoletani
住所：Corso S. Giovanni a Teduccio 55, Napoli
Tel: 081/5590781
FAX: 081/5590781
E-mail: info@pizzaiuolinapoletani.it
　　　　direttivo@pizzaiuolinapoletani.it

2. 国
イタリア

3. 製造規定
3.1. 記録される名称
"Pizza Napoletana"
登録名はイタリア語のみで表示されるように希望する。"Prodotta secondo la Tradizione Napoletana"（ナポリの伝統的な方法によって作られた）と "STG"（伝統的特産品保護）という表示は製造された国の言葉に訳する。

3.2. 名前に関して以下のように表示する
X それ自体が特殊な名である
□ 農業や食品の特殊を表示する
"Pizza Napoletana" という名は 3.8 に説明されているようにこの食品を表示する名称である。

3.3 CE 509/2006 規定 13 条 2 項に準じ名称の留保を希望されるか
X 名前を留保して登録
□ 名前を留保しないで登録

3.4 商品の種類
クラス 2.3：菓子、パン、ビスケット等

3.5.3.1. にて表示された食品の特徴説明
"Pizza Napoletana" STG は窯で焼いた丸い食品、直径は 35cm を超えずまわり（コルニチョーネ）は高く作られている。ピッツァの中央部分は厚さが 0.4cm（±10％の誤差を認める）で、それに具がのっている。ピッツァのコルニチョーネの厚さは 1-2cm となっている。全体的にピッツァは柔らかく、柔軟性があり手帳のように（Libretto）容易に折りたたむことができる。

"Pizza Napoletana" STG のコルニチョーネは高く作られ、窯で焼いたもので、黄金色で、口当たりも柔らかい。中央部分にのせられた具の中でトマトの赤が目立ち、バジルとオレガノのグリーンとモッツァレッラの白が調和的に並べられている。

"Pizza Napoletana" の生地は柔らかく、柔軟性があり容易に折りたたむことができなくてはならない。味としては、コルニチョーネより広がるよく焼かれたパンの深い味、酸味の利いたトマトの味、にんにく、バジルとオレガノのアロマ（風味）、加熱された水牛モッツァレッラ DOP の味を感じることができる。

3.6. 製造方法について
"Pizza Napoletana" の原料は：小麦粉、ビール酵母、水（Acqua Naturale）、ホールトマト及びフレッシュなポモドリーニ、海塩（食塩）、エクストラバージンオリーブオイル。更に追加として使用できる原材料は：にんにくとオレガノ、カンパニア DOP の水牛モッツァレッラ、フレッシュバジル、モッツァレッラ STG。

小麦粉の特徴は以下の通り：
— W　　　　　　　　　　　220-380
— P/L　　　　　　　　　　0.50-0.70
— 吸収力　　　　　　　　　55-62
— 安定性　　　　　　　　　4-12
— Falling Number E10　　 max 60
— Falling Number (Hagberg)　300-400
— 乾燥グルテン　　　　　　9.5-11 g ％
— たんぱく質　　　　　　　11-12.5 g ％

"Pizza Napoletana" の製造方法は下記の通りとなる。

生地をつくる
小麦粉、水、塩、酵母を混ぜる。ミキサーに水 1ℓ を注ぎ、50-55g の海塩を溶かし、使用する小麦粉のうち 10％ を入れる。ビール酵母 3g を入れてからミキサーを起動させ、少しずつ W220-380 の小麦粉を 1800g 加える。小麦粉の投入は 10 分かけて行う。

生地は Forcella（フォーク型）のミキサーで 20 分低速でミキシングする。生地の密度は小麦粉による水の吸収力により高くなっていく。結果として一番適切な生地はねばねばせず、柔らかくて柔軟性がある。

生地の特徴は以下の通りとなる。（全ては ±10％ の誤差が認められる）
— 発酵温度　　　25℃
— pH　　　　　　5.87
— 合計酸度　　　0.14
— 密度　　　　　0.79 g/cm³ (+34％)

REGOLAMENTO (UE) N. 97/2010 DELLA COMMISSIONE del 4 febbraio 2010

recante registrazione di una denominazione nel registro delle specialità tradizionali garantite [Pizza Napoletana (STG)]

LA COMMISSIONE EUROPEA,

visto il trattato sul funzionamento dell'Unione europea,

visto il regolamento (CE) n. 509/2006 del Consiglio, del 20 marzo 2006, relativo alle specialità tradizionali garantite dei prodotti agricoli e alimentari (1), in particolare l'articolo 9, paragrafo 5, terzo comma,

considerando quanto segue:

(1) A norma dell'articolo 8, paragrafo 2, primo comma, del regolamento (CE) n. 509/2006 e in applicazione dell'articolo 19, paragrafo 3, del medesimo regolamento, la domanda di registrazione della denominazione « Pizza Napoletana » presentata dall'Italia è stata pubblicata nella Gazzetta ufficiale dell'Unione europea (2).

(2) La Germania e la Polonia hanno dichiarato la propria opposizione a norma dell'articolo 9, paragrafo 1, del regolamento (CE) n. 509/2006. Tali opposizioni sono state ritenute ricevibili a norma dell'articolo 9, paragrafo 3, primo comma, lettera a), del suddetto regolamento.

(3) La dichiarazione di opposizione della Germania verteva in particolare sul timore che le farine di grano tedesche possano essere svantaggiate poiché, in base al disciplinare, è autorizzato un solo tipo di farina di grano, disponibile in un solo Stato membro, ossia l'Italia.

(4) La dichiarazione di opposizione della Polonia, dal canto suo, verteva in particolare sul fatto che il nome non è di per sé specifico e che la domanda di registrazione pubblicata non contiene spiegazioni adeguate.

(5) Con nota del 17 settembre 2008, la Commissione ha invitato gli Stati membri interessati a raggiungere un accordo secondo le loro procedure interne.

(6) Un accordo, notificato alla Commissione il 24 febbraio 2009 e da quest'ultima approvato, è stato concluso tra l'Italia e la Germania entro un termine di sei mesi. Secondo tale accordo, sono revocate le limitazioni legate all'utilizzo di talune farine di grano.

(7) Poiché non è stato tuttavia concluso un accordo tra l'Italia e la Polonia nei termini previsti, la Commissione ha l'obbligo di adottare una decisione in base alla procedura di cui all'articolo 18, paragrafo 2, del regolamento (CE) n. 509/2006.

(8) In questo contesto e a seguito dell'opposizione della Polonia, sono state aggiunte al disciplinare le spiegazioni atte a dimostrare che il nome di cui si chiede la registrazione è di per sé specifico.

(9) Alla luce di quanto sopra, la denominazione « Pizza Napoletana » deve quindi essere iscritta nel « Registro delle specialità tradizionali garantite ». Non è stata richiesta la protezione di cui all'articolo 13, paragrafo 2, del regolamento (CE) n. 509/2006.

(10) Le misure di cui al presente regolamento sono conformi al parere del comitato permanente per le specialità tradizionali garantite,

HA ADOTTATO IL PRESENTE REGOLAMENTO:

Articolo 1

La denominazione che figura nell'allegato I del presente regolamento è registrata.

Articolo 2

Il disciplinare consolidato figura nell'allegato II del presente regolamento.

Articolo 3

Il presente regolamento entra in vigore il ventesimo giorno successivo alla pubblicazione nella Gazzetta ufficiale dell'Unione europea.

Il presente regolamento è obbligatorio in tutti i suoi elementi e direttamente applicabile in ciascuno degli Stati membri.

Fatto a Bruxelles, il 4 febbraio 2010.

Per la Commissione
Il presidente
José Manuel BARROSO

(1) GU L 93 del 31.3.2006, pag. 1.
(2) GU C 40 del 14.2.2008, pag. 17.

ALLEGATO I

Prodotti alimentari di cui all'allegato I del regolamento (CE) n. 509/2006

Classe 2.3. Prodotti della confetteria, della panetteria, della pasticceria o della biscotteria

ITALIA

Pizza Napoletana (STG)

ALLEGATO II

DOMANDA DI REGISTRAZIONE DI UNA STG

Regolamento (CE) n. 509/2006 del Consiglio relativo alle specialità tradizionali garantite dei prodotti agricoli e alimentari

« PIZZA NAPOLETANA »

N. CE: IT/TSG/007/0031/09.02.2005

1. NOME E INDIRIZZO DELL'ASSOCIAZIONE RICHIEDENTE

Nome: Associazione Verace Pizza Napoletana
Indirizzo: Via S. Maria La Nova 49, Napoli
Tel: 081/4201205
Fax: 081/4201205
E-mail: info@pizzanapoletana.org

Nome: Associazione Pizzaiuoli Napoletani
Indirizzo: Corso S. Giovanni a Teduccio 55, Napoli
Tel: 0815590781
Fax: 0815590781
E-mail: info@pizzaiuolinapoletani.it
direttivo@pizzaiuolinapoletani.it

2. STATO MEMBRO O PAESE TERZO

Italia

3. DISCIPLINARE DI PRODUZIONE

3.1. Nome da registrare

« Pizza Napoletana »

La registrazione è richiesta nella sola lingua italiana.

La dicitura « Prodotta secondo la Tradizione napoletana » e l'acronimo STG contenuti nel logo/etichetta della « Pizza Napoletana » STG, sono tradotti nella lingua del paese in cui ha luogo la produzione.

3.2. Indicare se il nome

X è di per sé specifico

☐ indica la specificità del prodotto agricolo o del prodotto alimentare

Il nome « Pizza Napoletana » è tradizionalmente utilizzato per designare questo prodotto, come attestano le varie fonti di cui al punto 3.8.

3.3. Indicare se è richiesta la riserva del nome ai sensi dell'articolo 13, paragrafo 2, del regolamento (CE) n. 509/2006

☐ Registrazione con riserva del nome

X Registrazione senza riserva del nome

3.4. Tipo di prodotto

Classe 2.3. Prodotti della confetteria, della panetteria, della pasticceria o della biscotteria

3.5. Descrizione del prodotto agricolo o alimentare che reca il nome indicato al punto 3.1

La « Pizza Napoletana » STG si presenta come un prodotto da forno tondeggiante, con diametro variabile che non deve superare 35 cm, con il bordo rialzato (cornicione) e con la parte centrale coperta dalla farcitura. La parte centrale sara spessa 0,4 cm con una tolleranza consentita pari a ± 10%, il cornicione 1-2 cm. La pizza nel suo insieme sarà morbida, elastica, facilmente piegabile a « libretto ».

La « Pizza Napoletana » STG è caratterizzata da un cornicione rialzato, di colore dorato, proprio dei prodotti da forno, morbida al tatto ed alla degustazione; da un centro con la farcitura, dove spicca il rosso del pomodoro, cui si è perfettamente amalgamato l'olio e, a seconda degli ingredienti utilizzati, il verde dell'origano e il bianco dell'aglio, il bianco della mozzarella a chiazze più o meno ravvicinate, il verde del basilico in foglie, più o meno scuro per la cottura.

La consistenza della « Pizza Napoletana » deve essere morbida, elastica, facilmente piegabile; il prodotto si presenta morbida al taglio; dal sapore caratteristico, sapido, derivante dal cornicione, che presenta il tipico gusto del pane ben cresciuto e ben cotto, mescolato al sapore acidulo del pomodoro, all'aroma, rispettivamente, dell'origano, dell'aglio o del basilico, e al sapore della mozzarella cotta.

La pizza, alla fine del processo di cottura, emanerà un odore caratteristico, profumato, fragrante; il pomodoro, persa la sola acqua in eccesso, resterà denso e consistente; la Mozzarella di Bufala Campana DOP o la Mozzarella STG si presenterà fusa sulla superficie della pizza; il basilico cosi come l'aglio e l'origano svilupperanno un intenso aroma, apparendo alla vista non bruciati.

3.6. Descrizione del metodo di ottenimento del prodotto che reca il nome indicato al punto 3.1

Le materie prime di base caratterizzanti la « Pizza Napoletana » sono: farina di grano tenero, lievito di birra, acqua naturale potabile, pomodori pelati e/o pomodorini freschi, sale marino o sale da cucina, olio d'oliva extravergine. Altri ingredienti che possono essere utilizzati nella preparazione della « Pizza Napoletana » sono: aglio e origano; Mozzarella di Bufala Campana DOP, basilico fresco e Mozzarella STG.

Le caratteristiche della farina sono le seguenti:

– W:	220-380
– P/L:	0,50-0,70
– Assorbimento:	55-62
– Stabilità:	4-12
– Indice di caduta E10: max.	60
– Falling number (indice di Hagberg):	300-400
– Glutine secco:	9,5-11 g %
– Proteine:	11-12,5 g %

発酵
1次発酵：ミキサーから生地を取り出してからピッツァ用のカウンター（及びテーブル）の上で寝かせる。表面が固まらないように湿った布をかける。2時間の発酵が終わったら手でパネット（小さいパンのような形）を作る。スケッパーを使用し生地を切ってからパネットを成形する。"Pizza Napoletana"のパネットは 180g から 250g までのサイズでなければならない。

2次発酵：(Staglio) パネットを成形した後、食品用のプラスチックコンテナ（番重）に入れて 4～6 時間寝かせる（2次発酵）。このように出来上がった生地は常温で保管し、6時間の間に使用する。

成形
発酵工程が終了した後、スケッパーでコンテナからパネットを取り出し、小麦粉を薄くふったカウンターの上に置く。中心から外への動きをもって両手の指でパネットを延ばし、数回引っ繰り返しながら円形 (Disco) になるまで成形する。中央部分は厚さが 0.4cm（±10%の誤差）で、まわりの部分（コルニチョーネ）の厚さは 1-2cm とする。

"Pizza Napoletana" STG の製造には他の方法が認められない。特に麺棒や生地を延ばす機械を利用してはいけない。

トッピング
"Pizza Napoletana" には次のように具をのせて味付けをする。
―スプーンで中央に 70g～100g のホールトマトをおく。
―スパイラルの動きで中央全体にトマトをのばす。
―スパイラルの動きで塩をトマトの上にふる。
―同様にオレガノもふる。
―一かけのにんにくを細かく切りトマトの上にかける。
―オイル挿しを中心からスパイラルに動かし、エクストラバージンオリーブオイル（4-5g、±20%の誤差）を中央部分にかける。

又は：
―スプーンで中央に 60g～80g のホールトマト及びカットしたフレッシュポモドリーニをおく。
―スパイラルの動きで中央全体にトマトをのばす。
―スパイラルの動きで塩をトマトの上にふる。
―スライスしたカンパニア DOP の水牛モッツァレッラ（80-100g）をトマトの上にのせる。
―フレッシュなバジルの葉をのせる。
―オイル挿しを中心からスパイラルに動かし、エクストラバージンオリーブオイル（4-5g、±20%の誤差）を中央部分にかける。

又は：
―スプーンで中央に 60g～80g のホールトマトをおく。
―スパイラルの動きで中央全体にトマトをのばす。
―スパイラルの動きで塩をトマトの上にふる。
―スライスしたモッツァレッラ STG（80-100g）をトマトの上にのせる。
―フレッシュなバジルの葉をのせる。
―オイル挿しを中心からスパイラルに動かし、エクストラバージンオリーブオイル（4-5g、±20%の誤差）を中央部分にかける。

窯焼き
ピッツァイオーロは用意されたピッツァを木及びステンレスのパーラにのせ、窯の底に挿入する。パーラにのせる際は小麦粉をふって少し回転させると簡単にのせることができる。ピッツァを窯に挿入する際は、具がピッツァから落ちないように手首の早い動きでパーラを引き出してピッツァを落とす。"Pizza Napoletana" STG を焼く窯は 485℃ に達する薪の窯に限定される。

ピッツァイオーロはステンレスのパーラでピッツァを少し上げることによって目の前の部分の焼き状態を確認する。またピッツァを回転させ、その部分を窯の奥にある火に向かわせる。このオペレーションによってピッツァ全体の焼き状態が同様であるようにコントロールする。また焼きの温度が安定するようにピッツァの位置は変えず、最初に挿入した際の位置から移動させない。

焼き終えたら、ステンレスのパーラでピッツァを窯から取り出してピッツァ用の皿に入れる。

焼いた後のピッツァは次のような特徴を持つ。
トマトは余分な水分が蒸発している為、濃厚になっている。カンパニア DOP の水牛モッツァレッラ及びモッツァレッラ STG は中央で溶けている。にんにく、バジル、オレガノは良いアロマ（風味）を出し、焼かれたように見えない。

―窯の底の温度：約 485℃ *
―窯のドーム（上の部分）温度：約 430℃ **
―焼き時間：60～90秒
―生地が焼かれる温度：60～65℃
―トマトが焼かれる温度：75～80℃
―オイルが焼かれる温度：75～80℃
―モッツァレッラが焼かれる温度：65～70℃

*、** は表記ミスにより温度が逆になっている（修正申請中）。

保存方法
"Pizza Napoletana" はピッツェリアで焼き上がった状態で食べるのが最適。他に冷蔵及び冷凍し販売することもできる。

3.7. 食品の特性
本食品のオリジナルな味は多数の要素によって決まっている。製造方法、製造時間、ピッツァを作る職人の経験と技術によると言える。

特に "Pizza Napoletana" の製造工程には下記の特徴が非常に大切になっている。生地の密度と柔軟性（Rheology、流動学）、また発酵工程（異なった時間と温度で行われる2段階）。パネットの用意と作り方。パネットから成形したピッツァの形。薪窯の準備及び焼き時間と温度の管理。

第2発酵の後にパネットは膨らみ湿度が高くなる。両手の指で中央から外にパネットの生地を押して延ばし始めると、生地に入り込んでいる空気が中央部分からまわりの部分へ移動する。このようにピッツァのコルニチョーネ（高い部分）が出来上がる。コルニチョーネの厚さによって具が安定しピッツァの中央から外に落ちない為、ピッツァの正しい成形は非常に重要なプロセスとなっている。続いてピッツァの直径を延ばすために、斜め 45-60 度に傾けた右手で支えながら、左手で生地を回していく。機械や麺棒で生地を延ばせば空気が動かずピッツァの中央部分に溜まったりするので、焼いた後に "Pizza Napoletana" の特徴的な形が成り立たない。

またナポリの伝統的な技術によって、ピッツァイオーロは 3 枚から 6 枚までピッツァの円形 (Disco) を用意してから、その生地を手でパーラにのせなければならない。パーラにのせる際は小麦粉をふり円形が崩れないように少し回転させながらのせる。パーラで直接ピッツァをカウンターからのせるのは、形が変わったり生地が破れたりする可能性があるので適切な方法ではない。ピッツァを窯に挿入する際は、具が落ちないように手首の早い動きで 20-25 度斜めに傾けたパーラを引き出してピッツァを落とす。

"Pizza Napoletana" の製造に主要なものは薪の窯であり、正

La preparazione della ‹Pizza Napoletana› comprende esclusivamente le fasi di lavorazione seguenti, da realizzarsi in ciclo continuo nello stesso esercizio:

Preparazione dell'impasto
Si mescolano farina, acqua, sale e lievito. Si versa un litro di acqua nell'impastatrice, si scioglie una quantità di sale marino compresa tra i 50 e i 55 g, si aggiunge il 10% della farina rispetto alla quantità complessiva prevista, successivamente si stemperano 3 g di lievito di birra, si avvia l'impastatrice e si aggiungono gradualmente 1800 g di farina W 220-380 fino al raggiungimento della consistenza desiderata, definita punto di pasta. Tale operazione deve durare 10 minuti.

L'impasto deve essere lavorato nell'impastatrice preferibilmente a forcella per 20 minuti a bassa velocità fino a che non si ottiene un'unica massa compatta. Per ottenere un'ottimale consistenza dell'impasto, è molto importante la quantità d'acqua che una farina è in grado di assorbire. L'impasto deve presentarsi al tatto non appiccicoso, morbido ed elastico.

Le caratteristiche dell'impasto sono le seguenti, con una tolleranza per ognuna di esse del ± 10 %:
- Temperatura di fermentazione: 25°C
- pH finale: 5,87
- Acidità totale titolabile: 0,14
- Densità: 0,79 g/cm3 (+34%)

Lievitazione
Prima fase: l'impasto, una volta estratto dall'impastatrice, viene posto su un tavolo da lavoro della pizzeria dove si lascia riposare per 2 ore, coperto da un panno umido, in modo che la superficie non possa indurirsi, formando una sorta di crosta causata dall'evaporazione dell'umidità rilasciata dall'impasto stesso. Trascorse le 2 ore di lievitazione si passa alla formatura del panetto, che deve essere eseguita dal pizzaiolo esclusivamente a mano. Con l'ausilio di una spatola si taglia dall'impasto deposto sul bancone una porzione di pasta lievitata e successivamente le si dà una forma di panetto. Per la ‹Pizza Napoletana›, i panetti devono avere un peso compreso tra i 180 e i 250 g.

Seconda fase della lievitazione: una volta formati i panetti (staglio), avviene una seconda lievitazione in cassette per alimenti, della durata da 4 ore a 6 ore. Tale impasto, conservato a temperatura ambiente, è pronto per essere utilizzato entro le sei ore successive.

Formatura
Passate le ore di lievitazione il panetto viene estratto con l'aiuto di una spatola dalla cassetta e posto sul bancone della pizzeria su un leggero strato di farina per evitare che la pagnotta aderisca al banco di lavoro. Con un movimento dal centro verso l'esterno e con la pressione delle dita di entrambe le mani sul panetto, viene rivoltato varie volte, il pizzaiolo forma un disco di pasta in modo che al centro lo spessore non sia superiore a 0,4 cm con una tolleranza consentita pari a ± 10% e al bordo non superi 1-2 cm, formando così il ‹cornicione›.

Per la preparazione della ‹Pizza Napoletana› STG non sono consentiti altri tipi di lavorazione, in particolar modo l'utilizzo di matterello e/o di macchina a disco tipo pressa meccanica.

Farcitura
La ‹Pizza Napoletana› viene condita con le modalità sotto descritte:

- con un cucchiaio si depongono al centro del disco di pasta da 70 g a 100 g di pomodori pelati frantumati;
- con movimento a spirale il pomodoro viene sparso su tutta la superficie centrale;
- con un movimento a spirale si aggiunge del sale sulla superficie del pomodoro;
- allo stesso modo si sparge un pizzico di origano;
- si taglia uno spicchio di aglio, precedentemente privato della pellicola esterna, a fettine e lo si depone sul pomodoro;
- con un'oliera a becco e con movimento a spirale si distribuiscono sulla superficie, partendo dal centro, 4-5 g di olio extra vergine di oliva con una tolleranza consentita pari a +20%;

oppure:
- con un cucchiaio si depongono al centro del disco di pasta da 60 a 80 g di pomodori pelati frantumati e/o pomodorini freschi tagliati;
- con un movimento a spirale il pomodoro viene sparso su tutta la superficie centrale;
- con un movimento a spirale si aggiunge del sale sulla superficie del pomodoro;
- 80-100 g di Mozzarella di Bufala Campana DOP tagliata a listelli vengono appoggiati sulla superficie del pomodoro;
- si depongono sulla pizza alcune foglie di basilico fresco;
- con un'oliera a becco e con movimento a spirale si distribuiscono sulla superficie, partendo dal centro, 4-5 g di olio extra vergine di oliva con una tolleranza consentita pari a +20%;

oppure:
- con un cucchiaio si depongono al centro del disco di pasta da 60 a 80 g di pomodori pelati frantumati; - con un movimento a spirale il pomodoro viene sparso su tutta la superficie centrale;
- con un movimento a spirale si aggiunge del sale sulla superficie del pomodoro;
- 80-100 g di Mozzarella STG tagliata a listelli vengono appoggiati sulla superficie del pomodoro;
- si depongono sulla pizza alcune foglie di basilico fresco;
- con un'oliera a becco e con movimento a spirale si distribuiscono sulla superficie, partendo dal centro, 4-5 g di olio extra vergine di oliva con una tolleranza consentita pari a +20%.

Cottura
Il pizzaiolo trasferisce su una pala di legno (o di alluminio), aiutandosi con un poco di farina e con movimento rotatorio, la pizza farcita, che viene fatta scivolare sulla platea del forno con un movimento rapido del polso tale da impedire la fuoriuscita della farcitura. La cottura della ‹Pizza Napoletana› STG avviene esclusivamente in forni a legna, dove si raggiunge una temperatura di cottura di 485 °C, essenziale per ottenere la ‹Pizza Napoletana› STG.

Il pizzaiolo deve controllare la cottura della pizza sollevandone un lembo, con l'aiuto di una pala metallica, e ruotando la pizza verso il fuoco, utilizzando sempre la stessa zona di platea iniziale per evitare che la pizza possa bruciarsi a causa di due differenti temperature. È importante che la pizza venga cotta in maniera uniforme su tutta la sua circonferenza.

Sempre con la pala metallica, al termine della cottura, il pizzaiolo preleverà la pizza dal forno e la deporrà sul piatto da portata. I tempi di cottura non devono superare i 60-90 secondi.

Dopo la cottura la pizza si presenterà con le seguenti caratteristiche: il pomodoro, persa la sola acqua in eccesso, resterà denso e consistente; la Mozzarella di Bufala Campana DOP o la Mozzarella STG si presenterà fusa sulla superficie della pizza; il basilico così come l'aglio e l'origano svilupperanno un intenso aroma, apparendo alla vista non bruciati.

- Temperatura di cottura platea: 430°C circa
- Temperatura della volta: 485°C circa
- Tempo di cottura: 60-90 secondi
- Temperatura raggiunta dalla pasta: 60-65°C
- Temperatura raggiunta dal pomodoro: 75-80°C
- Temperatura raggiunta dall'olio: 75-85°C
- Temperatura raggiunta dalla mozzarella: 65-70°C

Conservazione
La ‹Pizza Napoletana› va preferibilmente consumata immediatamente, appena sfornata, negli stessi locali di produzione; comunque, qualora non sia consumata nel locale di produzione, non può essere congelata o surgelata o posta sottovuoto per una successiva vendita.

3.7. Carattere specifico del prodotto agricolo o alimentare
Gli elementi chiave che definiscono il carattere specifico del prodotto in argomento sono numerosi e direttamente riconducibili ai tempi e alle modalità delle operazioni, nonché all'abilità e all'esperienza dell'operatore artigiano.

In particolare il processo di lavorazione della ‹Pizza Napoletana› si caratterizza per: l'impasto, la consistenza e l'elasticità della pasta (reologia) e la tipicità della lievitazione (differenziata in due fasi temporali con condizioni specifiche di tempi/temperatura); la preparazione e la formatura dei panetti; la manipolazione e la preparazione del disco di pasta lievitato; la preparazione del forno e le caratteristiche di cottura (tempi/temperature), le particolarità del forno rigorosamente a legna.

A titolo esemplificativo, si sottolinea l'importanza della seconda lievitazione, della manipolazione e delle attrezzature di lavorazione ovvero il forno obbligatoriamente a legna e le pale.

Dopo la seconda lievitazione, il panetto ha subito un aumento di volume ed umidità rispetto al periodo precedente. Quando si comincia ad esercitare una pressione con le dita di entrambe le mani, la forza esercitata provoca lo spostamento dell'aria contenuta nelle alveolature della pasta dal centro verso la periferia del disco di pasta cominciando a formare il cosiddetto ‹cornicione›. Questa tecnica rappresenta una caratteristica fondamentale per la ‹Pizza Napoletana› STG perché il cornicione garantisce il mantenimento al suo interno di tutti gli ingredienti della farcitura. Per far sì che la pagnotta diventi di maggior diametro si procede nella lavorazione facendo volteggiare l'impasto tra le mani, tenendo la mano destra in posizione obliqua di 45-60° rispetto al piano di lavoro, dove verrà poggiato il disco di pasta, che ruoterà grazie ad un movimento sincronizzato con la mano sinistra.

Al contrario, altri tipi di lavorazione, specie con il matterello o la macchina a disco (tipo pressa meccanica), non riescono a provocare in modo omogeneo lo spostamento verso l'esterno dell'aria delle alveolature presenti nella massa al fine di produrre un disco di pasta uniforme in tutte le sue zone. Si otterrà, quindi, la formazione al centro del disco di una zona stratificata di pasta, divisa da aria nell'intercapedine. Per cui, se si opera con tali mezzi, la pizza, dopo la cottura, non presenterà il tipico cornicione, che è una delle principali caratteristiche della ‹Pizza Napoletana› STG.

La tecnica napoletana, inoltre, prevede che il pizzaiolo, dopo aver preparato una serie variabile da tre a sei dischi di pasta farciti, con precisi e rapidi gesti delle mani accompagna la pizza con maestria, facendo in modo che non perda la sua originaria forma tonda, dal banco di lavoro alla pala (viene trascinata con entrambe le mani del pizzaiolo, che, facendole fare un giro su se stessa di circa 90°, la depone su una pala idonea al servizio). Il pizzaiolo cosparge la pala da infornata con un poco di farina, per consentire il facile scivolamento della pizza dalla pala nel forno. Questo avviene con un rapido colpo di polso, tenendo la pala ad un angolo di 20-25° rispetto al piano del forno stesso facendo in modo che il condimento non cada dalla superficie della pizza stessa.

しい焼き方によってピッツァの品質が定まる。薪窯のベースは凝灰岩で作られ、円形の台の上に耐火レンガでドームが建てられる。窯の適切な温度を守るために全ての伝統的な作り方と規格に基づき、パーツは相応に建てられなければならない。ピッツァは窯の中に入れてから180度回転させる。その時は窯の底の温度は位置によって異なるので、同じ位置にピッツァを戻さなければならない。ピッツァの位置を変えるとベースが焦げることになる。

最終的に出来上がった"Pizza Napoletana"は柔らかく、高いコルニチョーネに囲まれ、生地の中は十分発酵している。また柔軟性があり手帳(Libretto)のように容易に折りたたむことができる。

3.8. 食品の伝統

"Pizza Napoletana"は1715年と1725年の間に初めて作られたと思われる。最初の記録としてFrancavilla市のEmanuele王子のマスターシェフであったVincenzo Corradoのナポリ料理論という資料がある。その中にトマトはマッケローニとピッツァの最適な具であると書かれている。これはピッツァについての一番古い資料であり、ピッツァはトマト味のディスク状のパスタ(生地)として説明されている。

ピッツァはナポリの伝統的な料理だという歴史的資料は多数発見されている。例えばFranco Salernoという作家もピッツァは最も優れたナポリ料理の一つであると述べている。

イタリア語辞典とTreccani百科事典にも"Pizza Napoletana"の項目が入っている。また多数の文学作品の中に"Pizza Napoletana"がよく引用されている。

確かに最初のPizzeria(ピッツェリア)はナポリで生れた。20世紀の中期までピッツァはナポリのピッツェリアでしか食べられない食品だった。18世紀からナポリで「Pizzerie」と言われた様々な工房が営業していた。Pizzerieの人気が非常に広がった為、ナポリ王フェルディナンド・ディ・ボルボーネまでもがピッツァの美味しさを試したくなった。ナポリ王は宮殿の礼式に背き、わざと町の有名なPizzeriaに入ったという。それ以来「Pizzeria」は流行の店となり、ピッツァの専門店として盛んになった。ナポリで一番人気のあったピッツァは「マリナーラ」(1734年に生れた)と「マルゲリータ」(1796年-1810年)。マルゲリータの具の色(トマト、モッツァレッラ、バジル)はイタリアの旗と同様であるため、1889年にナポリを訪問されたイタリア女王に提供された。

Pizzeriaはイタリアの各地と世界にまで流行が広がってきたが、店の名称は"Pizzeria Napoletana"またはナポリを考えさせる名前が付いている。300年以上続くナポリピッツァの伝統に基づき、ピッツァの味は昔より変わっていない。

1984年5月にナポリのピッツァ職人が集まり、ピッツァの伝統的製造方法規格書を編集し、Antonio Carannanteという公証人の協力で登録した。

世界中に"Pizza Napoletana"という名が広がり、時にナポリとの関係が認識されていなくてもどこでも知られている食品となっている。

3.9. 基準と食品質の保護

"Pizza Napoletana"STGの品質管理の重要な点は以下の通りとなっている。
製造者と工房における生地作り、発酵工程の方法検査;工房(企業者)の弱点検査;本規格書と比べて原材料の確認;原材料の保管方法の検査;本規格書に比べて出来上がったピッツァの味と特徴の検査。

3.10. 基準と食品質の保護

「STG」、「Specialita` Tradizionale Garantita」(伝統的特産品保護)と「Prodotta secondo la Tradizione napoletana」(ナポリの伝統的方法に基づき作られた)という名称はピッツァが生産された各国の言語に翻訳する。

"Pizza Napoletana"を示すロゴは以下の通りである。

文字	文字タイプ
PIZZA NAPOLETANA STG	Varga
Specialità Tradizionale Garantita	Alternate Gothic
Prodotta secondo la Tradizione napoletana	Varga

ピッツァロゴの色	Panton ProSim	C	M	Y	K
コルニチョーネのベージュ	466	11	24	43	0%
トマトソースの赤いバック	703	0%	83	65	18
バジルの葉	362	76	0%	100	11
バジルの葉の線	562	76	0%	100	11
トマトの赤	032	0%	91	87	0%
オリーブオイル	123	0%	31	94	0%
モッツァレッラ	600	0%	0%	11	0%
モッツァレッラの反射	5 807	0%	0%	11	9

文字部分の色	Panton ProSim	C	M	Y	K
円形皿輪郭のグレイ	P.Grey-3 CV	0%	0%	0%	18
円形皿の陰 グリーン	362	76	0%	100	11
三角形の赤	032	0%	91	87	0%
PIZZA NAPORETANA STG 白い、輪郭が黒い		0%	0%	0%	0%
Prodotta secondo la Tradizione Napoletana 白い、輪郭が黒い		0%	0%	0%	0%
Specialità Tradionale Garantita 白い		0%	0%	0%	0%

4. 本規約書を保護する機関
4.1. 名前と住所

名前:Certiquality SRL
住所:Via Gaetano Giardino 4-20123 Milano
Tel: 02／8069171
FAX: 02／86465295
E-mail: certiquality@certiquality.it
□公立　X 私立

名前:DNV Det Norske Veritas Italia
住所:Centro Direzionale Colleoni Viale Colleoni,9 Palazzo Sirio 2-20041 Agrate Brianza(MI)
Tel: +39 0396899905
FAX: +39 0396899930
E-mail: -
□公立　X 私立

名前:ISMECERT
住所:Corso Meridionale 6-80143　NAPOLI
Tel: 0815636647
FAX: 0815534019
E-mail: info@ismecert.com
□公立　X 私立

4.2. 機関の役割
上記の3者はイタリア全国においてピッツァを生産する店舗や会社を検査し生産方法を確認する。

Non sono idonee tecniche alternative alla precedente descrizione in quanto il prelevamento della pizza direttamente dal banco di lavoro con la pala non garantisce l'integrità della pizza stessa da infornare.

Il forno a legna è un elemento di primaria importanza per la cottura e la qualità della <Pizza Napoletana>. Le caratteristiche tecniche che lo contraddistinguono intervengono in modo assoluto nella riuscita della classica <Pizza Napoletana>. Il forno napoletano da pizza è costituito da una base di mattoni di tufo, con un piano circolare sovrastante detto suolo o platea, sul quale a sua volta viene costruita una cupola. La volta del forno è costituita da materiale refrattario che quindi non consente la dispersione del calore. In effetti, le proporzioni tra le varie parti del forno sono essenziali per ottenere una buona cottura della pizza. Il riferimento alla tipologia del forno è rappresentato dall'ampiezza del suolo, formato da quattro settori circolari refrattari che andranno a formare il suolo. La pizza verrà sollevata con la pala in acciaio e/o alluminio e portata verso la bocca del forno, dove verra deposta e le verrà fatto fare un giro di 180°; la pizza verrà riportata poi nello stesso punto precedente, in modo da ottenere una temperatura della base diminuita del calore assunto dalla pizza per la cottura.

Appoggiando la pizza in un punto differente si troverebbe la temperatura iniziale invariata, con conseguente bruciatura della base.

Tutti questi fattori specifici determinano il fenomeno della camera d'aria e dell' aspetto visivo del prodotto finale; la <Pizza Napoletana> infatti è morbida e compatta con cornicione alto, lievitata all'interno, particolarmente soffice e facilmente piegabile a <libretto>. È importante sottolineare che tutti gli altri prodotti similari ottenuti con processi di lavorazione differenti da quello disciplinato non possono presentare le stesse caratteristiche visive e organolettiche della <Pizza Napoletana>.

3.8. Tradizionalità del prodotto agricolo o alimentare

La comparsa della <Pizza Napoletana> può essere fatta risalire a un periodo storico che si colloca tra il 1715 e il 1725. Vincenzo Corrado, cuoco generale del principe Emanuele di Francavilla, in un trattato sui cibi più comunemente utilizzati a Napoli, dichiara che il pomodoro viene impiegato per condire la pizza e i maccheroni, accomunando due prodotti che hanno fatto nel tempo la fortuna di Napoli e consentito la sua collocazione nella storia della cucina. A tale evento si riconduce la comparsa ufficiale della <Pizza Napoletana>, un disco di pasta condito con il pomodoro.

Numerosi sono i documenti storici che attestano che la pizza è una delle specialità culinarie di Napoli, e lo scrittore Franco Salerno afferma che tale prodotto è una delle più grandi invenzioni della cucina napoletana.

Gli stessi dizionari della lingua italiana e l'Enciclopedia Treccani parlano specificamente di <Pizza Napoletana>. E l'espressione <Pizza Napoletana> viene citata addirittura in numerosi testi letterari.

Le prime pizzerie, senza dubbio, sono nate a Napoli e fino a metà del 900 il prodotto era un'esclusiva di Napoli e delle pizzerie. Fin dal 1700 erano attive nella città diverse botteghe, denominate <pizzerie>, la cui fama era arrivata sino al re di Napoli, Ferdinando di Borbone, che per provare questo piatto tipico della tradizione napoletana violò l'etichetta di corte recandosi in una tra le più rinomate pizzerie. Da quel momento la <pizzeria> si trasformò in un locale alla moda, luogo deputato all'esclusiva preparazione della <pizza>. Le pizze più popolari e famose a Napoli erano la <marinara>, nata nel 1734, e la margherita, del 1796-1810, che venne offerta alla regina d'Italia in visita a Napoli nel 1889 proprio per il colore dei suoi condimenti (pomodoro, mozzarella e basilico) che ricordano la bandiera dell'Italia.

Nel tempo sono sorte pizzerie in tutte le città d'Italia e anche all'estero, ma ognuna di queste, anche se sorta in una città diversa da Napoli, ha sempre legato la sua stessa esistenza alla dizione <pizzeria napoletana> o, in alternativa, ha utilizzato un termine che potesse rievocare in qualche modo il suo legame con Napoli, dove da quasi 300 anni questo prodotto è rimasto pressoché inalterato.

Nel 1984, nel mese di maggio, quasi tutti i vecchi pizzaioli napoletani procedettero alla stesura di un breve disciplinare firmato da tutti e registrato con atto ufficiale dinanzi al notaio Antonio Carannante di Napoli.

Il termine <Pizza Napoletana> nei secoli si è talmente diffuso che ovunque, anche fuori dell' Europa, dall'America centrale e meridionale (ad esempio Messico e Guatemala) all'Asia (ad esempio Thailandia e Malesia), pur non avendo in alcuni casi cognizione della collocazione geografica della città di Napoli, il prodotto in argomento è conosciuto con il nome di <Pizza Napoletana>.

3.9. Requisiti minimi e procedure di controllo del carattere specifico del prodotto

I controlli previsti per la STG <Pizza Napoletana> riguarderanno i seguenti aspetti:

presso le aziende, nella fase d'impasto, lievitazione e preparazione, seguendo il corretto svolgimento e la corretta successione delle fasi descritte; controllando attentamente i punti critici dell'azienda; verificando la corrispondenza delle materie prime a quelle previste nel disciplinare di attuazione; verificando la perfetta conservazione e l'immagazzinamento delle materie prime da utilizzare e verificando che le caratteristiche del prodotto finale siano conformi a quanto previsto dal disciplinare di produzione.

3.10. Logo

L'acronimo STG, e le diciture <Specialità Tradizionale Garantita> e <Prodotta secondo la Tradizione napoletana> sono tradotti nelle altre lingue ufficiali del paese in cui ha luogo la produzione.
Il logo che può individuare la <Pizza Napoletana> è il seguente: un'immagine ovale ad impostazione orizzontale di colore bianco con contorno in grigio chiaro, che rappresenta il piatto nel quale viene presentata la pizza, riprodotta in maniera realistica ed allo stesso tempo graficamente stilizzata rispettando pienamente la tradizione e raffigurante gli ingredienti classici, quali il pomodoro, la mozzarella le foglie di basilico e un filo di olio di oliva.
Al di sotto del piatto, sfalsato, compare un effetto di ombra di colore verde, che rafforza, accoppiato con gli altri, i colori nazionali del prodotto.

Appena sovrapposta al piatto contenente la pizza, compare una finestra rettangolare di colore rosso, con angoli fortemente arrotondati, contenente la scritta in bianco contornata in nero, con ombra sfalsata in verde con contorno in bianco: <PIZZA NAPOLETANA STG>. Su tale scritta, in alto, leggermente spostato a destra, con caratteri di corpo inferiore e di tipo diverso e di colore bianco, vi è la scritta <Specialità Tradizionale Garantita>. In basso, poi, al centro, con lo stesso carattere del logo, <PIZZA NAPOLETANA STG>, in maiuscoletto, in bianco con contorno nero, è sovrapposta la dicitura: <Prodotta secondo la Tradizione napoletana>.

Scritte	Caratteri
PIZZA NAPOLETANA STG	Varga
Specialità Tradizionale Garantita	Alternate Gothic
Prodotta secondo la Tradizione napoletana	Varga

I colori della pizza	PantoneProSim	C	M	Y	K
Beige carico del cornicione	466	11	24	43	0%
Fondo rosso della salsa di pomodoro	703	0%	83	65	18
Foglioline di basilico	362	76	0%	100	11
Venature foglie di basilico	562	76	0%	100	11
Rosso dei pomodori	032	0%	91	87	0%
Filo d'olio d'oliva	123	0%	31	94	0%
Mozzarella	600	0%	0%	11	0%
Riflessi sulla mozzarella	5 807	0%	0%	11	9

I colori della parte grafica e dei caratteri	PantoneProSim	C	M	Y	K
Il grigio del bordo del piatto ovale	P.Grey-3CV	0%	0%	0%	18
Il verde dell' ombra del piatto ovale	362	76	0%	100	11
Il rosso del rettangolo con angoli tondi	032	0%	91	87	0%
Bianca con bordo in nero la scritta «PIZZA NAPOLETANA STG»		0%	0%	0%	0%
Bianca con bordo in nero la scritta «Prodotta secondo la Tradizione napoletana»		0%	0%	0%	0%
Bianca la scritta «Specialità Tradizionale Garantita»		0%	0%	0%	0%

4. AUTORITÀ O ORGANISMI CHE VERIFICANO IL RISPETTO DEL DISCIPLINARE

4.1. Nome e indirizzo

Nome: Certiquality SRL
Indirizzo: Via Gaetano Giardino, 4 - 20123 Milano
Tel: 02/8069171
Fax: 02/86465295
E-mail: certiquality@certiquality.it
☐ Pubblico   X Privato

Nome: DNV Det Norske Veritas Italia
Indirizzo: Centro Direzionale Colleoni Viale Colleoni, 9 Palazzo Sirio 2 - 20041 Agrate Brianza (MI)
Tel: +39 0396899905
Fax: +39 0396899930
E-mail: -
☐ Pubblico   X Privato

Nome: ISMECERT
Indirizzo: Corso Meridionale, 6 - 80143 NAPOLI
Tel: 0815636647
Fax: 0815534019
E-mail: info@ismecert.it
☐ Pubblico   X Privato

4.2. Compiti specifici dell'autorità o dell'organismo

Tutti e tre gli organismi di controllo sopra citati effettuano i controlli su soggetti diversi che operano nelle diverse parti del territorio nazionale.

日本ナポリピッツァ職人協会
Associazione Pizzaiuoli Napoletani in Giappone

協会概要

日本ナポリピッツァ職人協会は、ナポリピッツァを焼く事を職業とし、ナポリピッツァをこよなく愛するものが集まりお互い協力し合い、店舗経営者との連携のもと職人として働きやすい環境を築き、日本のナポリピッツァ職人の技術・知識・地位の向上を図り、その名声を国内そしてナポリ本部と連帯し全世界に広めていく協会である。
- 職業安定・労働状況の向上
- 職人の技術・知識の向上
- 職人の認知度・地位の向上
- ナポリピッツァ・ピッツァイオーロの普及
- 次世代へナポリピッツァの伝承

一般登録会員（自薦）
- ナポリピッツァ職人（実際にナポリピッツァを焼く事を職業としている者）であること。
- 年会費3000円。
- 日本ナポリピッツァ職人協会の全てのサービスが受けられる。
- 年会費支払いの度に、ナポリピッツァ職人協会Tシャツが1枚支給される。

ナポリピッツァ職人協会認定職人会員
- 一般登録会員の中で、マエストロピッツァイオーロ（協会執行役員）の推薦状を持参した上、本部による本審査（毎年9月）を合格した個人。
- 年会費100ユーロ（事務局を通しナポリ本部に納金）。
- ナポリ本部のナポリピッツァ職人協会認定職人名簿に登録される。
- ナポリピッツァ職人協会が認める正式なナポリピッツァ職人として世界共通の通し番号入り認定証が授与され、その技術をナポリピッツァ職人協会ナポリ本部より保証される。
- ナポリピッツァ職人協会認定職人が所属する店舗は、正式なナポリピッツァ職人がいる店としてナポリピッツァ職人協会ロゴマークの使用を許可される（看板の設置やメニュー・ユニホームなどへの表記など）。

マエストロピッツァイオーロ（協会執行役員）
- 日本のナポリピッツァ・ピッツァ職人の職業の普及に対する貢献度により、ナポリ本部の指名により選任されたピッツァ職人。
- ナポリ本部より、日本ナポリピッツァ職人協会のマエストロピッツァイオーロとして証書が授与される。
- 日本国内での、ナポリピッツァ職人協会認定職人会員の選出業務を請けおう（推薦状の発行）。

Adolfo Marletta（名誉会長）	La Spaghettata
大西誠（会長）	Salvatore Cuomo
牧島昭成（副会長）	SOLO PIZZA Napoletana
井上勇（副会長）	Trattoria e Pizzeria L'ARTE
大坪善久（副会長）	PIZZERIA IL TAMBURELLO
青木嘉則	PIZZERIA DA AOKI 'tappost'
池田哲也	Bella Napoli
小笠原敦	Sisiliya
舌間智英	Pizzeria Da Gaetano
河野智之	pizzeria GG
新添智久	PIZZERIA & BAR girasole RICCO
大胡哲平	PIZZERIA ESPOSITO
石﨑修吾	ANTICA PIZZERIA La Golosetta
千葉壮彦	PIZZERIA PADRINO DEL SHOZAN
小野智幸	PIZZERIA Pagina　　他

日本ナポリピッツァ職人協会（A.P.N.G.）は、ナポリピッツァ職人協会の日本支部として2012年4月に設立。ナポリ本部の副会長アドルフォ・マルレッタ氏を名誉会長に迎え、現在、会員は200名（2013年8月時点）を超えた。

同協会では、ピッツァ職人とピッツェリアの仲介による人材紹介や、ナポリでの修業先紹介、ピッツァを介したボランティア活動などを日常業務として行なう。また年に1回ナポリから本部の幹部を招き、総会やピッツァセミナーを開催している。

他、ナポリ本部と連携した大きな業務は以下の通り。

①「ナポリピッツァ職人協会認定職人」の選出（推薦）業務。

同協会には左ページのように、一般登録会員、認定職人、マエストロ職人の認定があり、これらはかならずイタリア本部での審査が必要。そのための業務を協会が請け負っている。認定職人、マエストロ職人は協会のロゴ（ナポリ本部のロゴ、日本支部のロゴの両方）を看板などに使用することができ、職人の数が増えるにしたがい、協会の認知度も高まることが期待されている。

②「ナポリピッツァ職人世界選手権（カプート杯）」への日本人出場者受付業務。

③ナポリで開催される「ナポリピッツァヴィラッジ」への日本人参加者受付業務。

③の世界最大級のピッツァ祭り「ナポリピッツァヴィラッジ」には同協会も参加。日本からの参加者を募り、現地でのピッツァスクール受講、窯や小麦粉などの工場見学も併せて行なっている。

協会発足から1年半がたった2013年10月には、第1回めとなる「日本ナポリピッツァ職人世界選手権」を開催することが決定。日本で開催される初のピッツァの国際コンクールであり、8月に東京・大阪2地区で予選を実施。STG、CLASSICA両部門の各10名の予選通過者が10月の本戦に進み、世界中から集まる出場者と技術を競い合う。優勝者は次年度のナポリで開催される「ナポリピッツァ職人世界選手権」（左記）への招待が決定している。

このように協会はナポリピッツァをこよなく愛する職人たちが集い、語り、技術交流をし、日本におけるさらなるナポリピッツァの普及をめざしている。

日本ナポリピッツァ職人協会（A.P.N.G.）
愛知県名古屋市中区大須3-36-44 3F
tel:052-262-5180
http://www.pizzaiuolinapoletani.jp/

a 2013年6月、PIZZA SALVATORE CUOMO永田町で開催された日本ナポリピッツァ職人協会総会には70名が参加。盛会となった。b〜f 毎年9月の「Napoli Pizza Village」には、APNGが窓口となって日本のピッツァイオーロも多数参加。現地では認定職人の審査を実施し（認定審査はナポリでしか受けられない）、認定者にはAPN会長から認定証が授与される。他にもピッツァスクール受講、石窯、モッツァレッラ工場見学などをし、ナポリピッツァの見聞を広める貴重な体験をする。g・h 2011年の「Pizza Festival」にはAPNGが日本ブースを出展し、東日本大震災の募金を募った。写真はカプート社のカルミネ・カプートCarmine Caputo社長。日本のピッツァイオーロが焼くナポリピッツァの注目度は高かった。i・j 2012年のナポリピッツァ職人世界選手権では、日本から30名のピッツァイオーロがエントリーし、5部門で過去最多のトロフィーを獲得。日本のナポリピッツァのレベルは年々めざましく向上している。

Epilogo

　本書をつくるにあたりお世話になった方たちに、心からお礼を申し上げます。

　貴重な情報や写真を提供してくれた商社・メーカー各社、出版元の柴田書店、そして、チェザリ、ソロ ピッツァ ナポレターナ大須本店、矢場店のスタッフたち、僕の家族へ——心から感謝しています。

　Ringraziamenti— Gaetano Fazio, Pasquale Parziale, Adolfo Marletta e la famiglia Marletta, Sergio Miccù, Antonio Starita, Gennaro Cervone, Umberto Fornito, Fratelli Giustiniani, Enzo Coccia, Carmine Mauro, Gino Sorbillo, Enzo e Maria Cacialli, Ernesto Fico, Simone Fortunato, Salvatore di Matteo, Antimo Caputo, Stefano Ferrara, Fratelli Pontecorvo, Fratelli Longobardi, Mario Acunto e tanti amici di Napoli.

　ナポリの歴史の変遷はけっして明るくありません。幾度となく支配者が変わり、その度に市民は苦難を乗り越えてきました。そんな彼らの最大の発明品がナポリピッツァです。

　僕はナポリが大好きです。ナポリ人は人なつこくて、おせっかい焼きで、せっかちで……。そんな彼らを大好きでたまらないし、尊敬しています。僕はナポリピッツァを創ったナポリ人の魅力にハマってしまったのです。

　修業のためにはじめて行ったナポリでは、当時治安もよくなかったので、怖じ気づいてホテルからでることもできませんでした。でも翌朝、イスキア島行きのフェリー乗り場に行くためのバス停がわからない。一番やさしそうなバールのおばさんにたずねると、早口でちょっとこわいけど親切に教えてくれました。途中迷いそうになってふり向くと、おばさんはまだこっちをみていて「あっち、あっち！」と。この人なつっこく、親切なおばさんとの遭遇で、僕は一気にナポリ人が好

Pizzeria Starita
Via Materdei, 27/28-Napoli
tel.081 5573682

Pizzeria da Gaetano
Via delle ginestre, 27/28-Ischia
tel.081 991807

Pizze & Pizze
Via Giustiniano, 245/247-Napoli
tel.081 7145071

Di Matteo
Via Tribunali, 94-Napoli
tel.081 455262

Gino Sorbillo
Via Tribunali, 32-Napoli
tel.081 446643

Il Pizzaiolo del Presidente
Via Tribunali, 120/21-Napoli
tel.081 210903

きになってしまいました。

彼らは自己主張が強くて、いつも言い合いをしていますが、それは相手の言動に対して怒っているだけで、その人自体は絶対に否定しません。だからたとえケンカをしても、実は相手を悪者にはしない。悪者不在だから、いつも最後はみんなが幸せ。波乱に満ちた歴史を生きぬいてきたナポリ人のおおらかなバイタリティを感じずにはいられません。

よく「ナポリをみて死ね」といいますが、それはヴェスヴィオ火山やサンタルチア港などナポリの美しい風景をみなければもったいないという意味。でも僕なら「ナポリのピッツァとピッツァイオーロをみて死ね」といいます。それだけナポリピッツァは現地に行って、食べる価値があるものです。

Con la figlia del grande Totò
偉大なるトトの娘、Titina de Curtisと!!

本書だけでナポリピッツァやピッツァ職人の仕事を理解したと思わず、一度はかならずナポリを訪れ、本物のナポリをみて、本物のナポリピッツァを体験してください。ナポリ人は知り合いを、そしてまたその知り合いも大切にします。だからナポリのピッツェリアに行ったら「日本のパシュクアーレの本をみて来ました！」といってみてください。僕にはナポリにもピッツァイオーロの仲間がたくさんいます。彼らのおかげでナポリピッツァを学ぶことができました。仲間のピッツァイオーロたちがみなさんを温かく受け入れてくれるはずです。

最後に、ピッツァイオーロの仕事に耐えられる丈夫な体に産んで育ててくれた、お母さんに感謝します。ナポリの男はみんなマザコン、身も心もナポリ人の僕ももちろんマザコンです。

Akinari Pasquale Makishima

Antica Pizzeria Frattese
Vico II Durante nº4-Frattamaggiore
tel.081 8348722

Pizzeria Capatosta
Via Marconi, 80-Recale
tel.0823 493188

Donna Regina
Via SS.Apostoli, 4-Napoli
tel.081 4421511

Pizzaria La Notizia
Via Caravaggio 53/55-Napoli
tel.081 7142155

Pizzeria Novecento
Via Scura Pasquale, 5-Napoli
tel.081 5521634

Pizzeria Diaz
Via Armando Diaz, 119-Portici
tel.081 7762987

Ringraziamenti　五十音順

㈱ギルド、㈱宮村工作所　tel/06-6373-7228
㈲佐勇　tel/03-6804-5103（東京本社）
㈲フードライナー　tel/078-858-2043（本社営業部）
㈲ホシノ天然酵母パン種　tel/042-734-1399（本社）
モンテ物産㈱　tel/03-5466-4510（東京支店）

Bibliografia

Ieri, Oggi e…Domani la Pizza tra passato e futuro　　INPUT edizioni
Napoli e la Pizza : La Storia comincia da qui　　Giuseppe Rotolo
LA PIZZA : VIVANDA SCUGNIZZA　　Mario Folliero
PARTENOPE in PIZZERIA　Giuseppe Giorgio

ピッツァ ナポレターナ S.T.G.
Pizza Napoletana S.T.G.

初版発行　2013年10月15日
5版発行　2023年 6月10日

著者©　　牧島昭成（まきしま・あきなり）
発行者　　丸山兼一
発行所　　株式会社 柴田書店
　　　　　〒113-8477　東京都文京区湯島3-26-9 イヤサカビル
　　　　　営業部　　03-5816-8282（注文・問合せ）
　　　　　書籍編集部　03-5816-8260
　　　　　URL　https://www.shibatashoten.co.jp/

印刷・製本　凸版印刷 株式会社
DVD製作　　株式会社 ロンドベル

ISBN 978-4-388-06177-8

・DVDに収録されているビデオプログラムは、個人が家庭で視聴することを目的に販売許諾されています。したがって、制作者および著作権者の承認を得ずに無断でこれを複製（コピー）、あるいは上映、放送、有線送信、レンタルなどに使用することは、法律で禁じられています。内容を無断で改変したり、第三者に譲渡・販売することも法律で禁止されています。
・本書収録内容の無断掲載・複写（コピー）・引用・データ配信などの行為は固く禁じます。
・落丁、乱丁は付属のDVDディスクも一緒にご返送ください。お取り替えいたします。
・万一、DVDに物理的欠陥があった場合は、不良箇所を確認後、お取り替えいたします。かならず本書と合わせてご返送ください。

Printed in Japan